2012年度教育部人文社会科学研究青年基金项目（12YJC710058）

改革开放以来马克思主义人权理论中国化研究

孙强 著

中央编译出版社
Central Compilation & Translation Press

图书在版编目(CIP)数据

改革开放以来马克思主义人权理论中国化研究／孙强著.
—北京：中央编译出版社,2013.9
ISBN 978-7-5117-1770-2

Ⅰ.①改⋯

Ⅱ.①孙⋯

Ⅲ.①马克思主义-人权-理论研究-中国-1978~

Ⅳ.①A811.64 ②D621.5

中国版本图书馆 CIP 数据核字(2013)第 213954 号

改革开放以来马克思主义人权理论中国化研究

出 版 人	刘明清
责任编辑	侯天保
责任印制	尹　珺
出版发行	中央编译出版社
地　　址	北京西城区车公庄大街乙 5 号鸿儒大厦 B 座(100044)
电　　话	(010)52612345(总编室)　(010)52612311(编辑室)
	(010)66161011(团购部)　(010)52612332(网络销售)
	(010)66130345(发行部)　(010)66509618(读者服务部)
网　　址	www.cctphome.com
经　　销	全国新华书店
印　　刷	北京瑞哲印刷厂
开　　本	787 毫米×1092 毫米　1/16
字　　数	270 千字
印　　张	17.75
版　　次	2013 年 9 月第 1 版第 1 次印刷
定　　价	55.00 元

本社常年法律顾问：北京市吴栾赵阎律师事务所律师　闫军　梁勤
凡有印装质量问题，本社负责调换，电话：(010)66509618

目 录

序 言 ·· 1

导 言 ·· 1
  一、问题的提出 ··· 1
  二、研究的理论意义和现实意义 ······························ 2
  三、研究主题 ·· 5
  四、研究述评 ·· 5
  五、研究方法 ·· 19
  六、创新之处 ·· 20

第一章　马克思主义人权理论中国化的界定 ············· 21
  一、"人权"及其与经济、政治、文化的关系 ················ 21
  二、"马克思主义"及"马克思主义人权理论"的界定 ········ 37
  三、"马克思主义中国化"与"中国化马克思主义" ············ 39
  四、"马克思主义人权理论中国化"与"中国化马克思主义人权理论"
    ··· 44

第二章 改革开放以来马克思主义人权理论中国化发生的必然性

...... 51

一、时代背景与实践条件 51

二、理论来源 62

第三章 改革开放以来马克思主义人权理论中国化的发展轨迹 89

一、在探索中寻求突破的阶段 89

二、步入正轨阶段 96

三、科学发展新阶段 100

第四章 改革开放以来马克思主义人权理论中国化的重大理论创新

...... 106

一、中国化马克思主义人权理论的理论形态、指导思想、基本原则

...... 106

二、中国化马克思主义人权理论的主要内容 115

三、中国化马克思主义人权理论的基本特征 128

四、中国化马克思主义人权理论的重要意义 134

第五章 改革开放以来马克思主义人权理论中国化的逻辑范式

...... 140

一、原则 140

二、主题 142

三、基点 144

四、主体 145

五、指向 148

六、理论总结 151

第六章 改革开放以来马克思主义人权理论中国化的基本特征 …………………………………………………… 153
一、坚持以马克思主义唯物史观作为理论指引 ………… 156
二、在经济发展基础上不断实现对人权的全面保障 …… 157
三、坚持对西方主流人权理论的全面分析研判 ………… 159
四、将政治家与理论工作者的研究相结合 ……………… 162

第七章 推进马克思主义人权理论中国化的进一步发展 ………… 165
一、马克思主义人权理论中国化进一步发展的问题分析 ……… 165
二、努力推进马克思主义人权理论中国化的进一步发展 ……… 215

结束语 ………………………………………………………… 260
参考文献 ……………………………………………………… 263
致 谢 ………………………………………………………… 274

序　言

　　本书是孙强博士在其博士学位论文基础上修改而成的,也是他承担的教育部青年基金项目的最终成果。作为导师,很高兴能看到自己学生的学术成果得以出版。当他邀我给其这部专著写个序言的时候,我自然欣然接受。

　　孙强博士本科生和硕士研究生阶段都是学习、研究法律专业的,毕业后在高校从事法律基础教育工作。由于本职工作的需要和自己研究兴趣的原因,他下决心进一步深造,并于2008年以优异的成绩考上山东大学马克思主义学院的博士研究生,跟随我攻读马克思主义理论学科的博士学位。三年的学习,他的态度是认真的、勤奋的、踏实的。在做好自己本职工作的同时,他充分利用一切可以利用的时间,全身心地投入到攻读博士学位的学习、研究之中。他一入校就提出是否可以结合原来的专业进行人权方面的研究。考虑到他原来的专业背景和研究基础,也考虑到马克思主义理论学科的特点,我建议他研究"马克思主义人权理论中国化"这样一个题目,他完全同意。题目一旦确定,他就围绕该题目研读了一系列论著特别是马克思主义经典著作,作了一系列的深入思考,就研究中的相关问题不断地与我进行讨论交流,发表了十几篇与该课题相关的论文,最终完成了以此为题的博士学位论文的写作,并在答辩中获得了答辩委员的好评。答辩之后,他根据专家提出的修改意见或建议,对论文作了进一步的加工、修改。同时,又以与论文相同的研究主题,申报了2012年度教育部人文社会科学研究青年基金项目,并一举成功。申报的项目通过后,他便在原来研究的基础上,按照项目内容设计,从多方面开展了深入的研究,经过一番努力,最终成就了这本专著。不管本书的水平如何，也不管人们对其如何评价，我可以负责任地说，这是孙强博士多年来诚实探讨的结果，是他辛勤劳动、付出心血的结晶。

"人权"是一个历史的范畴，资产阶级在反封建专制斗争中以"人权"为口号提出了自己的权利要求，随后美国的《独立宣言》、法国的《人权宣言》等都以人权典章的形式将资产阶级人权主张载入史册。然而，随着资产阶级统治地位的确立，人权这种"权利的最一般的形式"也就演变为资产阶级的特权，无产阶级所遭受的"不是特殊的不公正，而是普遍的不公正，它不能再求助于历史的权利，而只能求助于人的权利"①。马克思、恩格斯正是在无产阶级反抗资产阶级特权的政治斗争中通过批判资产阶级人权观，创立了马克思主义人权理论。这种人权理论来源于无产阶级和劳动群众争人权、求解放的实践，突破了资产阶级"天赋人权"的抽象、狭隘人权内涵，实现了人权理论的划时代转变。马克思主义人权理论在传入中国之后，必然面临如何与中国实践相结合推动中国人权发展的问题。这是一个重要的问题，更是一个复杂的问题。对此，由于对马克思主义人权理论的误读以及对中国社会发展实际状况的误判，我们在新中国成立后的一个时期内，人权建设曾走过不少弯路。改革开放以后，才真正开始了马克思主义人权理论与中国实践的有机结合，使中国人权建设逐步走上正轨。在这个过程中，形成了中国化的马克思主义人权理论。

本书正是以改革开放以来中国人权事业的发展历程为视角，系统回顾、总结了改革开放以来中国共产党人在马克思主义人权理论指导下推动中国人权发展的光辉历程。总起来看，本书至少具有以下几个突出特点。

第一，问题研究的系统性。全书分为七章，从多方面系统地研究了马克思主义人权理论中国化的基本问题。具体地说，第一章对"人权"概念依据马克思主义基本原理作了新的界定，并解读了人权与经济、政治、文化的密切关系，在此基础上运用马克思主义中国化的研究成果，界定"马克思主义人权理论中国化"的基本内涵，从而为进一步的研究提供了必要的前提；第二章探讨了改革开放以来马克思主义人权理论中国化发生的时代背景、实践

---

① 《马克思恩格斯文集》第1卷，人民出版社2009年版，第17页。

条件与理论来源,深刻揭示了马克思主义人权理论中国化的历史必然性;第三章考察了马克思主义人权理论中国化的历史进程,说明了马克思主义人权理论中国化的历史发展的阶段性特征;第四章阐述了改革开放以来马克思主义人权理论中国化实现的重大理论创新,说明了中国化马克思主义人权理论的理论形态、指导思想、基本原则、主要内容、特点、意义等问题;第五章阐述了改革开放以来马克思主义人权理论中国化的逻辑范式,说明了马克思主义人权理论中国化发展进程的原则、主题、基点、主体、指向等问题;第六章阐述了马克思主义人权理论中国化的基本特征,具体说明了马克思主义人权理论中国化的最根本特征——将马克思主义关于人权问题的普遍真理与中国具体人权实际相结合,将马克思主义理论应用于中国实际,解决了中国问题,并使理论具有了中国作风、中国气派。具体特征包括坚持以马克思主义唯物史观作为理论指引、坚持在经济发展基础上不断实现对人权的全面保障、坚持对西方主流人权理论的全面分析研判和将政治家与理论工作者的研究相结合等;第七章从经济、政治、文化（主要是意识形态视角）、全球化等角度分析了当前影响马克思主义人权理论中国化进一步发展的问题及其解决的对策等。不难看出,以上七章的内容,都是马克思主义人权理论中国化涉及的重要问题。对这些问题开展并加强研究,无疑有利于整体推进马克思主义人权理论中国化事业的发展。

第二,研究方法的科学性。本书的研究运用了多种方法,比如多学科交叉研究、比较的方法、实证的方法、文本性研究法等。其中以理论联系实际的方法贯穿始终。大家知道,马克思主义的基本原则和重要方法就是理论联系实际。全书植根于马克思主义人权理论的丰富土壤,结合中国改革开放以来的人权发展实际,再现了中国共产党人将先进的人权理论运用于中国实践所取得的巨大进步。而且本书直面当前中国人权发展中的实际问题,运用马克思主义人权理论提出了切合中国实际的应对之策。这样的研究方法,使该书形成了自己的鲜明特色,并在字里行间透射出一种理论联系实际的文风。

第三,学术观点的创新性。学术研究贵在创新,本书作为一部学术著作,提出了一些创新性的观点。比如,对"马克思主义人权理论中国化"和"中国化马克思主义人权理论"的界定,作者提出了具有新意的看法:"马克思主义人权理论中国化"是指运用马克思主义研究中国人权国情,解决中国人权发展中的实际问题,使之具体化、民族化、通俗化的实践过程,在这一过程中所形成的关于中国人权建设的正确理论原则和经验总结就是"中国化马克思主义人权理论"。再比如,对中国化马克思主义人权理论体系提出了自己的独到见解。作者在综合诸多理论观点的基础上,概括总结了中国化马克思主义人权理论体系,对这一体系的理论形态、指导思想、基本原则、主要内容、基本特征等作了较为全面的阐述。又比如,在分析当前影响马克思主义人权理论中国化发展的因素时,作者从多个视角作了尝试,其中从人权意识形态、人权全球化等领域所作的探讨有一定新颖性,这些方面在人权研究中较少被学者们所涉及,而它们又是实际存在的现实问题,从这些特殊视角出发作者还提出了许多推动中国人权发展的建议,这些分析、建议虽未必科学,但毕竟是本书所作的一种尝试。

当然,本书对于马克思主义人权理论中国化的研究还只是一个探索性的尝试,作者不可能对所有问题的研究都深思熟虑,书的内容结构和观点仅代表了作者的一种探索性思考,其中难免有不尽如人意之处。比如,书中对马克思主义人权理论中国化的理论创新成果作了较为深入的研究,相对而言,对于马克思主义人权理论中国化的实践创新成果的研究相对薄弱。再如,书中在谈到当前影响马克思主义人权理论中国化进一步发展的问题时,从多个角度作了分析,但这种分析的广度和深度都还不够深入。类似问题,需要予以关注并加以解决。我相信,孙强博士一定会继续努力,在进一步的研究中解决这些问题,并不断突破,取得新的更大的进步。我期待他有更多更好的作品问世。

是为序。

山东大学马克思主义学院教授　周向军
2013 年 5 月 1 日于泉城

导　言

一、问题的提出

新中国成立后人权在相当长一段时间内一直被认为是资产阶级的专利，许多人对马克思主义经典作家的论述断章取义，认为马克思主义是反对人权的，现实中对人权的保障也未得到应有的重视，"文化大革命"十年浩劫极大侵害了人权。改革开放后随着解放思想、实事求是思想路线的重新确立及人们对人权的渴求，理论界对人权问题的认识逐步解冻，党和国家从忌谈人权到正视人权再到高度重视人权问题，马克思主义人权理论研究也逐步兴盛，中国共产党将马克思主义人权理论与中国实际相结合，实现了马克思主义人权理论中国化，极大推动了中国人权理论与实践的发展。当今"人权"这一词汇正频繁出现在人们的日常生活中，成为使用频率较高的词汇之一。改革开放30多年的发展历程充分证明了马克思主义人权理论的正确性，同时也体现了中国共产党与时俱进、不断创新，对马克思主义不断丰富、发展的能力，系统梳理、深入总结改革开放以来马克思主义人权理论中国化的历史进程是十分必要的，对这种发展的内涵、必要性、基本轨迹、逻辑范式、发展规律、理论成果等都需要作出科学的认识。

与此同时，我们也应清醒地认识到，在全球化背景下马克思主义的命运并非一帆风顺，尤其是马克思主义人权理论正受到来自各方面的挑战，社会主义市场经济能否为广大人民人权的实现提供充分的经济保障，社会主义民主政治如何确保人民公平地实现人权，多元文化的冲击下如何保持马克思主义人权理论的说服力，在国际上西方人权外交及西方人权意识形态的渗透也在挑战作为指导思想的马克思主义人权理论的地位，这些都需要我们运用不断发展着的马克思主义作出回应、迎接挑战，使马克思主义人权理论中国化得以深入、持续地发展。

二、研究的理论意义和现实意义

人权在当今社会已成为备受人们关注的话题，无数的人用它来主张各种各样的权利，从政治民主到经济平等，从私人生活到公共领域，从国内人权保护到国际人权斗争，人权已经与我们的生活变得息息相关，已成为全球化背景下的时代话语。当人权概念似乎在取得全面胜利的时候，当它获得最大合法性的时候，它所背负的争议也越来越多，随着各种人权理论碰撞交锋，人权的面孔有时甚至模糊难辨，站在马克思主义立场上研究人权问题已成为我们当下义不容辞的责任。本书选取改革开放以来马克思主义人权理论中国化的发展作为研究对象，具有一定的理论与实践价值。

该研究的理论价值体现在：第一，当前马克思主义中国化研究日渐兴盛，这一研究的主题就是要将马克思主义与中国实际相结合，创造符合中国实际的理论成果，推动中国的改革和发展。而马克思主义是一个内容丰富的理论体系，包含了哲学、政治经济学、科学社会主义、法学、历史学等，马克思主义创始人对人权问题也作了许多经典论述，马克思主义也包含丰富的人权理论，这些理论成果并非针对中国实际所设，也同样存在理论的中国化问题。如何将马克思主义人权理论与中国人权实际相结合，用中国化了的马克思主义人权理论推动中国人权发展是我们必须面对的一个问题。改革开放以来马克思主义人权理论中国化取得了较大发展，但对这一问题的研究还不够深入全面，有许多问题值得探讨。马克思主义人权理论中国化相比于马克思主义其他理论的中国化而言还存在研究的滞后性，作为马克思主义中国化的一个重要组成部分，强化马克思主义人权理论中国化研究对推动整个马克思主义中国化研究具有重要意义。

第二，该研究成果也有助于深化对马克思主义人权理论的研究。从广义上讲，马克思主义人权理论不仅包含了马克思、恩格斯等马克思主义创始人的人权理论，也包括后人对马克思主义创始人人权理论的丰富、发展，包括毛泽东、邓小平、江泽民等都发展了马克思主义人权理论，学界既有的研究成果对马克思主义创始人人权理论的研究较多而对后人的继承、发展，尤其是改革开放以来党的领导集体对马克思主义人权理论的继承、发展缺乏系统、全面的研究，研究成果相当分散。改革开放以来中国共产党和中国人民创造性地将马克思主义人权理论与中国社会主义建设相结合，实现了马克思主义理论中国化，形成了中国化的马克思主义人权理论，这是对中国改革开放以来人权事业发展的理论概括，是一个严密科学的理论体系。本书从整体性研究角度加强了对改革开放以来党的三代领导集体人权理论体系的研究，将它们视为一个理论上前后相继、不断发展的整体，着重探讨中国化马克思主义人权理论的整体内容、基本特点、重要意义等，这对于丰富马克思主义人权理论的研究有一定积极意义。

其实践价值体现在：第一，基于当今社会，不同国度、不同社会制度对人权的理解不尽相同，对人权问题的理论争执由来已久，而国际上以人权为口号的争斗也从未停息。西方一些人提出了诸如"人权无国界"、"人权高于主权"、"普世价值"等理论口号，借助这些观点，西方国家趁机在世界范围内推行自己的外交战略，假借人权向别国兜售自己的价值观及意识形态。美国的布热津斯基在《大失败——20世纪共产主义的兴亡》中毫不掩饰地指出："号召尊重人权不仅已使现有的共产党国家处于守势，而且从全球看，还使民主国家与共产党国家划清了界限。应使世界人民的视线集中到共产党国家剥削公民自由、侵犯个人权益、没有健全的法制、对大众媒介和经济生活进行严格控制等方面。这样做可以使人们更清楚地看到多党制、市场经济和真正民主制的优越性。"[①] 西方国家的主流意识形态对人权的理解以个人主义为基础，以自由主义为核心，以自由权为重点，与第三世界国家强调发展权

[①] 〔美〕兹·布热津斯基：《大失败——20世纪共产主义的兴亡》，军事科学院外国军事研究部译，军事科学出版社1989年版，第303页。

等基本权利的理念相左,当他们的人权外交与自身的国家安全和经济利益交织在一起时,就更加可疑。我国作为社会主义国家,运用马克思主义的指导思想对西方发起的人权斗争进行理论和实践的回应就显得尤为重要。须知人权口号虽是资产阶级首先提出的,但并非资产阶级专利,也不是与马克思主义无关的概念,相反马克思主义包含丰富的人权理论,正确认识马克思主义人权理论在中国的发展,树立社会主义国家对人权问题的科学认识,驳斥西方人权干预,在国际人权斗争中维护中国国家利益、国际形象都具有重要意义。

第二,享有充分的人权是人类长期追求的崇高理想,也是中国人民矢志不渝为之努力奋斗的一个远大目标,从一定意义上讲中国的革命、建设和改革、发展都是为努力争取和充分实现全国人民的人权。改革开放以来中国特色社会主义建设取得了巨大成就,中国特色人权建设就是其中一个重要方面,这是马克思主义与中国实际相结合的结果。总结中国人权建设的理论成就与实践经验,有助于我们充分认识当前人权发展实际,正确处理人权与民主、法制、经济、文化等因素的关系,深入贯彻以人为本的科学发展观,构建社会主义和谐社会,解决中国人权发展中所面临的诸多问题,让中国人民享有更为充分全面的人权,实现中国人权事业的科学发展。

第三,当今社会已进入"人权"时代,人权问题关系每一个人的正当权利,是人类社会长期以来为之奋斗的理想,社会中的每个人都应正确认识"人权",如果在人权问题上缺乏正确引导,人们很容易受到错误思想的影响,造成对人权的不当运用,所以树立正确的人权观念极为重要。当前影响人权认识的消极因素有很多,西方的个人主义、新自由主义、民主化思潮、中国的封建文化等都在干扰人们对人权问题的科学认识。而科学人权观的确立要求人们具有辩证的思维方式,运用唯物史观和阶级分析的方法正确看待古今中外的人权问题,要透过各种人权现象看到其本质,坚信在坚持社会主义制度基础上通过科学发展,必将实现更为充分完善的人权,同时形成对人权的信仰,尊重他人人权,运用各种合法手段保护自己的人权。本书的探讨正在于帮助人们正确分析时下存在的诸多人权现象,避开各种错误思想的侵蚀,在全社会树立起科学的人权观念。

三、研究主题

本书研究主要集中在两个方面：一是历史的回顾与总结，梳理改革开放以来30多年间马克思主义人权理论中国化发展的轨迹，在回顾历史基础上，对马克思主义人权理论中国化进程中所形成的重大理论创新进行归纳概括，总结这一历史进程所蕴含的基本特征，构建起中国人权事业发展的逻辑范式，这种历史性反思的目的在于正确认识和科学评价中国30多年间所走过的具有中国特色的人权发展历程。

二是现实的问题与对策及未来走向的科学预测。当前马克思主义人权理论中国化进程并非一帆风顺，面临许多现实的问题。理论研究源于现实需要，同时也是为了解决现实中存在的问题。从经济、政治、文化、全球化等视角探讨当今马克思主义人权理论中国化所面临的挑战，根据这些问题从诸多方面提出对策，深入推进马克思主义人权理论中国化的发展。而马克思主义人权理论中国化的未来走向将是伴随共产主义社会的实现而达到人的自由、全面发展，人权也最终得以充分实现。

四、研究述评

国外学者研究人权问题颇多，但他们的研究多是为资本主义人权理论辩护，为西方国家推行资本主义全球战略、实施霸权主义扫清道路，所以国外很多研究倾向于将人权作为实施干预的工具，如哈贝马斯认为西方的人权观点应作为世界所有国家和人民遵守的守则，以人权来确立国际间正当干预的原则和标准，为了实现这一目标即使使用战争手段也是允许的。在一些西方学者眼中"马克思主义被简单地认为是一种无情否定人权及其人权要求的思想"①。当然也有人提出马克思主义人权观念与西方传统人权观念并不矛盾，

---

① 〔美〕科斯塔斯·杜兹纳：《人权的终结》，郭春发译，江苏人民出版社2002年版，第169页。

马克思主义承认公民权利和政治权利,同时强调人民的经济、社会、文化权利,对人权的论述更为全面,因而马克思主义人权观念深受下层民众欢迎,美国人权问题专家约瑟夫·郎卡（Joseph Wronka）在研究了马克思主义对美国人权政策的影响后得出结论说:"马克思主义人权观是现代美国人权思想的来源之一。"① 国内关于马克思主义人权理论的研究成果较多,与本书研究相关的理论成果集中于以下几方面。

（一）关于马克思主义人权理论主要内容的研究

对该问题的研究是改革开放以来我国人权研究取得的重大进展,这种阐释彻底驳斥了以往关于"人权是资产阶级专利,马克思主义排斥人权"的错误认识,人权禁区的打破与这方面的论述是密不可分的。我国对马克思主义经典作家人权理论进行研究的论著颇丰,学者们的表述虽略有差异,但基本内容可概括为以下几方面:

第一,有学者提出马克思、恩格斯人权理论首要的在于探讨了人权的基本含义,包括以下几个方面:（1）人权是作为社会成员权利的最一般的形式;（2）人权由市民社会的成员享有,其内容包括政治权利和自然权利;（3）马克思、恩格斯的人权基本含义建立在对人的本质的科学认识基础之上。②

第二,论证人权的社会性。指出人权在17世纪以来得以确认关键在于平等、自由等人权理论与资本主义生产方式存在密不可分的内在联系,人权只有在社会中才能实现,是社会一定经济关系在制度、政治、法律上的表现。

第三,指出人权是历史发展的产物。人权不是与生俱来的,总是受一定社会经济、政治、文化等各种因素的制约,只有当社会经济进步把确立平等要求提上日程时,自由、平等才被宣布为人权,人权在产生后其内容也随着经济、社会发展而不断丰富、完善。

第四,人权是具体而非抽象的,是现实社会利益的反映。这种对社会利

---

① Joseph Wronka, *Human Rights and Social Policy in the 21st Century*, University Press of America, 1998, p. 82.
② 参见谷春德、郑杭生主编:《人权:从世界到中国》,党建读物出版社1999年版,第203—206页。

益的反映首先表现为一定阶级性，每个人都隶属一定阶级，不存在超阶级的人和人权。人权在形式上表现了整个人类普遍理想，而在内容上反映的是特定时代人们的利益要求，资本主义只是以人权普遍形式掩盖不同利益要求之间的差别，马克思主义人权观主张消灭阶级、剥削、压迫，实现真正的、事实上的自由、平等，而非形式平等。

第五，无产阶级在斗争中要善于利用人权武器。资本主义人权是服务于资本剥削的工具，是商品经济的反映，但无产阶级要继续利用资产阶级民主、自由等权利去争取选举、言论、出版、结社、集会自由权利，这成为无产阶级夺取彻底胜利所必需的武器。①

第六，人权的国家观。国家产生后人们都生活在一定国家之中，在现代国家以法律的形式规定了人权的主体和内容，人权的实现首先是各国对宪法和法律所确立的公民权利的保障。

第七，权利与义务的统一观。作为法定权利的人权是权利与义务的统一，"没有无义务的权利，也没有无权利的义务"。权利与义务相互依存，互为条件。

第八，人的解放观。人权的目的不仅在于使人获得权利，而且为人们提供了自我解放的目标和手段，无产阶级历史使命就在于建立"一个以每个人自由发展为一切人自由发展的条件的联合体"。人的解放观是马克思主义人权观的核心。②

第九，人权的法理观。法律是对人权的确认和保护，"人权的制度化法律化是人权得以全面实现和切实保障的基本环节"，"法典就是人民自由的圣经"，正是通过法律的形式人们把权利与义务、自由与秩序结合起来。③

第十，马克思主义对资产阶级人权观的基本态度。资产阶级在革命中提出人权要求是基于思想解放、政治解放和经济发展的需要，在历史上有不容否认的进步意义，但它也有本质局限性，体现在：一是在资本主义条件下，

---

① 参见冯颜利：《马克思主义人权论》，载《马克思主义研究》，2006年第7期。
② 参见刘瀚、李林：《马克思主义人权观初论》，载《中国法学》，1991年第4期。
③ 参见王寿林、张美萍：《论马克思主义人权观》，载《高校理论战线》，2005年第10期。

人权就是特权;二是人权只是资产阶级理性王国的宣告,在资产阶级统治的现实王国中,人权本质上只属于资产阶级;三是人权所掩盖的是资本主义社会成员与人的本质的分离。①

还有学者从马克思主义人权观产生、形成、发展的角度将其划分为三个部分:一是马克思早期人权理论,表现为革命民主主义人权观和历史唯物主义人权观,用自由解释人权,把人权分为自然权利和公民权两个部分;二是马克思主义人权观的形成,其特点是从历史唯物主义出发分析现实社会中人权的自然本质和社会属性,进而揭示了人权产生的物质根源,指出了人权的阶级性、现实性以及人权与公民权之间的内在联系;三是列宁在新的历史条件下丰富和发展了马克思主义人权观,这种人权观在中国共产党领导人民进行革命斗争中也得到了运用和发展。②

中国社会科学院的邱本研究员根据马克思主义人权观的内容,将其总结为人道主义、唯物主义、无产阶级、辩证法的人权,指出马克思主义从人道主义出发关心人,关心人就要关心人的物质生活条件,就必然本着唯物主义的立场关心人。在所有人里面无产阶级是物质生活条件最差的阶级,因而要为无产阶级争取人权,而贯彻上述各方面的基本方法就是辩证法。③

(二) 关于"改革开放以来马克思主义人权理论中国化发展"的研究

改革开放以来,中国共产党人通过拨乱反正、解放思想,逐步对人权问题予以正确认识,实现了马克思主义人权理论的中国化,对这一过程的研究成果主要集中在如下几方面。

---

① 参见李林:《走向人权的探索》,法律出版社2010年版,第115—134页。
② 参见郑杭生、谷春德主编:《马克思主义人权理论与实践》,中国检察出版社1997年版;黎国智主编:《马克思主义人权理论概要》,四川大学出版社1992年版;许崇德、张正钊主编:《人权思想与人权立法》,中国人民大学出版社1992年版;陈波:《马克思主义视野中的人权》,中国社会科学出版社2004年版。
③ 参见李林:《全面落实依法治国基本方略》,中国社会科学出版社2009年版,第38—62页。

1. 关于邓小平、江泽民人权理论及科学发展的人权理论的总结

这些总结涉及改革开放以来马克思主义人权理论中国化的主要理论成果。

第一，关于邓小平人权理论主要包括以下十个方面：人权是全国人民的人权（人权的本质）；生存权、发展权是首要人权（历史文化背景与人权关系）；国权比人权重要得多（人权与主权的关系）；社会主义制度是中国人权的根本保证（关于社会主义制度与人权的关系）；共同富裕是社会主义人权的最终目标（关于发展生产力、改善人民生活与人权的关系）；实现中华民族的大团结（关于民族平等与人权的关系）；保障最大多数人的安全就是最大的人道主义（关于社会主义法治建设与人权的关系）；和平与发展是时代主题（关于时代与人权关系）；人权是民主和专政的统一，绝不能以争人权为名影响安定团结，搞强权政治的国家最没有资格讲人权（关于反对霸权主义与人权的关系）；要用中国人民争取人权斗争百年历史教育青年（关于中国人权的历史和人权斗争的经验）。①

第二，关于江泽民人权理论体现在以下八个方面：提出了生存权和发展权是发展中国家的首要人权的观点；指出人权是一国主权范围内的事，反对以人权为借口干涉别国内政的观点；在人权问题上应该进行平等对话而不应该搞对抗，并加强国际合作与对话的观点；提出了人权的普遍性和特殊性是一个辩证关系的观点；政治体制改革的目标就是建立人民当家作主的民主政治的观点；提出了全面建设小康社会，实现更高层次和更广泛的人权的观点；提出人权是具体丰富的，既要保证人民享受经济、社会、文化权利，又要保障人民享受公民权利和政治权利的观点；将依法治国与以德治国相结合，保障人民享有民主自由权利的观点。②

有学者专门探讨了"三个代表"重要思想对中国人权建设的指导意义，

---

① 参见冯卓然、房宁：《邓小平人权理论学习读本》，京华出版社2001年版；吴忠希：《社会主义与人权》，学林出版社2007年版，第357—362页；曾忠恕：《马克思主义人权思想的新发展》，载《科学社会主义》，1994年第2期。
② 参见吴忠希：《中国人权思想史略》，学林出版社2004年版，第235—246页；唐健飞：《国际人权公约与和谐人权观》，社会科学文献出版社2010年版，第356页；印进宝、陈显泗、李盛荣：《人权问题简论》，载《西安政治学院学报》，2000年第4期。

指出"三个代表"重要思想具有丰富的人权内涵,包括深化了对人权价值和地位的认识,进一步拓展了人权内涵,指明了中国人权建设的前进道路,进一步揭示了共产党执政与中国人权进步的一致性,对中国未来人权建设具有重要意义。① 王卫、鲜开林在《马克思主义人权观的新境界》一书中对"三个代表"重要思想开拓了马克思主义人权理论的新境界问题展开了探讨,指出"三个代表"重要思想对人权作了新概括、提出了新内涵、赋予了新品质,坚持了我国在人权问题上的原则立场,并对其首要问题、基本理论等作了探讨。②

第三,关于科学发展观的人权意蕴。有学者指出,人权研究拓宽了科学发展观的理论视野,使我国和谐社会建设与世界人权运动接轨,为马克思主义研究找到新的突破口,要实现以人为本科学发展观与人权建设的结合必须从人权理论、人权文明、人权规范三方面入手。③ 鲜开林主编的《科学发展观与人权》一书对人权科学发展问题作了全面探讨,指出科学发展观提升了中国人权发展的新境界,深化了内涵,指明了思路,其分析了人权科学发展的根本前提、世界观、方法论,并对在建设小康社会、构建和谐社会、建设社会主义新农村和环境友好型社会中如何实现人权科学发展作了探讨,对不同主体、不同区域、网络世界、和谐世界中的人权科学发展作了论述。④ 还有学者指出用科学发展观推进人权建设,要做到用"以人为本"的理念来充实中国特色社会主义人权观的理论前提,用全面协调可持续的发展理念来指导和推动人权建设,应以全面协调可持续的观点重新认识生存权、发展权的内涵及两者的相互关系,着重研究如何以全面协调的观点,兼顾政治、经济、文化等各方面权利的平衡发展,用"以人为本"的思想来全面认识和处理个人人权和集体人权的关系,研究国际人权的新情况和新问题。⑤

---

① 参见中国人权研究会:《新世纪中国人权》,团结出版社2005年版,第9—34页。
② 参见王卫、鲜开林:《马克思主义人权观的新境界》,大连出版社2007年版。
③ 参见沈亚生:《科学发展观与人权建设》,载《中共南京市委党校学报》,2008年第1期。
④ 参见鲜开林:《科学发展观与人权》,国防大学出版社2009年版。
⑤ 参见中国人权研究会:《新世纪中国人权》,团结出版社2005年版,第35—63页。

关于"以人为本"建设所包含的人权问题也是学界探讨的重点。一是分析了"以人为本"与马克思主义人权理论的关系，指出"以人为本"是马克思主义人权观的体现，马克思主义人权理论都以人为中心展开，它的理论基础是"现实的人"，落脚点是"自由而全面发展的人"，这与"以人为本"是契合的，"以人为本"代表中国特色社会主义人权建设的基本走向，是通过人权实践来实现的。① 二是探讨了"以人为本"的人权保障内涵，学者指出以人为本的权利主体是人民，义务主体是公共权力，"人"的外延指人人，"本"不只是本位，更是根本和目的。"以人为本"的科学内涵包括人的价值高于一切，人是目的不是手段，人是发展的中心主体，促进人的全面发展，崇尚和彰显人性，坚持人的独立自主，尊重人的首创精神，权利与义务的平衡，权利优先于权力，尊重和保障人权。② 三是指出了"以人为本"对人权建设提出的要求，包括内在方面要满足所有人的生存需求，保障公民各项个人自由权利，为所有人的发展提供更好的发展机会、条件；在人权保障的战略重点上，要将人的生存权、发展权作为首要战略目标，处理好生存权与发展权的保障和其他各项人权保障之间的协调发展关系；在人权保障主体方面坚持权利的平等保障原则，同时兼顾对弱势群体的特殊保护；人权保障水平上要保障最低保障水平的普遍实现，同时根据各地经济社会发展水平，适时适当提高某些权利保障水平；在人权保障内容方面强调弱势群体保护，同时也要平衡社会各方的利益。③

有学者还专门研究了胡锦涛"共享"思想的人权意蕴，指出"共享"思想是对马克思主义人权理论的新发展，是邓小平共同富裕思想的具体化，体现了社会主义人权的广泛性、真实性、平等性，对人权实现有重要意义。④

---

① 参见孟宪平：《从人权维度看以人为本》，载《辽宁教育行政学院学报》，2006年第1期。
② 参见中国人权研究会：《和谐发展与人权》，五洲传播出版社2010年版，第111、93—97页。
③ 参见同上，第68—72页。
④ 参见万斌、王康：《论胡锦涛"共享"思想的人权意蕴》，载《浙江学刊》，2008年第5期。

2. 关于马克思主义人权理论中国化的理论与实践分析

这类研究是以改革开放以来马克思主义人权理论中国化的整体发展为研究视角的，研究涉及问题较多。

第一，关于社会主义人权的特点。有人认为包括普遍性与特殊性相统一，以保障大多数人民利益为根本，是国家主权内部事务等三个方面。① 有学者通过对改革开放以来中国人权的发展进行回顾，总结出两个突出特点：一是党的领导人开始公开谈论人权；二是伴随保障人权的加强引起了一次又一次修宪，改革开放以来所形成的中国共产党人权理论的基本特征包括人权主体的普遍化、人权内容的广泛性、强调集体人权等。② 还有人指出社会主义人权的本质特征在于其广泛性、真实性、公平性。③

第二，马克思主义人权理论中国实践的基本经验包括"必须坚持解放思想、实事求是、与时俱进的人权理念；必须坚持国情第一、国权至上、多样共存的人权模式；必须坚持生存第一、发展至上、持久永续的人权原则；必须坚持政治解放、劳动解放、全面发展的人权路径"④。有人提出中国共产党人权探索的基本经验包括正确认识人权发展规律是促进人权事业的思想保证，全面准确地把握国情民情是实现人权的基本前提，建立健全人权保障制度是实施、实现人权的根本途径。⑤

中共中央党校李云龙教授指出了中国人权发展的九大基本经验：一是中国共产党的坚强领导是中国人权发展的根本保证；二是以马克思主义人权理论为指导，走中国特色的人权发展道路，批判地对待西方的人权观念；三是在建设中国特色社会主义的伟大实践中发展中国人权；四是把生存权和发展

---

① 参见张晖：《社会主义人权的特点和实现途径》，载《中共合肥市委党校学报》，2008年第1期。
② 参见张继良：《中共人权理论与中国人权立法》，中国社会科学出版社2004年版，第50—52、70—76页。
③ 参见罗文东：《社会主义人权：理论与实践的飞跃》，载《晋中学院学报》，2008年第1期。
④ 秦正伟：《马克思主义人权理论及其中国实践》，载《学术界》，2010年第9期。
⑤ 参见张继良：《中共人权理论与中国人权立法》，中国社会科学出版社2004年版，第205—218页。

权作为首要人权；五是既重视经济、社会和文化权利，又重视公民政治权利；六是正确处理权利和义务的关系；七是正确处理个人人权与集体人权的关系；八是正确处理人权与主权的关系；九是积极参加国际人权交流与合作。①

第三，关于未来中国人权发展途径。有人提出要完善制度体系，大力发展经济，实施科学人权观教育，积极参加国际人权交流与合作。②还有人指出发展人权的对策包括建立和完善人权理论体系，为保障和实现人权提供科学依据，完善社会主义市场经济体制，促成权利主体的成熟和发展，提高公民权利意识，增强公民维权自觉性，建立和完善人权保障制度及其运行机制，加强党的领导方式和执政方式，强化党的人权保障职能，加强人权领域的国际交流与合作。③

第四，关于社会主义和谐社会与人权建设的关系，学者们普遍认为二者是相互影响、相互促进的，提升人权是实现和谐社会的重要途径，为此"可从大力宣传和树立高尚和远大理想的人权观、丰富和发展人的社会关系、社会活动三方面着手"④。有学者指出要运用马克思主义人权理论服务社会主义和谐社会构建，促进以生存权、发展权为基础的人权全面发展，健全民主法治，保障以人民当家作主为核心的公民权利。⑤

第五，针对西方利用人权问题干涉我国内政，学者们利用马克思主义人权理论进行了批判，这也构成了马克思主义人权理论中国化发展的一大重要成果。针对西方提出的"人权高于主权"、"人权无国界"等口号，我国学者充分运用人权普遍性与特殊性等理论对其进行了针锋相对的回应。人权普遍性是基于人权主体的普遍性所决定的，人权的特殊性根源于人权的实现程度

---

① 参见中国人权研究会：《新世纪中国人权》，团结出版社2005年版，第149—159页。
② 参见张晖：《社会主义人权的特点和实现途径》，载《中共合肥市委党校学报》，2008年第1期。
③ 参见张继良：《中共人权理论与中国人权立法》，中国社会科学出版社2004年版，第239—258页。
④ 李彬：《"社会主义和谐社会与人权建设研讨会"综述》，载《马克思主义研究》，2007年第6期。
⑤ 参见苗贵山：《马克思恩格斯人权理论及其当代价值》，人民出版社2007年版，第251—260页。

及形式受一个国家特定历史发展阶段不同的经济发展水平、历史文化传统、经济政治制度等制约,不能把普遍性和特殊性对立。① 由于经济、政治、历史传统、文化背景的不同,造成东西方人权观念的差异,西方重个人,强调公民权利和政治权利的实现,东方讲究集体人权,重视生存权、发展权,西方人权文明不能适用于全人类,要在平等基础上开展东西方人权文明对话。②

有学者对"自由、平等、人权是人类共同的普世价值"这一说法进行了辨析,指出普世价值是抽象存在,不具有现实性,因为不同时代和社会形态、不同阶级和人群、不同社会制度的国家决定了人权状况的各不相同。普世价值是西方资产阶级霸权主义的体现。③ 对西方将人权确立为普世价值的批判,学者指出只要世界还存在利益冲突就不会有普世价值,要坚持马克思主义人权观与代表西方意识形态的普世价值划清界限,实现我国人权的科学发展。④

第六,有学者运用马克思主义人权理论对当今科学人权观的构建作了探讨,指出在全球化背景下,科学人权观的建立不仅需要对马克思主义人权理论作出正确解释,更要运用马克思主义解决市场经济价值趋向、西方以人权为借口的意识形态渗透等因素对我国人权所带来的挑战,在坚持历史唯物主义基础上,我们所欲构建的科学人权观是"以个人与他人、个人与社会协调发展的集体人权为原则,以生存权、发展权为核心,以公民政治权和社会权的协调发展为特点,以每个人的自由而全面的发展为目标的科学人权观"⑤。

第七,关于社会主义国家研究人权问题的方法。有人认为研究的方法必须遵循马克思主义的唯物史观、唯物辩证法及唯物辩证的思维方法,其建构

---

① 参见李步云、杨松才:《论人权的普遍性和特殊性》,载《环球法律评论》,2007年第6期。
② 参见张志洲:《关于人权的思考》,载《当代世界与社会主义》,2001年第3期。
③ 参见徐崇温:《"自由、平等、人权是人类共同的普世价值"辨析》,载《学习论坛》,2010年第7期。
④ 参见于浠:《普世价值与中国人权之路》,载《江汉论坛》,2009年第8期。
⑤ 王岩、施向峰:《科学人权观确立之学理思考》,载《毛泽东邓小平理论研究》,2006年第9期。

体系包括逻辑体系、制度体系、价值体系和内容体系。① 还有人提出这种研究方法包括坚持马克思主义关于人权问题的基本理论，正确理解人权实质，形成适合本国国情的制度模式，在尊重本国历史传统、基本国情基础上实现人权发展特色。②

第八，关于改革开放以来马克思主义人权理论推动中国人权发展的实践历程。董云虎、常健主编的《中国人权建设60年》对此问题作了全面论述，搜集了大量丰富的事实、数据，对经济社会文化权利、公民权利和政治权利、司法中的人权保障、妇女儿童权利保障、少数民族权利保障、残疾人权利保障等作了论述，对中国参与国际人权事务的历程作了回顾，指出了未来中国人权事业发展前景，多层次、多角度、多方位地反映了中国人权建设的状况及其进展，再现了改革开放以来中国人权事业所取得的辉煌成就。③

3. 关于马克思主义人权理论与中国经济、政治、文化结合问题

马克思主义人权理论在中国化的过程中要与中国经济、政治、文化环境相适应，才能实现理论与实践的结合，学者们从经济、政治、文化等层面对马克思主义人权理论与中国实际相结合的问题作了一定探讨。

第一，关于马克思主义人权理论与中国市场经济结合问题。学者指出社会主义市场经济对人权保障的积极作用体现在"促进生产力发展，以共同富裕为目标，为公民政治权利实现奠定经济基础"。市场机制利益驱动效应有助于提高人民生存权、发展权，创造物质财富，同时市场竞争打破身份限制，有助于人们平等权的实现。消极作用体现在市场不能解决所有人权问题，中国市场经济发育不健全，面临法制保障不到位、权力干预市场导致分配不公等问题。要实现市场经济与人权的协调统一，发挥市场作用，转换国家职能，由国家制定一系列法律法规，加强社会保障，调节收入分配，最大限度实现

---

① 参见苗贵山：《略论社会主义人权理论的当代建构》，载《社会主义研究》，2005年第4期。
② 参见彭升、王稳良：《略论社会主义国家人权问题研究的方法论》，载《衡阳医学院学报（社会科学版）》，2000年第3期。
③ 参见董云虎、常健：《中国人权建设60年》，江西人民出版社2009年版。

人权。①

王建均在其专著《市场经济与人权》中专门探讨了市场经济的二重性及其对人权的效应,分析了资本主义市场经济条件下的人权及马克思主义人的解放思想对资本主义人权的超越,传统社会主义计划经济条件下的经济、政治、文化对人的解放的制约,然后从人权与人的解放相统一的视角,对社会主义市场经济条件下物质文明、政治文明、精神文明对人权的积极、消极作用作了分析,未来共产主义将实现人的彻底解放和个性自由发展,人权也将随共产主义的实现而彻底消亡。②

2008年国际金融危机爆发后,学者们对人权与经济危机问题进行了广泛关注,2009年11月北京人权论坛召开,许多代表谈到了国际金融危机对人权保障带来的挑战,经济危机主要影响人的生存、发展权利的实现问题,尤其对发展中国家影响较大。学者重点研究了中国应对危机、保障人权的举措,并对国际社会的努力方向作了探讨。③

第二,关于马克思主义人权理论与中国政治文明结合问题。基于人权的阶级性,从政治视角加强人权建设是十分必要的。人权对政治文明建设的重要意义体现在它是政治文明重要组成部分和应有内涵,构成其基本价值取向和判断标尺,是政治文明发展的动力之源。④ 尊重和保障人权是政治文明的重要标志和本质体现,是防止和消除权力腐败的重要前提。⑤

当代中国民主政治建设要把尊重保障人权作为遵循的原则,要"维护公民权利与政治权利,贯彻和落实宪法人权原则,在社会的发展中实现人权",

---

① 参见马郑刚:《社会主义市场经济与人权保障》,载《科学社会主义》,1994年第1期;李招忠:《社会主义市场经济对人权正负面效应的共存性及矫正》,载《湖南师范大学社会科学学报》,2000年第3期。
② 参见王建均:《市场经济与人权》,社会科学文献出版社2006年版。
③ 参见中国人权研究会:《和谐发展与人权》,五洲传播出版社2010年版,第14—65页。
④ 参见邹平学:《基于人权视角的政治文明解读》,载《江西社会科学》,2004年第6期。
⑤ 参见叶晨晖、郭为桂:《尊重和保障人权:现代政治文明的内在要求》,载《江西社会科学》,2004年第6期。

未来"自由人联合体"的建立才是人权彻底实现之时。① 有学者还探讨了政治人权建设,指出人权首先是一个政治概念,政治人权是其他人权的基础,要加强对政治人权的宣传教育,加强宪法保障,建设中国社会主义宪政,推动政治人权发展。②

第三,关于马克思主义人权理论与文化结合问题。从文化视角看国际上对人权的认识分为普遍主义和相对主义,前者认为"人权是人生而有之的、普遍的、无条件的和不可剥夺的,是任何地方的任何人毫无例外所享有的权利"③。后者认为"人权是西方国家的特定的文化概念,不同社会有着不可比较的不同的文化"④。我国学者普遍认同马克思主义关于权利问题的认识,权利永远不能超出社会的经济结构所制约的社会的文化发展,人权的实现也要受到社会文化传统和条件制约,人权虽具有普遍性但人权文化背景却是特殊的,两者关系体现在"文化传统影响对人权的理解,人权的实现要受到文化发展水平的制约,保存和发展民族文化是人权的重要内容"⑤。

每个国家的人权观都是本国主流文化在人权领域的表现。这决定中西人权观念的文化差异,中国人权观主张义务本位、礼治环境、群体权利,重视超验人生价值、人际和谐和人生价值的完满,西方人权观主张权利本位、法治环境、个体权利,重视人权现实功用和人际界分的实现。"西方人权观的致用性、个体性、务实性可以弥补东方人权观'有神无体'的制度性缺失;而中国人权精神的高远性、和谐性、完满性则可消除西方人权观'有体无神'

---

① 参见赵海月:《试论发展社会主义民主政治的人权原则》,载《理论视野》,2006年第5期。
② 参见蒋德海:《论中国人权保障中的政治人权建设》,载《上海市经济管理干部学院学报》,2007年第1期。
③ 参见〔美〕L.亨金:《权利的时代》,信春鹰、吴玉章、李林译,知识出版社1997年版,第3页。
④ R. E. Howard, "Cultural Absolutism and the Nostalgia for Community", *Human Rights Quarterly*, 1993, p. 317.
⑤ 陈新夏:《人权与社会文化背景》,载《首都师范大学学报(社会科学版)》,1994年第5期。

的工具性僵硬。"① 应适当吸收西方人权观中强调个人权利保护的合理性成分，加强东西方人权文化的交流与对话，发扬中国传统文化中有利于人权发展的积极因素，形成具有中国特色的崭新人权观。②

（三）马克思主义人权理论中国化研究有待深入

纵观该课题的理论研究虽然成果颇丰，然而真正科学、系统的研究仍处于起步阶段，尚有许多问题值得深入研究：

第一，关于马克思主义人权理论中国化的理论成果研究缺乏系统性、整合性，从前文的研究综述来看，点的研究很多，学界对邓小平、江泽民对人权问题的认识及科学发展观所蕴含的人权理论作了许多探析，而这些理论成果并非是孤立存在的，相互间存在密切的关联，与本源意义上的马克思主义人权理论是一脉相承又与时俱进的，理论上已构成一个完整的理论体系，对中国人权发展的这一理论体系作出总结，全面把握，是我们科学掌握中国化马克思主义人权理论的必然要求。

第二，当前影响、制约中国人权发展的因素有很多，站在马克思主义视角分析，既有经济、政治因素，也有文化、社会因素，既有历史的，也有现实的原因。当前对影响马克思主义人权理论中国化发展的现实因素的分析还不够全面，如按照马克思主义基本观点，对人权问题的认识也属于意识形态的范畴，不论是西方人权理论的攻击还是中国国内自身存在的消极思想影响，都可从意识形态建设角度作出探讨，目前关于这方面研究较少，再如如何认识"人权全球化"对马克思主义人权理论中国化的冲击，这就需要立足马克思主义的"世界历史"理论基础对此作出正确判断，而当前对"人权全球化"的许多分析是偏离马克思主义轨道的，对这些问题的忽视决定了当前我们对促进中国人权发展对策的分析不够全面。

第三，关于人权问题目前研究视角多样化，从哲学、社会学、法学、经

---

① 屈新儒：《中西人权观差异的历史文化反思》，载《西北大学学报（哲学社会科学版）》，2006年第4期。
② 参见刘海年、李林主编：《人权与21世纪》，中国法制出版社2000年版，第22—49页；中国人权研究会：《东方文化与人权发展》，东方出版社2004年版。

济学、国际关系等角度都作了有益探讨，表面看来异常繁盛，然而遵循马克思主义基本原理分析人权问题是根本，当前许多研究成果有背离马克思主义的现象，而从马克思主义视角对人权所作的分析又存在缺乏创新的问题，只要输入"马克思主义人权"等关键字检索出的许多论文在内容上存在较严重的雷同化现象，研究缺乏全面、深入性。当前马克思主义中国化研究取得了丰硕的成果，我们完全可以借鉴马克思主义中国化的研究方法、理论总结等，结合人权问题特性，深入探讨马克思主义人权理论中国化进程中存在的诸多问题，对中国人权问题作出更为全面的探讨。

五、研究方法

第一，文本性研究。这一方法的运用在马克思主义研究中的基础性作用不言而喻，它对本书问题的分析具有重要影响。笔者不仅查阅了大量马克思主义经典作家关于人权问题的分析论述，而且对于中国共产党领导人的人权理论也作了许多引用，这种文本研究更加印证了马克思主义人权理论是一脉相承、不断丰富和发展的理论体系。

文本研究也是整体性、系统性研究的需要，马克思主义是包含哲学、政治经济学、科学社会主义等在内的科学理论体系，研究马克思主义人权理论离不开其他理论的支撑，而且革命导师大多数关于人权问题的论述都是在阐述经济、政治、哲学等问题时所内在包含的，马克思主义人权理论已与其他理论成果融为一体。

第二，多学科交叉的方法。人权问题的学科交叉性体现极为明显，加之近20年间人权研究的兴盛，学者们从多角度对其作了全面分析，笔者在借鉴哲学、社会学、历史学、法学等学科研究人权成果的基础上，竭力对"马克思主义人权理论中国化"这一课题作出尽可能全面、充分的阐述。

第三，历史与逻辑相统一的方法。笔者对于改革开放以来中国人权发展的历史从理论与实践两个层面进行了全面梳理，在此基础上建构起中国人权发展的逻辑结构，以实现对改革开放以来马克思主义人权理论中国化发展的全面把握。

六、创新之处

本书在综合已有研究成果的基础上,努力在以下几方面有所创新。

第一,对改革开放以来马克思主义人权理论中国化研究的系统展开。关于马克思主义人权理论中国化虽然并非理论上的研究空白,但关于该课题的系统研究却不曾出现,尤其是对改革开放以来马克思主义人权理论中国化的系统总结是欠缺的。此外,虽然马克思主义中国化研究成果颇丰,但基于人权问题自身发展的特性,是无法用前者的研究成果来代替马克思主义人权理论中国化研究的。本书对这一历程的基本特征、逻辑范式等问题的总结都力图实现突破,探析改革开放以来在马克思主义指引下中国人权事业发展的经验、教训,为未来中国人权发展提供某种理论上的借鉴。

第二,在分析当前影响马克思主义人权理论中国化发展的因素时,本书从多个视角作了尝试,其中从人权意识形态、人权全球化等领域所作的探讨有一定新颖性,这些方面在人权研究中较少被学者们所涉及,而它们又是实际存在的现实问题,从这些特殊视角出发本书还提出了许多推动中国人权发展的建议,这些分析、建议虽未必科学,但毕竟是笔者所作的一种尝试,在人权研究日渐兴盛的今天,进一步丰富人权研究视角是理论、实践发展的客观需要,笔者希望自己的尝试能对人权研究起到一定帮助。

第三,关于中国化马克思主义人权理论的总结也是本书所欲实现的一个理论突破。中国化马克思主义人权理论是一个包含多方面内容的理论形态,是针对中国特色社会主义实践的理论总结,中国人权建设所走过的道路是在马克思主义人权理论指引下结合中国实际所作出的一种成功实践,取得的成绩有目共睹,而在这一过程中提出了许多符合中国实际的人权理论,以往的研究多集中于这些理论成果的分散研究,没有从理论体系的高度作出总结,笔者在综合诸多理论观点的基础上,构建了中国化马克思主义人权理论体系,对这一体系的理论形态、指导思想、基本原则、主要内容、基本特征等作了总结,虽然并非十分全面,但希望这种探索能引起更多人对这一问题的关注。

第一章 马克思主义人权理论中国化的界定

马克思主义人权理论中国化涉及诸多问题,因而要对马克思主义人权理论中国化作出科学界定,必须建立在对几个相关概念进行科学界定的基础上。首先要说明何为人权,人权与经济、政治、文化存在怎样的关系,其次马克思主义人权理论中国化作为马克思主义中国化的组成部分,与其存在密切关联,在界定马克思主义中国化与中国化马克思主义基础上结合人权问题特性才能说明何为马克思主义人权理论中国化,何为中国化马克思主义人权理论。

一、"人权"及其与经济、政治、文化的关系

研究马克思主义人权理论中国化首先要从人权的概念界定入手,对于何为人权一直以来没有形成统一的认识,站在马克思主义视野下界定人权的概念是尤为必要的,同时对人权与经济、政治、文化的关系进行分析有助于我们深入理解人权的概念。

(一)"人权"的概念

关于"人权"的含义是我们首先需要予以界定的,纵观当前学界对人权含义的认识,大都认为人权是人依据其自身的本性所应当享有的权利。[①] 按照马克思主义的基本观点,人权的享有和实现不是孤立的,而是同整个社会经

---

① 参见李步云主编:《人权法学》,高等教育出版社2005年版,第10页。

济、政治、文化等发展因素密切相关的，正所谓"权利决不能超出社会的经济结构以及由经济结构制约的社会的文化发展"①。一个社会经济发展水平、政治文明的实现程度、人权文化的发展状况、社会整体的进步水平都在影响、制约着人权的实现，由此马克思主义才提出人权具有鲜明的阶级性、具体性、社会性、物质制约性、发展性等特性，人权始终是伴随人类文明的进步而不断向前发展的，马克思主义从来都反对脱离具体的社会条件谈论抽象的、超阶级的、普遍的和绝对的人权。学界目前关于人权问题的定义只是说明了人权的一种应然化定义，而这样的人权由于受到客观条件的限制并没有真正得以实现，所以需要站在马克思主义立场上对"人权"作一个科学的界定。

马克思主义的创始人马克思、恩格斯虽未对人权下一个明确的定义，但他们却在多部著作中对人权的含义作了说明，主要包括以下几点：

第一，狭义的人权是作为市民社会成员权利的最一般形式。马克思在《论犹太人问题》中提出，"首先，我们表明这样一个事实，所谓的人权，不同于公民权的人权，无非是市民社会的成员的权利，就是说，无非是利己的人的权利、同其他人并同共同体分离开来的人的权利"②。广义上的人权还包括了政治权利，即"只是与别人共同行使的权利。这种权利的内容就是参加共同体，确切地说，就是参加政治共同体，参加国家。这些权利属于政治自由的范畴，属于公民权利的范畴"③。所以在马克思的人权理论中人权包含市民权利和公民权利两类。而在《德意志意识形态》中，马克思、恩格斯指出："至于谈到权利，我们和其他许多人都曾强调指出了共产主义对政治权利、私人权利以及权利的最一般形式即人权所采取的反对立场。请看一下《德法年鉴》，那里指出特权、优先权符合于与等级相联系的私有制，而权利符合于竞争、自由、私有制的状态；指出人权本身就是特权，而私有制就是垄断。"④如何理解这两段引文中马克思、恩格斯对人权的看法，他们是否反对人权概念？在他们看来，人权一部分属于政治权利的范畴，只有与别人一起通过参

---

① 《马克思恩格斯选集》第3卷，人民出版社2012年版，第364页。
② 《马克思恩格斯文集》第1卷，人民出版社2009年版，第40页。
③ 同上，第39页。
④ 《马克思恩格斯全集》第3卷，人民出版社1960年版，第228—229页。

加政治共同体、参加国家才能行使，这属于政治自由的范畴，资产阶级已经通过政治革命实现了这种权利，而人权的另一部分是作为市民社会成员的私人权利、私人利益，由于资本主义私有制的确立，导致资本主义条件下的人权必然是利己的、人吃人的权利，它维护的是私人利益、自由。在共产主义条件下，社会全面的公有制得以确立，人与人的经济地位都是平等的，不存在人剥削人、人压迫人的状况，作为市民社会成员权利的人权必将得到最充分的实现，所以马克思、恩格斯并非一般地反对"人权"，他们所反对的仅仅是资产阶级所主张的狭隘虚伪的人权观，主张应实现全面而充分的人权。

第二，马克思、恩格斯对人权的认识建立在对人的本质的科学认识基础之上，在他们看来，任何人都处在一定的社会关系中，都是具体的社会中的人。"人的本质不是单个人所固有的抽象物，在其现实性上，它是一切社会关系的总和。"① 一个人处在一定社会中，总会具有一定的社会存在方式，比如是工人或资本家，由人所处的社会关系决定了人所享有的权利状况，不存在抽象的人和抽象的人权，从奴隶社会一直到资本主义社会，社会基本关系都是压迫性、剥削性的，这决定了这些社会中的人的本质是被异化的、扭曲的，人权的享有主体只能是少数人，人权是作为特权而存在的。共产主义社会的提出从本质上就是为了彻底消灭剥削、压迫的社会，改变人的本质被异化、扭曲的状况，实现人与人之间真正的平等、自由，使人的本质复归，人权得以真正实现。

从马克思、恩格斯对人权的论述可以发现，他们对人权的认识是建立在科学基础之上的，正如学者所总结的，"马克思、恩格斯的人权观是建立在历史的辩证的分析基础之上的，认为人权是从人的本质和其共同性中衍生出来的市民社会成员的权利，是同社会经济结构和文化条件紧紧联系在一起的权利。二是这种人权观是实践性的，是从实践中来到实践中去的"②。综合这些论述，笔者认为所谓人权就是由社会整体发展状况所决定和制约的，由公民

---

① 《马克思恩格斯选集》第1卷，人民出版社2012年版，第139页。
② 郑杭生、谷春德主编：《马克思主义人权理论与实践》，中国检察出版社1997年版，第29页。

权利、市民权利等权利范畴所组成的，反映特定社会中人所处的社会关系的总和，并以实现人的全面解放与发展，充分实现人作为人所应当享有权利为指向的权利形态。

(二) 人权与经济、政治、文化的关系解读

人权问题并不是孤立存在的，而是与整个社会的经济、政治、文化状况等存在密切联系，所有只有在对人权与这些相关问题的关系解读中才能全面理解人权含义。

1. 人权与经济的关系解读

马克思主义认为人权是商品经济发展的产物，只有在平等交换、契约自由的商品经济中，才能产生要求自由平等的人权，并且认为"权利决不能超出社会的经济结构以及由经济结构制约的社会的文化发展"①。社会的经济基础及经济发展状况对人权实现有决定性影响，人权问题不仅包括作为纯粹观念形态的人权认识，还包括为政治法律制度所确认并由人们实际享有的权利、自由，它们归根结底都由经济基础决定。正如马克思所指出的："人们在自己生活的社会生产中发生一定的、必然的、不以他们的意志为转移的关系，即同他们的物质生产力的一定发展阶段相适合的生产关系。这些生产关系的总和构成社会的经济结构，即有法律的和政治的上层建筑竖立其上并有一定的社会意识形式与之相适应的现实基础。"② 经济基础的性质决定了人权的不同属性，资本主义私有制的经济基础为整个资本主义社会制造了不平等的经济根源，决定其人权只能是维护少数有产者权利的工具，而社会主义建立在生产资料公有制基础上，从经济上保证了全体人民的地位平等，决定了社会主义人权是广大劳动人民的人权。社会经济发展水平直接决定人们享有权利的范围及权利在现实社会所能实现的程度，正因为我们经济基础的薄弱，所以在某些人权实现程度上与西方发达国家存在一定差距，承认这种差距有助于我们正确审视自身人权建设中所存在的问题。

---

① 《马克思恩格斯选集》第3卷，人民出版社2012年版，第364页。
② 《马克思恩格斯选集》第2卷，人民出版社2012年版，第2页。

人权与经济问题联系密切，一定社会中人们实际享有的权利状况及对人权问题的认识、人权制度的构建等都是由经济的发展所决定的。经济因素的分析包含了生产力与生产关系两个方面。

第一，生产力与人权的关系。生产力是人类在生产实践中形成的改造和影响自然以使其适应社会需要的物质力量，包括劳动资料、劳动对象和劳动者。生产力的发展不仅包括了物质财富的不断丰富、科技的进步，而且也包括劳动者能力的提高，这些进步都是推动人权发展的最深层动因。生产力推动人权发展的作用是多个层面的，具体而言，在以往的阶级社会中，迫于生产力发展水平的限制，生产力的发展并非实现了社会每个人人权的改善，而恰恰是以牺牲一部分人的人权为代价而换取另一部分人的发展，同时基于生产力的发展所带来的劳动分工造成了人的异化，使人权片面发展。这些后果的出现是历史发展的必然，从某种程度上讲不可避免，但也应看到生产力的不断发展也从整体上提高了全体社会成员的人权水平，实现了人类社会的不断进步，所以生产力在以往阶级社会中对人的发展所起的作用是辩证的。而社会主义制度的确立决定了生产力的发展与全体人民的发展是直接统一的，不存在以牺牲一部分人的人权换取另一部分人的发展，生产力发展的成果将最大限度地惠及人民。

一般而言，生产力对人权发展的作用是正向的，生产力越发展，人权实现水平越高，但人权还受社会制度、生产关系、历史传统、文化等因素的影响，生产力对人权发展起到主要作用但并非全部，发达的生产力并非意味着一定会有发达的人权状况，如社会主义中国与资本主义发达国家相比生产力发展水平不够先进，但社会主义性质的人权制度却比资本主义人权有更大的进步性，只要我们大力发展生产力，不断提高人民生活水平，我们的人权状况将比资本主义人权显示出更大的优越性。

另一方面，人权的享有和实现状况对生产力的发展也具有明显的影响作用。生产力的一个重要因素就是劳动者，它对生产力发展的推动作用最大。生产力的发展实现了人的解放和人权享有水平的提高，这必然使劳动者的积极性、主动性、创造性大幅提升，也将更大程度地推动生产力的发展。尤其在社会主义条件下，广大劳动人民成为人权的真正主体，他们从事生产劳动是为了自己的利益,所以他们推动生产力发展的作用必将大大超越以往任何时代。

第二,生产关系与人权的关系。生产关系是人们在物质生产过程中形成的不以人的意志为转移的经济关系,其总和构成社会经济基础,它直接决定、影响人权的实现状况。生产关系决定了社会的阶级状况,从而决定了个人在社会中的地位。马克思曾依据人的发展程度把生产关系的历史划分为三个阶段,即人的依赖性阶段、物的依赖性阶段及自由个性阶段。生产关系的发展直接导致了人权形态的更替,对人权的享有状况有直接决定作用。

人权建设对生产关系也有反作用,对于统治阶级而言,他们要竭力发挥人权意识形态教化的特性,使被统治阶级安于人权享有的低下状况,以便保障统治阶级对人权的享有即对现存经济关系的维护。而被统治阶级在被压迫到一定程度,必然提出新的人权要求,从而引发革命或改革,推动生产关系向前发展。社会主义制度的确立使人民当家作主,保证广大劳动人民成为人权主体,人权的发展与生产关系发展目标是一致的,都是为推动人的解放,所以避免了人权发展就否定现存生产关系的循环。

整体来讲,人权与经济是相互作用的,一方面要发展经济,解放和发展生产力,逐步完善生产关系,为人权的实现创造充足条件,同时另一方面人权实现水平的不断提高以及人的不断发展必将带来生产效率的大幅提高,激发劳动者的积极性、创造性,从而推动经济的进步。

2. 人权与政治的关系解读

人权与政治存在密切联系,政治的发展状况对人权实现具有重要影响。

(1) 人权与政治关系的初步解构

政治是上层建筑中最活跃的组成部分,受经济基础的决定作用所制约,并对经济发展起到巨大推动作用,正如列宁所说,"政治是经济的集中表现,政治同经济相比不能不占首位"[①]。对于何为政治,目前没有统一的认识,中国古代对政治的界定是,"政者,事也"、"治者,理也"、"在君为政,在民

---

① 《列宁选集》第4卷,人民出版社2012年版,第11页。

为事"，有统治者如何治理国家的意思。① 孙中山先生也指出："政治两字的意思，浅而言之，政就是众人的事，治就是管理，管理众人的事便是政治。"② 列宁说，"如何理解政治呢？要是用旧观点来理解政治，就要犯很大的严重的错误。政治就是各阶级之间的斗争，政治就是无产阶级为争取解放而与世界资产阶级进行斗争的关系。"③ 政治权力来自人民授权，是在人民的支持下产生的社会管理权力，政治活动最终要还利于民，最终目的是为实现和保障人权，在政治发展过程中时刻不能背离人权。政治文明是人类文明的重要组成部分，马克思早在1844年的一部书稿中就提到了"政治文明"这一词汇，后来又在《＜政治经济学批判＞序言》中对人类文明体系作了完整表述，指出文明结构应包括物质文明、政治文明和精神文明。

　　人权与政治是相互作用的关系。政治对人权的作用体现在：第一，政治权利是人权的重要组成部分。马克思曾指出，"为什么市民社会的成员称作'人'，只称作'人'，为什么他的权利称作人权呢？我们用什么来解释这个事实呢？只有用政治国家对市民社会的关系，用政治解放的本质来解释。"④ 政治国家与市民社会的二元对立，决定市民社会成员所享有的人权必然要将政治权利列为重要组成，以此作为参与政治国家管理的逻辑前提并与政治国家相对抗以保护人权。马克思还指出："人权一部分是政治权利，只是与别人共同行使的权利。这种权利的内容就是参加共同体，确切地说，就是参加政治共同体，参加国家。这些权利属于政治自由的范畴，属于公民权利的范畴。"⑤ 从一国国内法的规定来看，大量法律都是围绕着政治人权而规定的。当今有学者甚至提出政治权利是中国的首要人权，只讲生存权是首要人权忽视政治人权居先的价值地位有失偏颇。⑥

　　第二，政治状况对人权有重要影响。其一，政治制度状况的不同决定人

---

① 皮纯协：《政治学教程》，河南人民出版社1983年版，第1页。
② 《孙中山选集》（下），人民出版社1956年版，第661页。
③ 《列宁选集》第4卷，人民出版社2012年版，第308页。
④ 《马克思恩格斯文集》第1卷，人民出版社2009年版，第40页。
⑤ 同上，第39页。
⑥ 参见郭道晖：《人权的本性与价值位阶》，载《政法论坛》，2004年第2期。

权观念的差异。社会主义坚持马克思主义指导,强调人权的阶级性、具体性,西方资本主义民主指导下的人权强调的是抽象的、普适的人权;国家政体决定了人权保障体制,西方三权分立、代议制的政治体制决定其人权保障以法治、限权为主要方式,我国人民代表大会的政治体制,决定我们的人权保障是以人民民主、人民直接参与国家事务管理的方式实现;政治利益的争斗也会以人权斗争的形式体现出来,当今西方为谋求各自政治利益借人权展开了斗争,人权也成为掩盖政治利益的工具。其二,人权是政治文明的内涵、组成部分,现代政治作为社会文明发展的产物,内在地包含了人权、民主、法治、自由等价值理念,并成为这些价值理念的载体和实现方式。所以通过政治行为、制度、文化等表现出来的价值诉求必然包含着保障人权实现、促进人权事业发展的目的,当然要区分资本主义与社会主义政治文明,两者都保障人权,但在人权主体上却存在重大差异。其三,人权与政治文明的发展相伴随,在资本主义制度确立之前,人与人处在高度依赖状态,人的主体地位不独立,大多数人在政治上的高度依赖、从属状况决定了前资本主义社会的政治是不文明的,没有将人权作为政治发展的目标。新兴资产阶级在人权、民主旗帜的推动下推翻了封建专制,确立了资产阶级的统治并将人权写入了他们的政治宣言和宪法中,尽管资本主义所确认的人权带有极大虚伪性,但它无疑是人类政治文明发展的巨大进步,被马克思称为人类历史上"第一个人权宣言"的美国《独立宣言》就明确区分了人权与政府的关系。法国的《人权和公民权利宣言》也论及了人与政治的关系,指出:"在权利方面,人们生来是而且始终是自由平等的。""任何政治结合的目的都在于保存人的自然的和不可动摇的权利。这些权利就是自由、财产、安全和反抗压迫。"[①] 在社会主义条件下,社会主义政治文明确保了广大人民人权的实现,随着政治文明的不断发展人权必将在更大范围内得以实现,其保障水准也将逐步得到提高,正如江泽民在十六大报告中所指出的:"全面建设小康社会,开创中国特色社会主义事业新局面,就是要在中国共产党的领导下,发展社会主义市场经济、社会主义民主政治和社会主义先进文化,不断促进社会主义物质文

---

① 转引自董云虎:《人权基本文献要览》,辽宁人民出版社2002年版,第41页。

明、政治文明和精神文明的协调发展,推进中华民族的伟大复兴。"可见政治文明对人的发展及整个社会进步的重要作用。

人权对政治也有反作用,这种反作用体现在:第一,人权是政治合法性的理论依据。人权作为人类社会文明发展的产物,始终着眼于人的发展并向人的本质复归,它要求现有社会制度平等保护人所应有的利益,政治便是其中之一,基于人权的这种特性决定了人权本身成为衡量政治合法性的尺度。这种合法性依据体现在:首先,政治制度以人权为依据,并通过立法的形式将人权予以确认,任何法定权利都只是对人权的不完全反映;其次,立基于人权基础上的政治才能获得最大正当性并充分发挥其功效,试想一个积极促进与保护人权实现的政府必将得到人民极大拥护,这种政府的政治统治将获得极大稳定性,而当一个社会的政治统治不能对人权给予保障之时,这种政权的合法性就将丧失。作为人权是个人保护的最终诉求,当现有的政治、法律制度不能充分保障人的权益时,人民将最终诉诸人权,这是在一切合法手段都无法实现权利救济后的一道最后屏障,这种情况就反映出政治的合法性已遭到了严重质疑,这种政治制度已丧失了合法性,只有通过变革的方式以符合人权保障的政治制度取代,所以人权又成为政治合法性的检验标准。现实社会中,基于经济社会发展及现实政治制度的不完善,应有权利与实有权利存在冲突,导致人们对人权的批判,这种内在矛盾成为推动现实政治与社会发展的推动力。

第二,人权是民主政治的构成要件。民主政治是人民主权原则的体现,每一个环节都与人权密切关联。"民主政治作为一种政治体制表现在政治取决于民意、官员选之于人民、人民的自由平等的权利能够得到有效保障的体制。"[1] 这些都需要以人权的施行作为保障,只有人权得以实现,才能激发人们对政治的积极性、对国家的责任感,参与政治活动,实现民主政治的完成。

第三,人权的充分实现、人权意识的提高必然极大提升人民对现有政治秩序的认同,并积极参与国家政治管理活动,推动政治发展;而人权被蔑视、肆意践踏的社会将带来人们对现有政治统治的反对,这种反对又加剧统治集

---

[1] 邹学平:《基于人权视角的政治文明解读》,载《江西社会科学》,2006年第6期。

团对人民的严酷统治，各种矛盾冲突不断演化的结果最终将导致现有政治秩序被推翻。从国际领域来看，国际人权条约的制定并日益为更多的国家所确认，对国际政治秩序的形成起到了重要作用，有力抑制了霸权主义、强权政治的实行，并且在全球对人权达成普遍认同之时也就是真正平等、合理的国际政治新秩序得以确立之时。

（2）主要政治要素与人权的关系解读

基于人权与政治的密切关联，决定了从政治视角审视人权问题之必要，下面将从政治的基本要素出发具体探讨政治与人权的关系。

第一，阶级与人权。阶级关系是政治的基本内容之一，"所谓阶级，就是这样一些集团，由于它们在一定社会经济结构中所处的地位不同，其中一个集团能够占有另一个集团的劳动"[①]。阶级的存在是历史发展的必然现象，在阶级社会中阶级斗争要么推翻旧的社会制度，解放生产力，推动新的生产关系的发展，通过新的上层建筑的建立实现人权的根本改变，历史上每一次社会制度更替都使整个社会尤其是被统治阶级人权状况获得极大改善；要么引起同一社会形态内部阶级关系量的变化，促使统治阶级改善统治强度，缓和阶级关系，这也会使一个社会的人权状况有所改善。当然这种社会形态内部的不断斗争只能越来越唤醒被统治阶级的人权意识，为他们推翻现存制度打下坚实基础，所以阶级斗争对一个社会人权状况有重要推动作用。作为一个社会的统治阶级为维护其统治，对整个社会人权状况进行维护至关重要。首先，统治阶级利用社会的宣传媒介向被统治阶级灌输有利于其统治的人权观念，麻痹被统治阶级的反抗意志，从而稳定统治，如资产阶级通过宣扬资本主义的自由、平等、民主、人权，强调人人都享有神圣不可剥夺的权利，这种宣扬并非取消权利的阶级性，而是只能使资产阶级特权隐藏更深，让被统治阶级认为他们也成为了人权享有的主体，而实际上他们的人权因缺乏具体的经济基础是难以实现的。其次，统治阶级要处理好本阶级内部的阶级关系，对有损本阶级统治的活动会予以制止，如阶级社会中对贪官污吏都处罚严厉，因为他们的行为对统治关系的稳定起到了威胁，不利于本阶级人权的实现；

---

① 《列宁选集》第4卷，人民出版社2012年版，第11页。

再如，统治体制的运行方式、阶级意志的表达方式等都是统治阶级要处理好的问题。最后，镇压被统治阶级的反抗，并通过不断与被统治阶级的斗争建立起维护统治的最佳方式，以更好地实现统治阶级的人权。

从上述分析可以发现，阶级斗争和阶级的存在是影响人权实现的重要因素，只有消灭阶级，才能真正实现所有人的平等，人权才能真正全面充分地实现。无产阶级始终把人权问题作为阶级斗争的一个重要方面，"从消灭阶级特权的资产阶级要求提出的时候起，同时就出现了消灭阶级本身的无产阶级要求"，"无产阶级平等要求的实际内容都是消灭阶级的要求"。[1] 所以阶级斗争和阶级的存在要随着社会发展逐步消亡。社会主义社会的建立实现了无产阶级的解放，人民当家作主，为消灭阶级迈出了至关重要的一步，在社会主义社会阶级斗争已不是社会主要矛盾，但如不正确处理，仍然会损及人权，最典型的就是"文化大革命"，把阶级斗争扩大化，严重践踏了人民的人权。社会主义社会生产资料公有制基础的确立决定了全体人民的利益从根本上是一致的，社会主义发展是以劳动人民为主体的，全社会成员广泛、真实的人权成为可能，阶级矛盾已不是社会主要矛盾，但其对社会主义人权的破坏作用要有正确估计。同时当前基于改革还处在初级阶段，造成了贫富差距扩大、分配不公、上学就业机会不均等问题，对这些人民内部矛盾、利益差别与摩擦如果处理不好，很有可能造成矛盾激化，引发群体性事件的发生，所以正确处理人民内部矛盾对我国人权的落实有重要意义。

第二，国家政权与人权。国家政权"是全部政治的基本问题，根本问题"[2]，人权与国家政权存在紧密联系，如何处理国家权力与人权的关系一直是人权历史发展中所要解决的一个重要问题。这种关系的一个方面是国家权力对人权实现的影响，首先国家权力的性质决定人权的性质及实现程度，"统治阶级运用其掌握的国家权力，按照一定的立法程序制定出一系列法律，由法律规定了公民的权利和义务，也就是说，统治阶级运用国家权力，通过不同的法律形式规定出公民的权利范围，因此，体现出统治阶级意志和利益的

---

[1] 《马克思恩格斯选集》第3卷，人民出版社2012年版，第484页。
[2] 《列宁选集》第4卷，人民出版社2012年版，第25页。

国家权力,也就必然通过法律形式所规定的公民权利的内容适合于统治阶级的需要,这对于被统治阶级来说,显然是对立的"①。国家的阶级性对人权发展具有重要作用,"一切政府,甚至最专制的政府,归根到底都不过是本国状况的经济必然性的执行者"②。但并非绝对化,除国家阶级性外,政体对人权的实现也具有重要意义,权力的行使方式也起到一定作用,相同社会制度下民主制比专制独裁对一个社会人权发展更为有利。

国家政权对人权的推动主要通过国家职能体现出来,国家职能对内主要体现为维护统治稳定,管理社会公共事务,发展社会生产。然而由国家阶级性决定国家职能主要为维护统治阶级人权服务,当然不可否认的是国家的社会公共服务职能对全社会人权改善都有积极作用,如发展社会文化体育事业,健全社会保障体系等。国家对外职能主要表现为保护本国安全和领土完整,发展国际间政治、经济、文化等各方面交往,其中人权领域的合作已成为当前国际交往的重要内容。

人权对国家政权具有依附性,统治阶级的人权主要依靠国家政权来保证,只有运用国家政权镇压被统治阶级的反抗,维护统治阶级的特权、自由,统治阶级才能充分享有人权。"最强大的、在经济上占统治地位的阶级的国家,这个阶级借助于国家而在政治上也成为占统治地位的阶级,因而获得了镇压和剥削被压迫阶级的新手段。"③ 运用强力保障人权这一特性在任何阶级社会都存在,并且随着社会发展水平的提高,其隐蔽性也越来越强。相比于奴隶主贵族赤裸裸的特权而言,资本主义人权的虚伪性就可见一斑。同时国家也通过法律、意识形态宣教等方式让被统治阶级接受现有的人权规则,让人们的思想统一到统治阶级人权观念上来,减少社会中的不稳定因素。所以对于被统治阶级,要想改变现有的人权状况,必须推翻现行国家政权,建立符合本阶级利益要求的新政权,使本阶级人权状况得到彻底改观。

社会主义制度的建立,完成了国家性质的根本转变,国家政权对劳动人

---

① 刘兆兴:《论我国的国家权力与公民权利》,载《学习与思考》,1984年第5期。
② 《马克思恩格斯选集》第4卷,人民出版社2012年版,第628页。
③ 同上,第188页。

民人权发展的推动作用是十分明显的，一切为了人民，一切依靠人民，整个社会发展的成果都由人民来共享。但也应看到，国家本身也是一种异化物，"国家的本质特征，是和人民大众分离的公共权力"①，是一种"从社会中产生但又自居于社会之上并且日益同社会相异化的力量"②。要积极发展人权来限制国家权力，用权利制约权力，防止权力异化。国家权力产生本来是依赖于人民人权的，但当其凌驾于社会之上时便成为统治社会的力量，权力便发生了异化。这种异化的产生，一是基于阶级斗争的发展需要，有凌驾于社会之上的力量来协调社会发展；二是少部分掌握国家权力的人利用手中权力实现自身特权，侵犯人民人权，使国家权力沦为实现私利的工具，而受到权力压制的人民对权力产生敬畏更助长了权力的滥用。在资本主义存在的几百年间人民为争取自身人权对资本主义制度展开了猛烈抨击，在社会主义制度下也存在人民对权力进行监督、制约以实现人权的问题。

在社会主义初级阶段国家异化还未消除，国家对人民造成损害的可能性仍旧存在，加之中国几千年以来官本位思想的盛行，强调国家、宗族之上，抹杀个人主体地位，没有形成权利意识。有些社会公仆正日益演变为人民的"主人"，他们利用手中握有的国家权力对处于弱势地位的人民人权进行侵害，比如信访过程中对上访群众的无端打压，城市房屋拆迁过程中对被拆迁人利益的漠视等。对此须明确的是人权并非由国家权力派生，根据马克思主义的基本观点，人权是人类社会发展到一定阶段的产物，国家是为人权发展服务的，其负责把现实的、可能的人权主张转变为实际的人权，把人权看成是国家恩赐的产物，只会使个人屈从于国家的权力统治之下。人们往往只懂得为国家尽义务，失去对国家的监督、约束，人民的主体意识缺乏，使少数掌权者在国家名义下肆意侵害人权，所以发展社会主义人权必须摆正个人与国家的位置，对国家既不能无视其保障人权的积极作用，也不能夸大其地位，防止片面化。要运用国家权力关注个人利益，通过各种合法手段保护个人权益，树立人民主人翁意识，调动起个人积极性，推动社会主义建设的发展。

---

① 《马克思恩格斯选集》第4卷，人民出版社2012年版，第132页。
② 同上，第187页。

第三，政党与人权。政党是由一定阶级或阶层中最活跃的一部分人所组成的，代表和维护一定阶级利益的组织体。政党是阶级斗争的产物，"各阶级政治斗争的最严整、最完全和最明显的表现就是各政党的斗争"①。在政党的组织领导下开始了维护本阶级或阶层的人权斗争，对整个社会人权状况产生重要影响，这种影响体现在：

首先，政党反映本阶级的人权要求，并将这些要求付诸行动。政党本身作为一个团体就是为维护一定集团利益而组建的，通过这种组织体的设立更加明确了本集团的人权要求，并组织本集团的力量去进行争取人权的斗争，将本阶级的人权主张从朴素的情感表达演变为系统的力量支持，将集团活动组织化、规范化。新民主主义革命时期，中国共产党为求得广大劳苦大众人权的实现，领导广大人民联合各同盟进行了反帝反封建的斗争，没有中国共产党的领导，这种斗争将始终停留在自发的无组织状态，中国革命将不会取得胜利。

其次，政党的活动直接目的是为实现其所代表的阶级的人权，政党的领导作用对人权实现具有重要意义。以无产阶级政党为例，他们是人民利益的代表，"共产党人同其他无产阶级政党不同的地方只是：一方面，在无产者不同的民族的斗争中，共产党人强调和坚持整个无产阶级共同的不分民族的利益；另一方面，在无产阶级和资产阶级的斗争所经历的各个发展阶段上，共产党人始终代表整个运动的利益"②。共产党人对人民人权实现所起的作用体现在：其一，激发了劳动人民的权利意识、斗争意识的提高，通过先进政党运用先进理论，唤醒了底层群众的觉悟。其二，领导人民进行革命推翻现行统治、彻底翻身做主，在确立新政权后又面临维护新政权、完善人权的重任，为此领导人民发展社会生产力，推动社会主义民主政治建设。因此，作为执政的中国共产党要处理好与人民群众的关系，始终保持全心全意为人民服务的宗旨不动摇，与各民主党派形成稳定的政治同盟，积极发挥其参政议政、民主监督的作用，为人权建设献言献策，处理好党政关系，正确发挥党的领

---

① 《列宁选集》第1卷，人民出版社2012版，第676页。
② 《马克思恩格斯选集》第1卷，人民出版社2012年版，第413页。

导作用，反对以党代政，加强党内民主政治建设，坚持民主集中制，维护人民人权。

3. 人权与文化的关系解读

人权与文化存在密切联系，不同国家、民族对人权问题的不同理解在很大程度上是因文化差异造成的，这决定了对人权与文化的关系进行解读的重要性。根据既有的研究成果，文化分广义与狭义：广义的文化是指人类社会实践活动及其结果的总称，包括物质文化、制度文化和精神文化三个层面；而狭义的文化专门指精神文化，人类的一切精神现象都属于精神文化范畴。自20世纪以来，人们对文化的使用逐渐趋向狭义，从人们将经济、政治与文化的并列使用就体现了这一点，笔者是从狭义角度谈论文化问题。

文化与人权的关系是一个艰深复杂的研究课题，又是不能回避的问题。文化具有两个重要的属性：阶级性和民族性，它们对人权的影响最大。从文化发展的历史看，文化的阶级性对人权有最重要的影响。统治阶级依托他们在经济基础、上层建筑中的优势地位，垄断了一个社会的物质、精神文化，也包括对人权问题的认识，于是他们将这种占主导地位的文化作为一种意识形态在全社会范围内推广，从而为统治阶级的合法性辩护，为不平等的人权状况寻求依据，使被统治阶级认为这种不平等的权利分配是合理的，所以这种文化的阶级性具有相当大的蒙蔽性，它对阶级社会中不平等的人权状况作了负面的宣教。同时文化在阶级属性上的演进导致了文化类型的更替，这对人权的促进作用也是极为明显的。封建文化强调等级、专制，认为人的不平等是理所应当的，而资本主义文化则将自由、平等、人权等列为他们极力标榜的价值观念，尽管这种宣扬带有极大的虚伪性和历史局限性，但它毕竟扩大了人权享有和实现的水平。社会主义文化的确立，为广大劳动人民人权的充分实现提供了更为现实的条件，在社会主义条件下，人权的享有主体是广大劳动人民，人权的文化宣传与人权实际状况是一致的、真实的。社会主义文化的确立为人权提供了日趋完善的制度、规范，为人们提供了新的价值观念，让人们更为积极地对待人权问题，所以与封建主义、资本主义文化相比具有更大的历史进步性。

文化还具有民族性。各民族都有其特有的文化和价值观，这种民族文化中的一部分是中性的文化因素，这些因素由民族的历史发展、地域、习惯等因素决定，对人权的享有不产生实质性影响，正如我们不能断定吃西餐就一定比吃中餐享有更好的人权；而另一部分民族文化因素受生产力发展水平、社会形态的影响，决定了各民族文化的先进落后之分，这种民族文化因素所确认的价值观对权利的享有具有重要决定作用。如新中国成立以前，西藏还处于落后的农奴制文化中，这种文化具有典型的与西藏民族特色相关的因素，受低下的生产力发展状况所决定，这种民族文化中的某些因素对人权的漠视是十分明显的，新中国成立后对西藏的改造，其中一个重要的方面就是改变其落后的农奴制民族文化，大力发展生产力，从而极大改变了西藏的人权状况。所以强调文化的民族性，其意义就在于一方面要尊重各民族历史传统、风俗习惯所带来的人权的具体差异，另一方面也要对落后的民族文化通过大力发展生产力，引进先进的文化价值、社会制度，进行民族文化间的交流、融合来推动其发展，促进人权的改善。

　　基于生产方式的相同性，以及各个国家、地区、民族在文化上的交流、融合等因素，使各民族文化间呈现出越来越多的共同性，这种共同性对人权发展的影响也日益显现，由此导致许多国家在人权问题上取得了很多相同或相似的看法，比如随着各种国际性人权公约在更多的国家得到签署，缔约国在签约范围内对公民人权的规定就有很大的相似性。这种文化的共同性并不否认文化的阶级性、民族性，相反是建立在文化的这两大属性基础上的。如对立阶级之间的文化是不同的，但他们在某些文化价值、文化要求上也有共同之处，他们都生活在某些共同的文化条件之下；再如先进民族文化对落后民族文化的改造中又会形成一些民族文化上的共同性，这种共同性实际推动了落后民族文化的发展，而并未完全抹杀其民族性。所以从文化的共同性出发决定了阶级性、民族性相似的国家间其文化的共同性更多一些，当今西方主要资本主义国家在人权问题上的相似立场便充分说明了此点，而社会主义国家与资本主义国家间在人权问题上必然产生较多对抗，分歧的背后体现的是两种制度、两种文化的对立，看到这种差异在于取长补短、相互学习，并在求同存异的基础上，实现人权领域的交流与合作共赢。

　　对文化与人权问题的密切联系，马克思和恩格斯早已指出，权利不会超越由经济结构制约的社会文化的发展。社会主导的文化观念对一个时代的权利构建具有重要意义,一个时代、一个社会人权的发展状况及人们对人权问题的认识都受到社会文化发展的影响。先进的文化理念、文化形态有助于促进人权观念的形成和发展,不符合社会发展要求的落后文化将对人权的实现带来阻碍。

二、"马克思主义"及"马克思主义人权理论"的界定

在当代中国对马克思主义至少存在三种理解:第一种是原生态意义上的马克思主义,包括马克思、恩格斯、列宁的思想体系。马克思主义包含丰富的理论内容,根据列宁的解释,它有三个组成部分,即"马克思主义哲学、马克思主义政治经济学、科学社会主义"[①]。马克思主义哲学是科学的世界观和方法论,是马克思主义的理论基础;马克思主义政治经济学是对资本主义生产方式的系统分析,构成马克思主义的主体;科学社会主义是马克思主义的理论指向和最终结论。第二种是广义的马克思主义,既包括前者,还包括后人对马克思主义的发展,如毛泽东思想、邓小平理论、"三个代表"重要思想和科学发展观。第三种是我国宪法、党章等规定中所说的作为我国指导思想的马克思主义,我们党以马克思列宁主义为指导,显然不是以马克思、恩格斯、列宁的所有理论为指导,它的内涵仅指被实践证明科学的并对中国具有普遍指导意义的科学真理,这一概括包含两层含义:其一,是指那些经过实践证明为科学的理论成果,只有这样的理论才具备真理的特性,才会成为我们党的指导思想,那些未被实践证明的理论,是否正确没有定论,不能成为党的指导思想;其二,是对中国具有普遍指导意义的理论。革命导师的一些思想理论成果在一定时间、一定范围内是正确的,但不一定具有普遍适用性,不一定对中国起到指导作用。比如,列宁关于通过城市武装起义夺取政权的道路就不适合中国革命实际,因而不能照抄照搬为中国的指导思想,第二层意思是在第一层意思基础上的递进。所以作为党的指导思想的马克思主

[①] 《列宁选集》第2卷,人民出版社2012年版,第309页。

义针对的只是马克思、恩格斯、列宁学说中对中国具有普遍指导意义的科学真理。第三种含义的外延是一个博大精深的理论体系,可以粗略分为三个层次:"外围层次——具体结论和个别论断,中间层次——基本原理,核心层次——世界观和方法论。"① 革命导师的具体结论和个别论断是对特殊条件下特殊问题的回答,不具有普遍意义,不能成为党的指导思想。对于马克思主义基本原理已被实践证明是科学的理论,但如前所述,有些对中国不具有普遍指导意义,所以作为党的指导思想的基本原理指的是对中国具有普遍指导意义的基本原理。作为内核的世界观和方法论是统帅基本原理与具体论断的精髓,指的是辩证的、实践的、历史的唯物主义,也就是今天我们党所始终强调和坚持的实事求是的思想路线,我们坚持马克思主义,首要的是坚持实事求是这一马克思主义的精髓、根本点。区分清多种含义的马克思主义,是实现马克思主义中国化的前提。

笔者所探讨的马克思主义人权理论,针对的是马克思、恩格斯、列宁思想体系中的科学人权理论,不包括中国马克思主义者对该理论体系的后续发展,但包括马克思、恩格斯、列宁学说中那些被实践证明是科学的并对中国人权建设具有普遍指导意义的人权基本理论,如马克思、恩格斯关于人权的物质制约性、阶级性、历史性、社会性等的论断,列宁关于生存权是首要人权、人权与主权关系、人权保障法制化的论述等,都是马克思主义学说中经过实践检验具有普遍适用性的科学人权理论,对中国人权建设具有普遍指导意义,我们应深入研究这些人权理论对中国人权建设的指导作用。此外,还包括马克思主义论述人权问题的科学世界观与方法论,概括来讲马克思主义人权理论就是用唯物辩证的方法分析人权问题,以实现人的解放与发展为目标的科学人权理论,这是马克思主义在人权问题上的世界观和方法论。同时需要指出的是,革命导师有关人权问题的具体结论和个别论断通常都是对当时条件下特殊问题的回答,不具有普遍意义,同样不能成为中国人权建设的指导。

马克思主义人权理论引入中国之后,由中国的马克思主义者对其不断丰

---

① 李安增主编:《马克思主义中国化研究》,中央编译出版社2009年版,第28页。

富、发展,使马克思主义人权理论与中国具体实际相结合,发展为中国化的马克思主义人权理论,如毛泽东、邓小平、江泽民等的人权理论。

马克思主义中国化与马克思主义人权理论中国化存在密切联系,马克思主义是一个庞大的理论体系,具有丰富的内涵。马克思主义中国化针对的是马克思主义基本原理与中国具体实践相结合的过程,对人权的认识属于马克思主义基本原理中的一个重要组成部分,马克思主义也高度关注人权问题,而人权也是当今中国社会主义建设及国际斗争的一个重要领域,运用马克思主义人权理论解决中国人权实际,实现两者的结合,形成中国特色马克思主义人权理论是马克思主义中国化的题中应有之义,两者具有内在包容关系。所以我们可以从对马克思主义中国化的内涵界定出发推演出马克思主义人权理论中国化的含义。

三、"马克思主义中国化"与"中国化马克思主义"

对于何为"马克思主义中国化",何为"中国化马克思主义",学界研究较多,笔者对现有研究成果进行归纳,提出自己对这两个概念的认识。

(一)马克思主义中国化

关于"马克思主义中国化"的科学内涵,学界和政界的理解并不统一,代表性的观点大致有以下几种:

一是"结合论"。强调马克思主义中国化是将马克思主义基本原理与中国实际的结合,其表述虽不完全相同,对"中国实际"的界定也各有区别,但都可划入"结合论"。如许全兴教授提出,马克思主义中国化"是马克思主义理论、中国的现实实际和中国的历史、文化实际三者在中国革命实践过程中的有机整合"[①]。陈占安教授认为马克思主义中国化就是把马克思主义的理论同中国的实际相结合,从而解决中国的问题,推动中国社会的发展,同时进

[①] 许全兴:《全面准确地理解马克思主义中国化的内涵》,载《毛泽东邓小平理论研究》,2006年第4期。

行新的理论创造,形成"中国化的马克思主义",它包括马克思主义基本原理同中国的实践、中国的历史传统、中国的民族文化相结合这三个基本方面。① 顾钰民教授提出"结合论"的实质是解决两方面的问题:"第一是马克思主义怎样与中国的实际相结合,主要研究怎样从中国的实际出发来运用马克思主义基本理论,中国的实际、中国的国情是研究重点;第二是'相结合'而形成的理论成果怎样体现马克思主义的基本原理,主要研究马克思主义基本理论怎样体现在与中国实际相结合而形成的理论成果,中国化马克思主义理论成果是研究重点。"②

二是"实质论"。这种实质有人理解为是民族化与时代化的统一。③ 也有人界定为是马克思主义民族化、中国传统文化现代化和中国实践经验的马克思主义理论化的有机统一。④

三是"过程论"。从马克思主义与中国实际相结合的过程、结果揭示马克思主义中国化的内涵。如雍涛提出马克思主义中国化是马克思主义在中国具体化和中国实际马克思主义化的双向互动过程。⑤

四是"整体论"。将马克思主义中国化作为整体考察,有人提出要从马克思主义传播、运用、创新的中国化三个层面上诠释马克思主义中国化的内涵。⑥

五是"多重含义论"。有学者提出马克思主义中国化是世界现代化运动的一部分,除将马克思主义与中国革命实际相结合外,还包括要正确处理马克

---

① 参见陈占安:《"马克思主义中国化"的科学内涵》,载《思想理论教育导刊》,2007年第1期。
② 顾钰民:《"马克思主义中国化研究"学科建设研究述要》,载《思想理论教育导刊》,2009年第11期。
③ 参见龚育之:《关于马克思主义中国化和当代化答记者问(上、下)》,载《学习时报》,2005年4月4日。
④ 参见袁辉初:《论马克思主义中国化的实质》,载《马克思主义研究》,2006年第2期。
⑤ 参见雍涛:《马克思主义中国化与中国实际马克思主义化》,载《毛泽东邓小平理论研究》,2005年第5期。
⑥ 参见李忠杰:《马克思主义中国化研究的新视角》,载《人民日报》,2005年4月23日。

思主义与中国文化的关系,西方现代化与中国现代化选择的关系等多层面问题。①

六是"实践论"。有学者认为当前对马克思主义中国化的内涵研究主要侧重于理论层面,对于运用马克思主义解决中国实际问题的过程,即对实践的目的、作用强调不够。马克思主义中国化本质上是一个实践问题,马克思主义中国化绝不是仅仅停留在理论形态层面的运动,它更是一种现实的运动。因此,有学者提出所谓的马克思主义中国化是"在马克思主义科学理论创立发展的基础上,实际地系统地解决中国社会主义革命和社会主义制度的建立、巩固与创新发展问题而获得的实际发展过程"②。

学者们在马克思主义中国化这一概念的辨析方面投入了很大精力和智力,区分了不少层次和差别,但差别只是表面的,从根本上说对马克思主义中国化内涵的理解还是一致的,即"他们都认为马克思主义中国化必须具备这样三个内容,一是要有中国实际,二是要有民族特性,三是要有理论创新"③。目前持"结合论"的学者居多,笔者基本赞同"结合论"的观点,认为马克思主义中国化就是将马克思主义与中国实际、时代特征、民族文化相结合,解决中国的实际问题,并不断实现理论创新,推动中国社会发展的进程。

(二)中国化马克思主义

江泽民在"七一"重要讲话中指出:"以毛泽东同志为核心的第一代中央领导集体和以邓小平同志为核心的第二代中央领导集体,带领我们党坚持把马克思列宁主义基本原理同中国具体实际紧密结合,形成了毛泽东思想、邓小平理论。这两大理论成果,是中国化了的马克思主义,既体现了马克思列宁主义的基本原理,又包含了中华民族的优秀思想和中国共产党人的实践经

---

① 参见何萍、李维武:《马克思主义中国化新探》,人民出版社2002年版,第3页。
② 李建光:《马克思主义中国化:实践主题与理论创新》,载《广西民族大学学报(哲学社会科学版)》,2007年第6期。
③ 张静如、鲁振祥:《抗日战争与马克思主义的中国化》,载《人民日报》,1995年7月25日。

验。"① 这一论断从根本上揭示了中国化马克思主义的实质及其产生的规律，根据这一论断学者们普遍认为"中国化马克思主义"就是将马克思主义普遍原理与中国实践相结合的产物，是马克思主义中国化的理论成果。如常宝红、赵文提出中国化马克思主义就是马克思主义普遍原理与中国实践相结合的产物，是被实践证明了的关于中国革命和社会主义建设、改革的正确的理论原则和经验总结。② 秋石提出中国化马克思主义是马克思主义基本原理与中国革命和建设的实际、中国的民族传统文化的结合的产物，无疑具有中国的形式、内容和民族特色、风格、气派。"中国化的马克思主义既是马克思主义的，又是中国的。就它的基本原理说是马克思主义的，可是就它的实践经验和文化传统来说，又是中国的，是中国革命和社会主义建设、改革经验的结晶，是中华民族优秀思想和文化的结晶。"③

当然也有学者对"中国化马克思主义，既是马克思主义的，又是中国的"这种表述提出了异议，认为这种说法把主次颠倒了，党之所以提出"中国化马克思主义"概念是为了区别于"英国化"、"俄国化"、"日本化"，"中国化马克思主义"是由中国共产党人领导全国人民，在新民主主义革命、社会主义革命和建设过程中运用马克思主义基本原理解决中国问题并不断创新，根据时代特点所总结出的新思想、新理论的总称，是由中国的马克思主义者创立的，而非马克思、恩格斯，其表现形式就是毛泽东思想、邓小平理论、"三个代表"重要思想及科学发展观等。④ 笔者认为强调"中国化马克思主义"是中国共产党人集体智慧的结晶，是中国革命和建设经验的总结，这一点毋庸置疑，但"中国化马克思主义"的前提仍是马克思主义，没有马克思主义的科学理论就不会有先进的理论指导中国的实践，中国也不会在短时间内取得革命和建设的伟大成就，同时在解决中国问题过程中所形成的理论成果与本源意义上的马克思主义是一脉相承并与时俱进的，这些理论成果仍然属于

---

① 《江泽民文选》第 3 卷，人民出版社 2006 年版，第 270 页。
② 参见常宝红、赵文：《中国化马克思主义整体性研究》，载《探索》，2006 年第 3 期。
③ 秋石：《论中国化的马克思主义》，载《求是》杂志，2002 年第 4 期。
④ 参见张国镛：《"中国化马克思主义"与"马克思主义中国化"之比较》，载《探索》，2007 年第 2 期。

马克思主义的范畴，只不过这些理论成果是专门针对中国的，而非适用于其他国家，所以中国化马克思主义既是马克思主义的，又是中国的。

还有学者提出中国化马克思主义不是"一化"，而是"两化"。既包括将马克思主义运用于中国所形成的理论成果，又包括把中国的实践经验按照马克思主义的立场、观点和方法上升为科学的理论，从中国革命、建设和改革实践中总结出人类社会发展规律、社会主义建设规律和共产党执政规律，以丰富和发展马克思主义。所以中国化的马克思主义既是马克思主义中国化的成果，也是中国经验马克思主义化的成果。[①] 这种认识将马克思主义与中国实际相结合所形成的理论成果区分为两个层面，更加细化了对中国化的马克思主义内涵的认识。

在综合现有研究的基础上，笔者认为中国化的马克思主义就是将马克思主义普遍原理与中国革命和社会主义建设以及改革的实际、历史传统、民族文化相结合，所形成的具有中国作风、中国气派的理论成果，是被实践证明了的关于中国革命和建设、改革的正确的理论原则和经验总结，既包括将马克思主义运用于中国所形成的理论，又包括将中国经验马克思主义化所形成的成果，主要表现为毛泽东思想、中国特色社会主义理论体系（包括邓小平理论、"三个代表"重要思想和科学发展观等重大战略思想）等理论成果。

所以马克思主义中国化侧重于将马克思主义与中国具体特点相结合指导中国实践的过程，而中国化马克思主义则侧重于马克思主义与中国具体特点相作用后所形成的理论成果，两者的联系体现在"中国化的马克思主义只能产生于和发展于马克思主义中国化的过程中，是马克思主义中国化的逻辑结果，而中国化的马克思主义的确立和发展又反过来推动了马克思主义中国化的进程"[②]。两者是不可分割的辩证的统一体，虽紧密联系但不是同一概念，在理论上必须对两者正确认识。

[①] 参见王天玺：《马克思主义中国化与中国经验马克思主义化》，载《求是》杂志，2003年第24期；郭德宏：《近十年马克思主义中国化与中国化的马克思主义研究述评》，载《党史研究与教学》，2004年第4期。
[②] 叶险明：《马克思主义中国化与回到马克思》，载《新视野》，2003年第3期。

四、"马克思主义人权理论中国化"与"中国化马克思主义人权理论"

在科学界定"马克思主义中国化"与"中国化马克思主义"的基础上,结合人权发展的特性,我们可以概括出"马克思主义人权理论中国化"与"中国化马克思主义人权理论"的内涵。

(一)马克思主义人权理论中国化

欲对"马克思主义人权理论中国化"作出界定,在探析了"马克思主义人权理论"的内涵以后,还要对"中国"实际作出正确理解。马克思主义只有从中国实际出发才能得出对中国革命、建设有用的科学理论,正如邓小平所说:"离开自己国家的实际谈马克思主义,没有意义。"① 马克思主义人权理论中国化首先必须强调在中国,不能脱离中国实际这一范围,要加强理论联系实际,分析中国的历史与现实、革命与建设实际、内部与外部环境,运用马克思主义人权理论解决中国人权发展的实际问题,这是马克思主义人权理论中国化的内在要求和基础。对中国实际的界定,借用学界关于"马克思主义中国化"的研究成果,第一是指中国革命和建设实际,中共十一届六中全会通过的《关于建国以来党的若干历史问题的决议》中明确指出:"以毛泽东同志为代表的中国共产党人,根据马克思列宁主义的基本原理,把中国长期革命实践中的一系列独创性经验作了理论概括,形成了适合中国情况的科学的指导思想,这就是马克思列宁主义普遍原理和中国革命具体实际相结合的产物——毛泽东思想……是被实践证明了的关于中国革命的正确的理论原则和经验的总结。"② 1982年9月6日,中共十二大通过的新党章对上述界定又作了修正,在"革命"之外增加"建设"的内容,改为"是被实践证明了的关于中国革命和建设的正确的理论原则和经验的总结"。在中国近百年的革

---

① 《邓小平文选》第3卷,人民出版社1993年版,第191页。
② 《关于建国以来党的若干历史问题的决议注释本》,人民出版社1985年版,第47页。

命和建设过程中，最根本的目的都是要实现国家独立与富强，人民的生存与发展，都是围绕集体人权与个人人权的实现而奋斗的，这一过程中马克思主义为中国人民的革命和建设指明了方向，实现了中国人权事业史无前例的发展，所以马克思主义人权理论中国化针对的中国实际首先是中国革命、建设中的人权实际。同时，中国实际并非一成不变，要实现马克思主义人权理论中国化也要正确认识时代主题，科学判断人权问题的当代状况，实现理论与时俱进。当今中国人权事业正迎来科学发展的新的历史契机，既有机遇也有挑战，马克思主义人权理论中国化也包含着马克思主义人权理论当代化的含义。

第二，马克思主义人权理论中国化不仅要考虑中国内部环境，更要结合中国人权发展的外部实际，要在全球化背景下讨论中国人权当代发展问题。对此马克思、恩格斯早已指出：大工业"首次开创了世界历史，因为它使每个文明国家以及这些国家中的每一个人的需要的满足都依赖于整个世界，因为它消灭了各国以往自然形成的闭关自守的状态"[①]。每个国家、民族的生存、发展既受自身生产力与生产关系矛盾运动的影响，又与整个世界发展相互依存，"单是大工业建立了世界市场这一点，就把全球各国人民，尤其是各文明国家的人民，彼此紧紧地联系起来，以致每一国家的人民都受到另一国家发生的事情的影响"[②]。"物质的生产是如此，精神的生产也是如此。各民族的精神产品成了公共的财产。民族的片面性和局限性日益成为不可能，于是由许多种民族的和地方的文学形成了一种世界的文学。"[③] 在当今全球化时代世界各国更为紧密地联结在一起，对于人权发展更是如此，中国人权事业已与世界人权发展融为一体，既面临和平与发展的世界主题的推动，同时中国社会主义人权事业也受到来自西方霸权主义的干涉和冲击，自20世纪90年代起西方针对中国实施的"人权外交"、"人权干预"就始终影响着中国人权事业的健康发展，所以对于马克思主义人权理论中国化也面临如何正确应对外

---

① 《马克思恩格斯选集》第1卷，人民出版社2012年版，第194页。
② 同上，第306页。
③ 同上，第404页。

部人权发展环境的问题,既要吸收世界人权发展中的有益经验,又要正确应对来自西方的人权干预。

第三,中国的历史传统、民族文化也是在这一结合过程中所必须予以考虑的因素。毛泽东指出:"今天的中国是历史的中国的一个发展;我们是马克思主义的历史主义者,我们不应当割断历史。从孔夫子到孙中山,我们应当给予总结,承继这一份珍贵的遗产。"① 1943 年,《中共中央关于共产国际执委主席团提议解散共产国际的决定》中也谈到"中国共产党近年来所进行的反主观主义、反宗派主义、反党八股的整风运动,就是要使马克思列宁主义这一革命科学更加进一步地和中国革命实践、中国历史、中国文化互相结合起来"②。所以对中国实际的理解还应包括中国的历史传统、民族文化,中国具有上下五千年的文明传统,在将西方的马克思主义人权理论引入中国之时,不可能回避中国的历史。中国历史上长期的封建专制统治,使广大劳动人民始终处于根本无权的地位,求人权、得解放始终是中国人民千百年以来为之奋斗的一个远大目标,历史上历次农民起义都深刻地反映了这一点,中国的历史就是一部反抗专制、争取人权的斗争史。马克思主义人权理论关注人的解放、发展问题,契合中国人民实现人权的迫切需求,因而马克思主义人权理论中国化的过程中需要考虑中国的历史传统,反映广大人民的人权诉求。

同时中国的民族文化也是马克思主义人权理论中国化过程中所必须予以考虑的因素,尽管中国历史上长期实行封建专制统治,"人权"这一词汇并未在中国实际产生,中国人民也长期遭受封建剥削、奴役,但中国的民族文化并非都是糟粕,中国民族文化中也有许多有利于当今人权建设的因素,如古代和谐的思想与马克思主义关于人的自由而全面发展的社会理想就存在价值追求上的契合,儒家所主张的大同的理念与马克思主义解放全人类的思想也存在相通之处,虽然中国传统文化是非常朴素的,但正是基于中国传统文化与马克思主义在文化精神上的契合使中国人民在接受马克思主义时觉得十分亲切、自然,甚至有人提出马克思主义在中国自古就有,这为马克思主义人

---

① 《中共中央文件选集》第 11 卷,中共中央党校出版社 1991 年版,第 657—659 页。
② 《中共中央文件选集》第 12 卷,中共中央党校出版社 1986 年版,第 201 页。

权理论在中国的接受与传播提供了丰厚的文化土壤和认同基础。中国共产党也一贯主张弘扬中国优秀传统文化，主张采取批判继承的方式对待中国传统文化，吸收传统文化中的精华为现代化建设服务，如邓小平提出的小康社会的发展目标就是对应古代大同社会理想的一种观念表述与价值承载。十六大以来党的领导集体对中国传统文化的重视程度更为加强，胡锦涛总书记在耶鲁大学的演讲中指出，"中华文明是世界古代文明中始终没有中断、连续五千多年发展至今的文明。中华民族在漫长历史发展中形成的独具特色的文化传统，深深影响了古代中国，也深深影响着当代中国。现时代中国强调的以人为本、与时俱进、社会和谐、和平发展，既有着中华文明的深厚根基，又体现了时代发展的进步精神。"[①] 新一代领导集体所提出的对内构建和谐社会、对外构建和谐世界的发展理念，既是对古代和谐思想的继承、超越与创新，也是将马克思主义人权理论与中国传统文化相结合的最新发展成果，对推动世界人权事业发展具有重要意义。因而在马克思主义人权理论中国化的过程中也要充分吸收传统文化中的积极因素。

综上，马克思主义人权理论中国化，就是将马克思主义人权理论的一般，即马克思主义论述人权的世界观和方法论，以及那些被实践证明是科学的并对中国人权建设具有普遍指导意义的人权基本理论，而不是马克思主义关于某个具体人权问题的具体结论，与中国人权发展实际、时代特征、历史传统、民族文化相结合，去说明和解决中国人权的"特殊"问题，并不断实现理论创新，推动中国人权事业健康发展的过程，即运用马克思主义研究中国人权国情，解决中国人权发展中的实际问题，使之具体化、民族化、通俗化的实践过程。具体而言，马克思主义人权理论是世界性的学说，是在历史发展大势之下所产生的关于人权问题的科学认识，并不具体针对某个国家，所以要使马克思主义人权理论在中国生根、发芽，必须将其与中国实践相结合，根据我国实际具体化为指导我国人权事业的理论，为其穿上本民族的服装，把"理论理性"变为"实践理性"，把"观念智慧"变为"行动力量"。如党对马克思主义人权理论中人权普遍性与特殊性的运用就较好地体现了这一特性，

---

① 胡锦涛：《在美国耶鲁大学的演讲》，载《人民日报》，2006年4月23日。

人权问题虽具普遍性，但不同国家的人权状况又各自具有特殊性，针对中国的实际状况，即人口众多，经济实力薄弱，影响社会稳定的不利因素较多的现实，我们确立了生存权与发展权是我国的首要人权，着力解决了13亿人口的吃饭问题，为世界人权事业作出了巨大贡献。不盲从西方提出的人权主张，根据中国实际形成自己的发展理论，这就是将马克思主义人权理论在中国具体化、民族化的表现。

在这一过程中，还要以通俗易懂的语言来阐述马克思主义人权理论，使其走出书斋，为广大人民群众所接受。马克思主义人权理论大都是以哲学化的语言表述，如何变为人民群众读得懂、用得上的知识是理论工作者的一个重要传播使命。当前面对西方在人权方面的恶意攻击，我们在理论上的依据主要就是马克思主义人权理论，而在向广大人民群众进行理论宣传过程中却未能对马克思主义人权理论进行通俗的传播，使其仅停留在学术的层面，丧失了先进理论应有的功效，如何更好地用先进的理论武装人是马克思主义人权理论中国化所面临的一个重要任务。

（二）中国化马克思主义人权理论

中国化马克思主义人权理论是将马克思主义人权理论与中国人权整体实际相结合，在解决中国人权发展问题的过程中所形成的理论成果，是被实践证明的关于中国人权建设的正确理论原则和经验总结。这一理论成果既反映了马克思主义人权理论的科学性，又反映了中国人权实际、历史传统及时代主题，具有鲜明的民族性、时代性、实践性、科学性。这一理论体系是中国共产党领导中国人民运用马克思主义推动中国人权实践发展的过程中所形成的理论成果，是总结中国人权发展丰富经验并将其上升到马克思主义理论高度，使之具有高度理论性、综合性、条理性的理论创新结果，其理论形态主要包括以毛泽东、邓小平、江泽民等为核心的党的领导集体对人权问题的科学认识与总结，是被实践证明的能极大推动中国人权发展的科学理论，其中改革开放以来所形成的人权理论成果是这一理论体系的重点。

为了创立中国化马克思主义人权理论，首先，要重视理论的指引作用，要坚持马克思主义人权思想对我国人权建设的指导。毛泽东认为，"指导一个伟大的革命运动的政党，如果没有革命理论，没有历史知识，没有对于实际运动的深刻的了解，要取得胜利是不可能的。"① 其次，要把握中国人权建设的规律，中国的人权问题不同于西方世界所谓人权，有其特殊性，人权的基础是生产资料公有制，人权的实现与广大人民群众根本利益是一致的，社会主义的民主政治、法治、文化建设等都在以特有的方式推动人权建设的发展，所以我们要从国内外的实际情况出发，从其中发现其固有的规律性，寻找事物的内部联系，作为我们行动的向导。最后，关键要落实于理论创新，在运用马克思主义人权理论指导中国实际的过程中，在研究和解决中国人权问题的过程中，不断创造新的人权理论，而不是仅仅停留在马克思主义人权理论本身，在坚持马克思主义的基础上不断丰富和发展马克思主义，这才是对马克思主义的真正应用。毛泽东指出，"我们要把马、恩、列、斯的方法用到中国来，在中国创造出一些新的东西。只有一般的理论，不用于中国的实际，打不得敌人。但如果把理论用到实际上去，用马克思主义的立场、方法来解决中国问题，创造些新的东西，这样就用得了。"② 在这方面我们党和广大人民群众针对中国人权实际，运用马克思主义提出了一系列适合中国人权建设的理论成果，极大推动了中国人权实践，不断丰富和发展这些理论成果是我们今后推进马克思主义人权理论中国化的必然选择。

马克思主义人权理论中国化与中国化马克思主义人权理论的区别体现在：首先，马克思主义人权理论中国化侧重于中国人权发展的实践过程，这种实践过程就是马克思主义的人权理论与中国的实际相结合的过程，马克思主义人权理论中国化首先是在实践过程中实现的，没有这一实践过程谈不上中国化，也不会产生中国化的人权理论成果；中国化马克思主义人权理论侧重于说明通过实践最终凝结成的理论成果，没有中国化的人权理论，马克思主义人权理论中国化只能成为一段简单的历史，而不能顺利实现马克思主义人权理论中国化的过程。从某种意义上说，马克思主义人权理论中国化的过程也就是中国化马克思主义人权理论的发展轨迹。其次，两者反映了马克思主义

---

① 《毛泽东文集》第2卷，人民出版社1993年版，第533页。
② 同上，第408页。

人权理论在中国发展的两种不同状态,马克思主义人权理论中国化说明马克思主义人权理论正在变化、发展为一种新的人权理论形态,而中国化马克思主义人权理论证明马克思主义人权理论已经在中国凝结成新的人权理论成果。伴随马克思主义人权理论中国化过程的展开,马克思主义人权理论呈现出不同的发展样态,衡量这一发展过程的具体标志就是看其是否形成具体的新的理论形态。在马克思主义人权理论中国化进程中,以邓小平、江泽民等为核心的领导集体对中国人权问题所形成的科学认识就是这种新的理论形态,而科学发展的人权规则是马克思主义人权理论中国化的最新成果。研究马克思主义人权理论中国化,把握二者的联系应是立足于实践过程,落实于理论成果:立足实践指的就是马克思主义人权理论中国化研究不能离开中国革命、建设、改革所形成的中国人权建设实际,从实践视角看马克思主义人权理论怎样中国化;落实于理论成果,就是通过研究人权实践落实于中国化的马克思主义人权理论,研究过程的目的在于认识理论,通过揭示理论的实质从而对人权实践起到指导作用。

第二章 改革开放以来马克思主义人权理论中国化发生的必然性

改革开放以来马克思主义人权理论中国化的发生并非偶然,从理论与实践角度分析具有特定的历史必然性。在改革开放的特定历史时期,党的领导集体拨乱反正,重新确立实事求是的思想路线,在分析国际人权发展的总体环境,借鉴社会主义人权建设经验教训的基础上,立足我国对人权发展的迫切需要,才实现了马克思主义人权理论中国化的发展。

一、时代背景与实践条件

改革开放以来马克思主义人权理论中国化之所以发生,从时代背景与实践条件来看,具有一定的历史必然性。

(一)时代背景

改革开放后马克思主义人权理论中国化面临的时代背景首先是"二战"后所兴起的对人权的世界保护状况。两次世界大战对人权的严重践踏使人们充分认识到,必须由世界各国携手努力才能使人权在世界范围内免受侵害,因此人权的国际保护在"二战"后被正式提上议事日程。1945 年《联合国宪章》生效,尊重和保障人权问题被多次强调并被提上国际立法的日程。1946 年联合国设立人权委员会专门负责人权事务,1948 年《世界人权宣言》发表,庄重声明:"大会于此颁布世界人权宣言,作为所有人民所有国家共同努力之标的,务望个人及社会团体永以本宣言铭诸左右,力求借训导与教育激励人权与自由之尊重,并借国家与国际之渐进措施获得其普遍有效之承诺与遵行;会员国本身人民及所辖领土人民均永享咸遵。"①《世界人权宣言》的颁布为人权的国际保护迈出了重要的一步,1966年《经济、社会、文化权利国际公约》、《公民权利和政治权利国际公约》昭告于世,使国际人权保障的基本内容得以明确确立。

"二战"后特别是中国革命胜利以来,在社会主义革命带动下,在求人权、得解放旗帜的指引下,亚非拉等第三世界国家掀起了民族解放运动,许多殖民地、半殖民地国家纷纷摆脱帝国主义统治取得独立,帝国主义殖民体系土崩瓦解。对于这些国家而言,在旧殖民体系中始终作为帝国主义的附属国,长期受到帝国主义的剥削、掠夺,生产力发展水平低下,物质基础薄弱,人民生活极端贫困。在战后资本主义统治下的世界秩序仍然对广大发展中国家实施压榨,因而广大发展中国家对资本主义深恶痛绝。而且经过两次世界大战使人们看到资本主义给世界人民带来的灾难,不仅使除美国外的老牌资本主义国家遭到严重破坏,也严重损害了世界人民的生存、发展权利,这也使人们对资本主义关于人权保障的理论丧失信心。而社会主义关于人权、自由、平等的论述对这些国家具有很强的吸引力,对于遭受资本主义剥削越残酷的地区,社会主义的思想就越容易被接受,他们普遍向往人与人平等的社会主义。战后苏联、东欧、中国等社会主义国家也对亚、非、拉美地区许多国家反帝反殖运动给予了大力支援,所以在新独立国家中有50多个走上社会主义道路或以社会主义为发展方向,这为马克思主义学说在广大第三世界国家的传播奠定了重要的实践基础,许多接受社会主义的国家都面临如何将马克思主义关于人的发展、人权实现的学说与本国具体实际相结合,形成符合各国特点的人权发展理论。在新中国成立后,也面临巩固、发展社会主义,实现广大人民人权的重任,也需要将马克思主义关于人权实现的普遍真理与中国实际相结合,走出具有中国特色的人权发展道路,而改革开放以前对这条道路的探索经历了许多挫折,一直未能成功,所以改革开放后也面临如何

---

① 转引自孙哲:《新人权论》,河南人民出版社1992年版,第273页。

顺应社会主义在世界发展的大势，实现马克思主义人权理论与中国人权实际相结合的问题。

同时"二战"后随着社会主义与资本主义两大阵营对峙的加剧，以美国为首的西方世界逐渐以人权为工具，加紧了对社会主义国家的渗透、干预、颠覆。"二战"结束后美国一下子"拥有头号破坏武器——原子弹和头号建设武器——任何国家所未曾有过的巨大财富"①。美国那种向落后国家、民族传播文明及充当世界领袖的思想在美国重新复苏，杜鲁门主义、马歇尔计划、肯尼迪的"新边疆"政策及卡特的人权外交，直到80年代的里根主义无一不体现出美国向世界散布民主、自由、人权的理论。起初，美国在向世界散布人权观念的过程中并未体现出人权干涉的强硬，人权只是作为美国与苏联抗衡的精神动力及理论根据。卡特政府上台后美国开始大打人权牌，将人权外交推向一个新的高潮。早在卡特竞选总统时就提出美国对外政策基本思想是保障人权，人权成为这一时期美国外交政策的核心。美国学者N.K.海温纳评论说，"正是卡特在1976年大选期间将'人权'这个概念提到了美国政治舞台的中心位置。"② 卡特上台后针对苏联、东欧社会主义国家推行了他的人权外交，这构成了卡特政府与苏联争夺的新战略。此外，卡特政府以人权为旗帜对美国的第三世界政策作了调整，将这些国家的人权状况作为美国制定军事与援助计划决策时的参考。1978年12月6日，他在纪念《世界人权宣言》发表30周年的大会上称："强调人权原则是美国外交政策的灵魂，是确定美国同其他国家保持什么关系的重要因素。"③ 在维护人权原则下采取一系列新的做法改善美国在第三世界的形象，包括取消或削减对拉美一些亲美军人政府的军援；签订《巴拿马运河条约》；实现中美建交等。然而在卡特执政期间人权外交政策并未取得成功，还使美国在第三世界国家丧失了不少战略要地。里根上台后逐步将人权政策强硬化，正式提出"人权无国界"论，这种新的

---

① Paterson, Thomas G., *American Foreign Policy Since 1900 D. C.*, Health and Company, 1983, p. 435.
② Natalie Kaufman Hevener, *The Dynamics of Human Right in U. S. Foreign Policy*, New Jersey: Transaction Books, 1983, p. 123.
③ 富学哲：《从国际法角度看人权》，新华出版社1998年版，第215页。

人权政策把美国看成是"其他各国人民的灯塔,只要美国领导人态度果断,美国的力量、美国的技术、美国的社会准则、美国的榜样仍能在世界舞台上发挥巨大的影响"①。此后,美国以人权为旗号公开对社会主义国家及广大发展中国家实施干预,人权逐渐丧失其纯洁性,成为美国等西方世界推行全球霸权的工具。正如戴高乐将军一针见血指出的那样:"美国陶醉于它的物力充沛。自己认为它的能力绰有余裕而在国内已无施展余地,愿意帮助全世界处于苦难和奴役下的人们,因而产生了干涉别国的嗜好,其中掩盖着称霸世界的本性。"② 这种人权干预政策在冷战结束前重点虽非针对中国,但对中国的发展也产生了影响,在这种背景下改革开放后的中国需要正确的理论指引,迫使我们高度重视人权问题研究,以应对西方以人权为掩盖所实施的渗透、干预,实现马克思主义人权理论的中国化就成为必然选择。

(二) 社会主义国家在人权问题上的经验教训

苏联模式在 20 世纪中叶对世界上其他社会主义国家的经济、政治、文化建设都产生过非常重大的影响,这其中也包括苏联人权发展模式。"二战"后直到苏联解体,苏联人权建设既积累了宝贵经验,也有非常深刻的教训,这对我国改革开放以来的人权建设产生了重要影响,也是改革开放以来马克思主义人权理论中国化的一个重要背景。

苏联作为第一个社会主义国家,使马克思主义人权理论从思想学说转化为具体的社会主义人权实践,开辟了社会主义人权建设的新历程。苏联人权建设的成就及经验体现在三个方面:

一是极大改善了人民的物质、文化生活,提高了苏联人民人权享有状况。从 1928 年开始苏联实施了三个"五年计划",尽管第三个五年计划由于"二战"而未能全面完成,但这些计划的实施显示出社会主义的强大生机与活力,在第二个五年计划完成后,苏联的工业产值就超过英、法、德,跃居欧洲第

---

① 赫德里克·史密斯:《里根和里根总统》,潘东文、季佩丽译,商务印书馆1982年版,第105页。
② 转引自孙哲:《新人权论》,河南人民出版社1992年版,第282页。

一、世界第二，在农业方面已初步实现了农业机械化，人民生活有了极大改善。在苏联1938年出版的《联共（布）党史简明教程》中，对第二个五年计划完成时的状况作了如下表述："在第二个五年计划内，工人和职员的实际工资增加了一倍以上。工资基金在1933年为340亿卢布，而在1937年则已增加到810亿卢布。"在农村"贫穷困乏现象已经消灭了"。在文化事业方面，"全国范围内扩展了宏伟的学校建设工作。小学和中学学生数量在1914年为800万人，而在1936年至1937年度则已增加到2800万人。高等学校学生数量在1914年为112000人，而在1936年至1937年度已增加到542000人"。[①]

二是保障人权的宪法和法律建设取得较大成就。早在列宁时代就颁布了保护劳动人民的许多法案，如《和平法》、《土地法令》、《被剥削劳动人民权利宣言》等，这些法律已体现出不同于西方人权观的马克思主义人权保障理论。1936年，斯大林主持起草了《苏联宪法》，在第十章专门规定了"公民之基本权利和义务"，而且在每项公民权利规范中都具体规定了这些权利得以实现的措施和手段。1977年，苏联又对1936年宪法作了修改完善，进一步扩大了人权保护范围，增加了如"公民有享受文化成果的权利"、"公民有权参加国家事务和社会事务，参加全国和地方的法律和决议的讨论和通过"的权利，"对公职人员、国家机关和社会团体的行为提出控告的权利"等，尽管当时苏联宪法在现在看来存在诸多缺陷，比如将个人人权看做资产阶级产物，维护高度集权的计划经济等，但其对人民基本权利的保护是不容忽视的。

三是对推动世界民族独立、解放运动发挥了重要作用。苏维埃社会主义共和国的建立为全世界带来了马克思主义，在苏联带动下亚非拉等殖民地、半殖民地国家纷纷走上民族独立、解放的道路，使旧的资本主义殖民体系土崩瓦解，使社会主义国家由一国扩大到多国，世界社会主义力量空前壮大。到20世纪80年代初，世界上15个社会主义国家的领土面积已占陆地面积的1/4以上，人口约占世界总人口的1/3，工业总产值约占世界的2/5，国民收入约占世界的1/3。[②] 正是有了社会主义制度的壮大，才具备了与资本主义人

[①] 《联共（布）党史简明教程》，莫斯科外国文书籍出版局1953年版，第416—417页。
[②] 参见吴忠希：《社会主义与人权》，学林出版社2007年版，第234页。

权体制相抗衡的实力,也才有了资产阶级人权观与无产阶级人权观不断博弈的产物——《世界人权宣言》等一系列国际人权文件的出现。

然而,苏联的解体说明了苏联模式是存在极大问题的,也说明苏联人权体制建设存在弊端,这种弊端体现在以下几方面:

第一,高度集权体制的存在影响了人民权利的行使,使整个社会丧失了民主、自由的环境。苏联本身经济基础就较为薄弱,虽然"五年计划"的实施使苏联经济有了改善,但整体实力与老牌资本主义国家相比仍有较大差距,在这种状况下,苏联急于向资本主义发起全面进攻,用集权手段实现对国家的全面控制。在经济上依靠指令性计划,建立"一大二公"的公有制集体农庄,使经济丧失了自由发展的空间,在政治上强化了领导人的个人集权,搞个人崇拜,实行权力终身制、接班人制,以党代政,严重丧失了民主,这些都极大压制了人民权利的实现。

第二,官僚特权阶层的形成严重损害了人民利益,加剧了社会矛盾。由于苏联长期受资本主义世界的层层包围,形成了党政军权力高度统一的集权格局。而苏联实施的领导干部层层任命制度使得权力只对上负责,领导干部严重脱离群众,丧失了人民群众的监督约束,必然导致权力腐败并利用权力垄断社会利益,慢慢形成了掌握巨大社会利益的特权阶层,他们享受各种特殊权利,侵害人民利益,使社会矛盾日益尖锐化。

第三,大俄罗斯主义、大国沙文主义严重损害了少数民族及弱小国家的自治权,是对集体人权的侵害。苏联是一个多民族组成的联邦制国家,由于斯大林推行高度集权体制,对少数民族自由权长期实行压制,在卫国战争期间就曾以"通敌"罪名对十几个少数民族实施驱逐,而将俄罗斯族移民到少数民族地区,弱化少数民族的自治权,在语言文化方面,将俄文强制推行到少数民族地区,对持不同意见的少数民族以地方民族主义进行限制打击。对外则进行领土扩张,强制其他国家加入苏联,如1940年苏联就与德国签订协议,瓜分东欧的立陶宛、爱沙尼亚、拉脱维亚等国,这种大国沙文主义为苏联日后的解体埋下了祸根。

第四,在思想文化上长期实行专制,封建文化影响严重,加之不注重对马克思主义人权理论的研究,教条式照抄照搬马克思主义,最终走上了背离马克思主义的道路。在斯大林时代的苏共领导人看来，发展到垄断阶段的资本主义是垂死的，资本主义已丧失一切合理内核，凡是资本主义社会的任何自然、社会科学都要被全盘否定，将学术争论上升到阶级斗争的高度。而且从20世纪30年代起，苏联理论界逐渐形成对斯大林的个人崇拜，教条主义盛行，在"极左"思潮的影响下实施了思想文化大清洗，对包括人权研究在内的许多具体社会科学统统取消，主张只有历史唯物主义一门社会科学。人权被认为是资产阶级的产物，无产阶级不能使用，这种状况一直持续到20世纪60年代末，所以在"二战"后面对资本主义以人权为武器所展开的理论攻击苏联没有任何理论准备。

进入20世纪70年代初，苏联对哲学社会科学研究逐步重视，采取许多开放政策、措施促进哲学社会科学发展，这对于人权研究起到了一定的帮助。进入80年代，关于人的问题逐步成为了全部哲学社会科学的中心问题，这一时期的研究没有明确使用"人权"概念，对人权的研究都是在人道主义研究中进行的，他们把社会主义归结为人道主义，将人道主义视为马克思主义世界观一个不可分割的部分，并将人道主义与消灭私有制、建立公有制的阶级斗争相联系，提出了实现人道主义理想的政治纲领。然而，这一时期在苏联哲学社会科学研究中由于对马克思主义人权理论存在僵化理解，用抽象的人道主义取代了马克思主义，这为戈尔巴乔夫后来推行的人道的民主的社会主义新思维埋下了伏笔。

在戈尔巴乔夫上台后，由于苏联当时的社会状况急需改革，戈氏提出了全面改革的旗号，他并未坚持马克思主义和社会主义方向，而是以抽象的人道主义做准则，在改革旗号下推行人道的民主社会主义。1987年11月，发表了《改革与新思维》一书，明确把"全人类利益高于阶级利益"作为"新思维"的核心，为放弃社会主义走向人道的民主的社会主义提供理论依据。接着在1988年苏共第十九次全国代表会议上正式举起了"人权"和"人道的民主的社会主义"旗帜，戈尔巴乔夫在报告中指出"改革的主要标准是，全面充实人权，提高苏联人的社会积极性。这个问题在社会主义理论和实践中占有中心地位"①。在人权与主权关系上戈氏也公然站在西方立场上,明确提出人权高于主权和民族自治权。他说:"在这里,依然要求人权先于任何民族主权和民族自治的利益。这一要求应当载明在联盟和每一个共和国的宪法体制中。我们在国际事务中也遵循这一原则,不能偏离寸步。"② 1991年,苏联第五次非常人代会通过了《人权和自由宣言》,成为人道的民主的社会主义在人权理论上最集中的体现。这个宣言放弃了马克思主义人权理论的基本原则,大量采纳了西方人权理论,公然提倡天赋人权和自然法理论。由此,人道的民主的社会主义不仅在人权问题上背离了马克思主义,而且也改变了马克思主义对党的领导,使党内产生混乱,而三权分立制的推行为反对势力夺取政权创造了条件,加上严重的经济社会矛盾及群众支持的丧失,最终导致了苏联的解体。

苏联解体及人权建设的失败根源在于俄国封建主义遗留下的君主集权等级制、大民族主义在进入社会主义后没有被完全肃清;对马克思主义照抄照搬,没有在研究本国实际基础上形成符合自身实际的人权发展道路,从而走上了背离马克思主义的道路;在西方推行的和平演变阴谋下,最终使苏联的社会主义走向终结。苏联人权建设的教训为改革开放以来马克思主义人权理论中国化的发展提供了经验,它要求我们正确对待马克思主义,将马克思主义人权理论与中国人权实践相结合,始终坚持唯物史观的指引,形成符合中国社会主义发展要求的人权发展道路。

(三) 改革开放之前马克思主义人权理论中国化的经验教训

新中国成立后,中国共产党带领中国人民运用马克思主义对中国的人权建设进行了有益探索,取得了一些成绩,当然也走过了一些弯路,积累了沉痛的教训。从新中国成立到实施改革开放,这一时期马克思主义人权理论中国化发展历程可以划分为两个阶段。第一阶段是从新中国成立到1956年,这是马克思主义人权理论指导新中国人权建设的初期。1949年9月29日,中国

---

① 转引自吴忠希:《社会主义与人权》,学林出版社2007年版,第243页。
② 同上,第244页。

人民政治协商会议第一届全体会议通过了《共同纲领》，作为新中国第一部宪法性文献，它以根本法的形式规定了人民的各项自由和权利，体现了人民权利的至上性。纲领确立了以自由和安全为基石、以财产权为前提的人权体系，但它毕竟只是一部过渡性宪法文献，随着1952年过渡时期总路线的提出，新民主主义社会开始向社会主义社会过渡，《共同纲领》与总路线发生冲突，尤其是党的执政地位的确立与经济政策改变，急需以根本法形式予以确认，于是就有了"五四宪法"，它是新中国第一部社会主义性质的宪法，规定的公民权利和义务共19条，其中权利条款占15条，内容比《共同纲领》丰富了许多，它奠定了新中国宪法的基本模式和框架，对中国保障人权具有重要意义。在第一次全国人民代表大会后，全国很快出现了社会主义高潮，社会主义改造提前完成，中国社会关系发生深刻变化。1956年召开的党的八大对中国社会的矛盾变化作出了政策调整，社会主义基本矛盾理论以及所有制、财产权等理论成为影响中国人权的基本要素，同时八大还对执政党与人民群众的关系问题给予高度关注，这对于公民权利的保障也是极为重要的。然而，这种好的局面随着1957年"左倾"思潮的出现而中断，也导致"五四宪法"对公民权利的规定形同虚设。

第二阶段是从1957年"反右派"斗争的开始到1976年"文革"结束，这一阶段中国抛弃了马克思主义人权理论的指导，人权理论与实践都遭受严重践踏。八届三中全会以后，由于"反右派"斗争扩大化的影响，改变了八大关于我国社会主要矛盾的论断，重提阶级斗争，甚至发展到"以阶级斗争为纲"，为我国人权建设带上了沉重枷锁。从"大跃进"和"人民公社化"运动到"四清"和"文化大革命"，不断追求生产关系的变革和意识形态的革命，造成国家公权力的膨胀，人权被极度克减，大量侵害人权的现象发生。同时党法不分、以党代法现象严重，法律的虚无主义盛行导致了人治思潮的泛滥，尤其在"文革"期间，非法限制人身自由、私设"公堂"等现象时有发生，公民基本权利根本得不到保障，这段时期是新中国成立以来人权事业的低谷。

改革开放之前的实践探索所取得的成绩和积累的经验体现在如下几方面：

第一，建立人民当家作主的社会政治制度。在新中国成立后制定了一系列保障人民权利的规范性文件，如《共同纲领》、《土地改革法》、《选举法》

及"五四宪法"等,这些法律法规初步确立了对人民基本权利的保障。1956年,社会主义改造的完成标志着社会主义制度的正式确立,广大人民群众真正成为国家的主人,人民权利享有真正成为现实。

第二,经济的发展改善了广大人民物质和精神生活的条件和水平。解放后新中国首先进行了土改运动,使全国三亿多农民无偿获得七亿土地及大量生产资料,农民生活极大改善;对农业、手工业、资本主义工商业的社会主义改造从根本上消灭了人剥削人的制度,建立起全体劳动人民平等参与经济发展、共享劳动成果的社会主义经济制度;从1953年开始实施第一个五年计划,到1975年第四个五年计划完成时,"国内生产总值从1952年的679亿元增长到1975年的2997.3亿元,人均国内生产总值由1952年的119元增长到1975年的327元"①。人民生活有了一定改善。

第三,对社会主义条件下如何正确处理人民内部矛盾作了积极探索。能否正确处理人民内部矛盾关系人民权益保障,1956年党的八大提出,生产资料私有制的社会主义改造完成后,国内主要矛盾不再是工人阶级与资产阶级的矛盾,而是人民对于建立先进的工业国的要求与落后的农业国的现实之间的矛盾,是人民对于经济文化迅速发展的需求与当前经济文化不能满足人民需要之间的矛盾,解决的途径就是大力发展社会生产力,加快经济建设,这一论断对社会主义初级阶段人权实现无疑具有十分积极的意义。

第四,在捍卫国家主权、反对霸权主义斗争中丰富和发展了国家人权理论。新中国成立后,我们就确立了平等、互利、相互尊重领土主权的外交方针,1953年抗美援朝的胜利极大打击了美帝国主义,维护了世界和平与人权发展。之后中国政府又提出了和平共处五项原则,成为处理国际交往的基本准则,并被纳入国际人权法规的重要制度,对国际人权发展作出了重要贡献。

然而,从1957年起相继进行的"反右扩大化"、"反右倾"直到后来的"文化大革命"对社会主义人权建设带来了极大侵害,为我国的人权建设提供了深刻的教训,从马克思主义人权理论的角度分析,主要有以下几个方面:

第一,对经济建设的忽视,导致了人权事业的基础受到损害,从而使人

---

① 转引自吴忠希:《社会主义与人权》,学林出版社2007年版,第338页。

权的享有和实现状况受到严重影响。马克思主义人权理论认为，人权无论是作为一种要求、一种政治主张，还是作为法定权利，它的产生、实现和发展，都必须以一定社会的经济发展条件为基础。建国初期，我们注重生产力发展规律，取得了经济建设的初步成效，人权状况较旧社会有明显改善。然而好景不长，由于我们对社会主义经济发展规律和中国经济的基本情况认识不足，轻率地发动了"大跃进"运动，严重违背生产力发展规律，使国家大部分的生产资料遭受毁灭性的破坏，最终导致三年自然灾害，随后又抛弃发展生产力这个工作重心，提出"以阶级斗争为纲"，发动了"文化大革命"，使工农业生产在一段时期内几乎陷于停滞状态，这一时期人权状况也出现了严重倒退。

第二，错误适用人权的阶级性理论，导致了阶级斗争的扩大化，并将其推向极致，使许多本应享有人权的主体成为阶级斗争的对象，严重损害了民众人权。根据马克思主义人权理论，人权是具有阶级性的，对立阶级之间，不可能同等地享有自由、平等的人权。阶级社会"几乎把一切权利赋予一个阶级，另方面却几乎把一切义务推给另一个阶级"①。对人权阶级性的认识决定了在社会主义社会，生产资料实行公有，全体人民的根本利益是一致的，享有人权的主体是广大的人民群众，而需要对少数敌对阶级实行专政，同时人权的阶级性使社会主义把阶级的实际内容归结为"争取平等的权利和义务，并消灭一切阶级统治"，而"不是要争取阶级特权和垄断权"②，因此只有社会主义人权观在本质上和在普遍性、彻底性上是与人权的本质要求一致的。然而在建国后的一段时间内，我们却没有很好地把握人权的阶级性，八届三中全会以后，随着"反右派"斗争扩大化的影响，改变了中共八大对中国社会主要矛盾的论断，重提阶级斗争，1962年中共八届十中全会以后，发展到"以阶级斗争为纲"，使主要矛盾和主要任务统一到阶级斗争方面，结果造成了阶级斗争的扩大化，使许多无辜者惨遭迫害。"文革"期间，这种状况进一步恶化，许多人的基本人权都无法得到保证，上至国家主席下至普通公民，

---

① 《马克思恩格斯选集》第4卷，人民出版社2012年版，第194页。
② 《马克思恩格斯选集》第3卷，人民出版社2012年版，第171页。

随便被抄家、游斗、通缉、劳改、辱骂、殴打甚至折磨致死等,这是对人权阶级性的错误运用,使许多本应享有人权的主体被列为专政的对象,通过阶级斗争的方式实施阶级迫害,这是人权建设中的灾难。

第三,国家在人权建设的指导思想上长期忽视对人权的保障,不重视民主法制建设,重权力而轻权利,这种状况的存续必然导致人权的享有和实现状况处于较低的层次。根据马克思主义人权理论,人权是具有国家性的,人权的实现要依靠国家来推动与保障。建国以来,人权时代的迟至,与特定时期我们国家错误的人权理论是密不可分的,集中表现在思想领域的封建主义起着主要作用,包括官本位意识、封建特权思想、权力至上观念、工具主义理念等等,这些思想导致我国社会生活长期缺乏民主,丧失了民主对人权的保障,领导者缺乏责任意识,公民权利意识淡化,严重影响了人权的实现。从法制角度来看,国家的法制状况也直接反映着我国人权保障的水平。人权立法方面最为重要的就是宪法关于公民基本权利的规定。新中国成立后,"五四宪法"规定了15条公民基本权利,到了"七五宪法"就缩减到2条,且不说这些条文能否贯彻落实,单从规定的数量来看就足以说明对人权的保障程度。同时长期以来国家的根本大法不使用"人权"概念,其他基本法也不存在"人权"这样的词汇,这必然带来人权保护的缺乏。

正因为改革开放以前我国的人权建设走过的弯路,人民对人权极度渴望,而党的领导集体也需要纠正人权建设上的错误路线,重新确立马克思主义人权理论对中国人权建设的指导,在这样的背景下改革开放以来马克思主义人权理论中国化得以较快地提上议事日程并较快地步入了正轨。

二、理论来源

改革开放后马克思主义人权理论中国化能得以实现,前提在于具有科学的理论来源,作为马克思主义人权理论中国化的理论来源主要指马克思、恩格斯、列宁的科学人权思想,他们的这些人权理论构成了马克思主义人权理论的主体,对我国当今人权建设起到重要指导作用。同时中国传统文化中有益于当今人权建设的理论及西方人权理论也为马克思主义人权理论中国化起到了一定的理论来源的作用。

(一) 马克思、恩格斯的人权理论

关于马克思、恩格斯人权理论的总结是改革开放以来我国学界研究的一个重点，结合学界既有的研究成果，笔者认为马克思、恩格斯人权理论主要体现在如下几方面：

1. 人权不是天赋的，是人类社会发展到一定阶段的产物，是商品经济发展的结果

西方传统人权理论将人权视为贯穿人类社会发展始终的观念，是天赋的、永恒不变的。对此，马克思在《神圣家族》中明确指出："除了黑格尔曾经说过的'人权'不是天生就有的，而是历史地产生的话以外，'批判'说不出其他任何关于人权的批判性言论来。"① 马克思主义者通过考察人类社会发展的历史后得出结论：人权是社会历史的产物，是在特定历史阶段才出现的，是随着私有制和阶级对立的出现为条件而产生的，并随着社会历史的发展而不断演变。

在原始社会，生产力极不发达，人口稀少，人们之间根据血缘关系结成简单的氏族共同体，原始人只有群体利益而无个人特殊利益，没有私有制和阶级划分，更没有国家和法律，权利与义务并无区别。恩格斯通过研究美洲氏族制度后指出，"参与公共事务，实行血族复仇或为此接受赎罪，究竟是权利还是义务这种问题，对印第安人来说是不存在的"②。氏族习惯调处人们之间的相互关系，全体氏族成员过着平等、团结、互助的生活，任何人都不能享有特权，在这种状况下，人权观念无从谈起。随着生产力的发展，社会分工和交换的进行，生产资料的私有制和阶级开始出现，一部分人凭借对物质财富的占有开始剥削、压迫另一部分人，人类社会进入奴隶制、封建制社会，广大劳动人民丧失了做人最起码的条件，争取人权成为被剥削、被压迫阶级反抗剥削阶级的手段。在这两个阶段虽存在简单的商品生产、交换及与此相

---

① 《马克思恩格斯文集》第1卷，人民出版社2009年版，第313页。
② 《马克思恩格斯选集》第4卷，人民出版社2012年版，第175页。

适应的简单的自由、平等意识，但商品经济还不是社会的主要经济形式，没有产生真正的近代意义上的人权。古代那种朴素的争取自由、平等的观念只能算是人权理论的萌芽状态。随着封建社会末期商品经济的发展，社会化大生产及世界贸易的兴起，劳动力成为商品，商品的等价交换在流通领域中的体现就是创立了资本主义的自由、平等原则，为确保生产、流通领域中自由、平等竞争的权利，打破封建束缚，资产阶级在反抗封建专制统治、等级特权的基础上提出了以维护自由、平等为核心的人权观念。正如马克思所说："现代国家通过普遍人权承认了自己的这种自然基础本身。它并没有创立这个基础。正如现代国家是由于自身的发展而挣脱旧的政治桎梏的市民社会的产物，而今它又通过人权宣言承认自己的出生地和自己的基础。"① 因而资本主义人权是资本主义商品经济发展的必然结果。

随着资本主义统治在全世界范围内的确立，资本主义人权的虚伪性、历史局限性逐步暴露。马克思在《资本论》中对作为人权基本内容的自由、平等进行了全面细致的论证。他说："如果说经济形式，交换，在所有方面确立了主体之间的平等，那么内容，即促使人们去进行交换的个人和物质材料，则确立了自由。可见，平等和自由不仅在以交换价值为基础的交换中受到尊重，而且交换价值的交换是一切平等和自由的生产的、现实的基础。作为纯粹观念，平等和自由仅仅是交换价值的交换的一种理想化的表现；作为在法律的、政治的、社会的关系上发展了的东西，平等和自由不过是另一次方的这种基础而已。"② 无产阶级和广大劳动人民为反抗资产阶级的剥削、压迫，提出了消灭剥削、压迫，实现真正的平等、自由为内容的科学社会主义人权理论。伴随着社会主义制度的建立，使人权真正为广大劳动人民所享有、实现。

2. 人权不是超阶级的，而是有阶级性的

在阶级社会中，人是被划分为具体的阶级的，不存在非隶属于任何阶级的人。马克思、恩格斯在《共产党宣言》中批判"德国人"的超阶级性时指

---

① 《马克思恩格斯文集》第 1 卷，人民出版社 2009 年版，第 313 页。
② 《马克思恩格斯全集》第 30 卷，人民出版社 1995 年版，第 199 页。

出:"既然这种文献在德国人手里已不再表现一个阶级反对另一个阶级的斗争,于是德国人就认为:他们克服了'法国人的片面性',他们不代表真实的要求,而代表真理的要求,不代表无产者的利益,而代表人的本质的利益,即一般人的利益,这种人不属于任何阶级,根本不存在于现实界,而只存在于云雾弥漫的哲学幻想的太空。"① 也就是说在阶级社会不存在任何超阶级的人,由人的阶级性决定了人所享有的权利、自由也必有阶级性,特定的人权反映的是人所隶属的阶级的利益,哪个阶级掌握着国家权力,这一阶级的人权就会通过国家、法律的手段得以最充分的实现,一定阶级享有的权利总是同该阶级的特定利益紧密相连。在奴隶制社会,奴隶主享有公民权和各项人身自由,奴隶成为奴隶主的财产,完全处于无权的地位,在封建社会,也只有封建主享有人权,广大农民被残酷剥削,丧失了民主、自由的权利。到了资本主义社会,资产阶级以抽象的人代替了阶级的人,以抽象权利代替具体权利,但这些都是为掩饰资产阶级人权的阶级性。在资本主义社会资产阶级掌握了一切物质条件、国家机关、社会舆论工具,他们依靠法律、金钱、国家权力、舆论等维护自身各项人权,无产阶级一无所有,根本无任何权利。

  早在资产阶级人权原则在资本主义国家确立后,马克思、恩格斯就对其本质进行了分析考察,指出资本主义人权只是实现了资产阶级的人权,并未实现所有人的解放,"人权并不是使人摆脱财产,而是使人有占有财产的自由;人权并不是使人摆脱牟利的龌龊行为,反而是赋予人以经营的自由"②。看一下作为资产阶级主要政治纲领的《人权宣言》就十分明确了,这份宣言仅是抽象肯定了人们在权利方面生来而且始终是平等的,但在人权一般原则之后就规定了人权具体内容,将财产神圣不可侵犯确立为资本主义人权的核心内容,在实际生活中通过财产权、平等交易权的确立,为资本主义提供了剥削工人的权利。尽管资产阶级在革命胜利后颁布的宪法文件中都写着要保障公民的自由、平等、财产权等,而这些都是为保障资产阶级利益而设,如资产阶级宣扬的平等是以宪法中的形式平等掩盖因财产差异而导致的政治上

---

① 《马克思恩格斯选集》第1卷,人民出版社2012年版,第299页。
② 《马克思恩格斯文集》第1卷,人民出版社2009年版,第312页。

的不平等，资产阶级按财产状况划分新的等级，确立起金钱的特权，而自由权不过指的是资产阶级从事自由贸易的自由，自由是和资本多少成正比的，正如马克思所说："自由这一人权的实际应用就是私有财产这一人权。"① 再如选举权更是与财产权紧密相关，资产阶级法律对选举资格都规定了财产要求，选举权只能由有产者行使，所以资产阶级人权本质属性体现的就是其资产阶级性，资产阶级宣扬人权超阶级性无非是为其剥削、压迫劳动人民寻找理论根基。正如马克思指出的，作为权利的一般表现形式的人权"无非是市民社会的成员的权利，就是说，无非是利己的人的权利、同其他人并同共同体分离开来的人的权利"②。恩格斯在《反杜林论》中也一针见血地指出："这种人权的特殊资产阶级性质的典型表现是美国宪法，它最先承认了人权，同时确认了存在于美国的有色人种奴隶制：阶级特权不受法律保护，种族特权被神圣化。"③ 在资本主义社会人权只能是资产阶级的特权，是为维护资产阶级私有财产权、剥削权而创设的，它所维护的只能是资产阶级剥削工人的自由、平等，所以离开具体的生产关系、阶级关系谈论普遍的、超阶级的人权是极其荒谬的。

马克思主义揭露资产阶级人权的阶级性、虚伪性，是为着重强调无产阶级的人权要求，而无产阶级所追求的人权代表了最广大劳动人民的人权，是最充分、最广泛的人权，它要求人的彻底解放，消除一切不平等，实现人的全面自由发展。只有通过社会主义革命，消灭阶级，才能实现无产阶级人权，"工人阶级的解放斗争不是要争取阶级特权和垄断权，而是要争取平等的权利和义务，并消灭一切阶级统治"④。因而，马克思主义人权的阶级性为无产阶级争取自身解放、实现人权指明了方向。那种宣扬人权无阶级性、无国界论，混淆了资产阶级与无产阶级两类不同阶级人权的本质区别，是极为有害的。

3. 人权的社会性

马克思主义虽不否认人的自然属性，但认为人是社会关系的产物，人的

---

① 《马克思恩格斯文集》第 1 卷，人民出版社 2009 年版，第 41 页。
② 同上，第 40 页。
③ 《马克思恩格斯选集》第 3 卷，人民出版社 2012 年版，第 483 页。
④ 同上，第 171 页。

本质属性是其社会属性,自然属性从属于其社会属性。人权是处在一定社会关系中的人所应当和实际享有的权利,所以只有联系社会关系才能科学地看待人权问题。资产阶级人权思想家脱离人的社会属性,从抽象的人性论、天赋权利角度出发去探讨人权问题,把人权描绘成一种超阶级的、永恒的权利,将对人权的认识引向了非科学的道路。马克思多次强调人权的社会性,指出只有联系社会关系才能科学认识人权,对资产阶级的天赋人权学说,马克思指出,"出生只是赋予人以个人的存在,首先只是把他设定为自然的个体;而国家的规定,如立法权等等,却是社会产物,是社会的产儿,而不是自然的个体的产物。正因为这样,个体的出生和作为特定的社会地位、特定的社会职能等等的个体化的个体之间存在着直接的同一,直接的符合一致,就是一件怪事,一个奇迹了。"[1] 天赋人权将自然的个人与人权的获取直接统一,等于说自然界能赋予人以特定权利、地位,将必然导致"血统论"、"动物世界观",这种对人权的认识显然存在极大缺陷。

马克思主义对人权社会性的理解包括以下几点:第一,人权的内容和实现程度是由一定社会历史时期占统治地位的生产资料所有制关系所决定的,人权就是对这种以生产资料为中心的社会关系的反映,体现了人对自然的认识和改造程度。第二,人权的表现形式——平等、自由等都不是绝对的,而是相对的,每个人与他人享有平等的权利,每个人行使权利的时候应以不妨碍他人行使自己的权利为限度,这是每个人在行使权利时所必须负担的义务,正所谓"没有无义务的权利,也没有无权利的义务"[2]。同时人权所受的限制还包括社会的物质条件、文化水平的制约,"权利决不能超出社会的经济结构以及由经济结构制约的社会的文化发展"[3]。第三,人的权利实现离不开社会,只有在集体中才能实现人权。马克思、恩格斯说过,"一个人的发展取决于和他直接或间接进行交往的其他一切人的发展,……单个人的历史决不能脱离他以前的或同时代的个人的历史。而是由这种历史决定的。"[4] "只有在共同

---

[1] 《马克思恩格斯全集》第3卷,人民出版社2002年版,第131页。
[2] 《马克思恩格斯选集》第3卷,人民出版社2012年版,第172页。
[3] 同上,第364页。
[4] 《马克思恩格斯全集》第3卷,人民出版社2002年版,第515页。

体中,个人才能获得全面发展其才能的手段,也就是说,只有在共同体中才可能有个人自由。"①所以人权的享有和实现只能在社会既定的经济、政治、文化条件下,依靠社会、集体的协作才能实现,孤立的个人无法享有人权。

4. 人权是具体的,不存在普遍的、绝对的人权

人权只能是一定社会物质文化发展水平的反映,不同社会制度、不同国别的人权存在较大的差异,人权是十分具体的,普适化的人权是不存在的。人权的具体性体现在:首先,人权中的人是现实的、具体的人,在阶级社会中人总要隶属于特定的阶级,"个人隶属于一定阶级这一现象,在那个除了反对统治阶级以外不需要维护任何特殊的阶级利益的阶级形成之前,是不可能消灭的"②。所以阶级社会中的人权是占统治地位的阶级利益的体现,被统治阶级是无人权可言的,在阶级社会中享有人权的主体只能是一部分人而非全体人。其次,人权的内容也是具体的,在阶级社会中人权内容总是反映了统治阶级的权利要求,并将这种权利要求冠以普遍的人权。在原始社会一切人之间几乎都是平等的,没有权利与义务的区分,随着私有制和阶级的产生,人类社会进入到阶级社会,在奴隶社会只有奴隶主剥削奴隶的权利,奴隶不可能享有真正的平等和自由,封建社会中封建主对农民的剥削也是如此。对于资产阶级而言,为发展资本主义,就必然"把摆脱封建桎梏和通过消除封建不平等来确立权利平等的要求提上日程,这种要求就必定迅速地扩大其范围。……而自由和平等也很自然地被宣布为人权"③。所以自由、平等绝非抽象的人权口号,它总是在特定历史时期、历史条件下表现出具体内容。马克思指出了古代自由、平等与资产阶级自由、平等的区别在于"古代的自由和平等恰恰不是以发展了的交换价值为基础,相反地是由于交换价值的发展而毁灭。上面这种意义上的平等和自由(指资产阶级平等、自由)所要求的生产关系,在古代世界还没有实现,在中世纪也没有实现"④。所以离开自由、

---

① 《马克思恩格斯选集》第1卷,人民出版社2012年版,第199页。
② 同上。
③ 《马克思恩格斯选集》第3卷,人民出版社2012年版,第483页。
④ 《马克思恩格斯全集》第30卷,人民出版社1995年版,第200页。

平等的基础、范围进行抽象理解是荒谬的。资产阶级总是把人权说成是普遍的原则，仅仅是为了掩盖资产阶级的特权，这种人权实质是进行剥削的权利，是与资本主义商品经济发展相适应的，而未来共产主义的实现才能真正消灭阶级和剥削，在物质财富极大丰富的基础上为人权的充分实现提供坚实基础，所以人权总是与特定历史时期、历史条件相联系，不存在抽象的、绝对的人权。

5. 人权的物质制约性、发展性

权利是受到社会经济结构所制约的，人权就是生产力发展到一定阶段上的产物，它反映了一定社会的物质文化发展水平，其表现体现在：

首先，生产方式决定人权享有的主体及人权实现程度，谁占有生产资料谁就在经济上占统治地位，成为一个社会的统治阶级，他们自然就能享有人权，而统治阶级总是将义务推给被统治阶级，自己只享有充分的权利，这一切归根到底都是由经济基础决定的。正如恩格斯指出的："如果说在野蛮人中间，像我们已经看到的那样，不大能够区别权利和义务，那么文明时代却使这两种之间的区别和对立连最愚蠢的人都能看得出来，因为它几乎把一切权利赋予一个阶级，另方面却几乎把一切义务推给另一个阶级。"①

其次，人权在多大程度上得以实现也与生产方式密不可分，生产力的发展水平是社会发展的决定力量，也是人权实现的基础。马克思对人类社会发展水平划分出的三个阶段正是以生产力为基础作的划分，也体现了人权的实现状况，他指出："人的依赖关系（起初完全是自然发生的），是最初的社会形式，在这种形式下，人的生产能力只是在狭小的范围内和孤立的地点上发展着。以物的依赖性为基础的人的独立性，是第二大形式，在这种形式下，才形成普遍的社会物质变换、全面的关系、多方面的需要以及全面的能力的体系。建立在个人全面发展和他们共同的、社会的生产能力成为从属于他们的社会财富这一基础上的自由个性，是第三个阶段。第二个阶段为第三个阶段创造条件。"② 其中人的依赖关系状态下（前资本主义阶段），生产力水平

---

① 《马克思恩格斯选集》第4卷，人民出版社2012年版，第194页。
② 《马克思恩格斯全集》第30卷，人民出版社1995年版，第107—108页。

低下，人们需要共同协作、相互依赖才能生存，个人并不是独立的主体，人权观念无从产生，到了"以物的依赖为基础的人的独立性"阶段（资本主义阶段），商品经济出现，生产力已经有了一定的发展，个人获得相对独立地位，资本主义经济关系要求自由、平等的环境，封建制度的束缚阻碍了这种自由、平等，所以，"流通中发展起来的交换价值过程，不但尊重自由和平等，而且自由和平等是它的产物；它是自由和平等的现实基础。作为纯粹观念，自由和平等是交换价值过程的各种要素的一种理想化的表现；作为在法律的、政治的和社会的关系上发展了的东西，自由和平等不过是另一次方上的再生产物而已。这种情况也已为历史所证实。建立在这一基础上的所有权、自由和平等的三位一体，不仅在理论上首先是由17和18世纪的意大利的、英国的和法国的经济学家们加以论述的。而且这种三位一体也只是在现代的资产阶级社会中才得以实现"①。人权成为资产阶级反抗封建专制的利器，并在革命胜利后以法律形式加以固定化，人权自此得到了一定的发展。但在马克思、恩格斯看来，资本主义社会的种种人权悖论必然引发无产阶级同资产阶级的尖锐冲突，必然会摧毁资产阶级人权的理想王国，当资本主义的自由、平等逐渐在实践中暴露出其虚伪性时，"无产阶级抓住了资产阶级所说的话，指出：平等应当不仅仅是表面的，不仅仅在国家的领域中实行，它还应当是实际的，还应当在社会的、经济的领域中实行……无产阶级平等要求的实际内容都是消灭阶级的要求。任何超出这个范围的平等要求，都必然要流于荒谬"②。无产阶级要求的平等是全面的平等，是消灭私有制、阶级和阶级差别，然而由于社会经济条件的制约，资产阶级作为商品所有者，最大限度榨取剩余价值是他们的首要目的，这决定了这种状态下的人权还是不充分的，人权只能是资产阶级的特权，广大劳动人民处于根本无权的地位，资本主义人权具有极大的虚伪性。只有到了自由个性阶段，生产力水平极大提高，物质财富极大丰富，人们才能享有充分的人权，人权的享有主体将扩大到全人类，伴随着以实现每个人自由而全面发展的自由人联合体的建立，人权才能普遍

---

① 《马克思恩格斯全集》第31卷，人民出版社1998年版，第362页。
② 《马克思恩格斯选集》第3卷，人民出版社2012年版，第484页。

实现。

6. 人的解放观

人的解放是人权发展的终极指向，马克思主义提出人权问题不仅是对资产阶级人权观的虚伪性进行批判，使无产阶级获得真正的权利，更在于使人们明确自我解放的目标和手段。马克思主义人的解放理论是马克思主义人权观的核心。

首先，人的解放是对资产阶级人权观的根本否定，资产阶级在革命时提出人权观念，使资产阶级摆脱神权束缚，获得政治上的解放，但资产阶级"任何一种所谓的人权都没有超出利己的人，没有超出作为市民社会成员的人，即没有超出封闭于自身、封闭于自己的私人利益和自己的私人任意行为、脱离共同体的个体"①。资产阶级用形式上的人权普遍性掩盖了维护资产阶级特权的实质，"平等地剥削劳动力，是资本的首要的人权"②。对这种剥削和压迫，马克思在1844年《〈黑格尔法哲学批判〉导言》中科学地表述了人的解放思想，指出：无产阶级"不要求享有任何特殊的权利，因为威胁着这个领域的不是特殊的不公正，而是普遍的不公正，它不能再求助于历史的权利，而只能求助于人的权利，……总之，形成这样一个领域，它表明人的完全丧失，并因而只有通过人的完全回复才能回复自己本身。社会解体的这个结果，就是无产阶级这个特殊阶级"③。这种对人权的论述是以实现无产阶级解放为指向的。

其次，马克思主义用人的解放理论表述了无产阶级的权利观。马克思主义不仅对资产阶级人权观进行批判，更在于在批判的基础上建立全新的无产阶级权利观，指出人的解放是为使无产阶级获得经济、政治权利和全面发展的机会。与资本主义用唯心主义论述权利不同的是，马克思主义运用唯物史观论证私有制的产生是使劳动权利发生异化的根源，随着社会生产力的发展、进步，资本主义私有制必将成为生产力发展的桎梏，而"共产主义是对私有

---

① 《马克思恩格斯文集》第1卷，人民出版社2009年版，第42页。
② 《马克思恩格斯文集》第5卷，人民出版社2009年版，第338页。
③ 《马克思恩格斯选集》第1卷，人民出版社2012年版，第15页。

财产即人的自我异化的积极的扬弃,因而是通过人并且为了人而对人的本质的真正占有;因此,它是人向自身、也就是向社会的即合乎人性的人的复归,这种复归是完全的复归,是自觉实现并在以往发展的全部财富的范围内实现的复归"①。私有制的彻底废除与人的解放具有同步性,它将为全人类平等和权利实现提供基础,为人的全面发展提供现实条件,所以马克思主义人权理论是建立在对社会发展科学分析基础上的,普遍真正的社会平等实现后,人权才能真正实现。

最后,社会主义的建立和发展为人的解放提供了路径。社会主义革命和社会主义制度的建立开始了消灭私有制、建立生产资料公有制的伟大历程,它将为人的解放奠定经济基础,只有当全社会成员共同占有生产资料之时才能真正消除利益差别所带来的对抗,共同成为社会主人,同时社会主义制度的建立由于代表先进社会生产力的发展方向,必将促进社会生产力的极大发展,为人的解放提供充足物质基础,在物质生产力水平高度发达、社会财富极大丰富基础上才能真正实现人的解放,人权才能最终实现。

(二) 列宁的人权理论

列宁以马克思、恩格斯人权理论为指引,在俄国社会主义革命和建设中丰富和发展了马克思主义人权理论。列宁人权理论主要体现在以下几方面:

第一,对生存权、发展权作了论述。将生存权确立为首要人权,成为新成立的苏维埃政权首要关注的问题,列宁指出:"在一个经济遭到破坏的国家里,第一个任务就是拯救劳动者。全人类的首要的生产力就是工人,劳动者。如果他们能活下去,我们就能拯救一切,恢复一切。"②为了保障生存权的实现采取了一系列措施,如实行租让制,把国家无力经营的某些油田、森林、工矿企业等租给外国企业经营,国家提取一部分产品和利润,合同期满国家再把企业收回。列宁指出:"只要能够恢复经济,就不惜让资本家得到一些额

---

① 《马克思恩格斯文集》第 1 卷,人民出版社 2009 年版,第 185 页。
② 《列宁选集》第 3 卷,人民出版社 2012 年版,第 821 页。

外的利润。"① 为此还颁布《土地法令》和《土地社会化基本法》等，满足人民的土地需求。同时列宁高度重视发展权的实现，列宁说："共产主义就是苏维埃政权加全国电气化。""只有当国家实现了电气化，为工业、农业和运输业打下了现代大工业的技术基础的时候，我们才能得到最后的胜利。"② 他还特别强调发展对社会主义的重要意义，大力发展大机器工业和电力，用丰富的物力、财力满足人民群众需要。

第二，提出民族自决权问题并阐发了人权与主权的关系。1902年，列宁在《俄国社会民主工党纲领》中提出："俄国社会民主工党的最近的政治任务是推翻沙皇专制制度，代之以建立在民主宪法基础上的共和国，……（6）废除等级制，全体公民不分性别、宗教信仰和种族一律平等；（7）承认国内各民族都有自决权。"③ 1914年，在《论民族自觉权》中又解释了"民族自决"的含义，"'民族自决'，除政治自决，即国家独立、建立民族国家以外，不可能有什么别的意义"④。十月革命后，列宁进一步指出主张民族自决，"决不是为了'提倡'实行分离，相反地，是为了促进和加速各民族的民主的接近和融合"⑤。民族自决权反映的核心问题是民族平等，实质是反对国家特权、民族特权，主张一切民族都有成立民族国家的权利。同时每个民族可成立独立的国家或联合其他民族形成统一的国家联盟，但必须保障每个民族的平等，即保证每个共和国都有自由退出联盟的权利。

列宁对人权与民族权、国家主权的关系作了界分，指出国家主权永远是第一位的，各民族组成的苏维埃国家政权不仅尊重各民族的平等自决，而且对人权实现有重要意义。列宁始终积极维护俄国境内少数民族的集体人权，要求少数民族享有权利，反对大俄罗斯民族主义欺凌被迫处于被压迫地位的少数民族。例如列宁针对沙皇政府对犹太人和波兰人的屠杀行为，斥责这个政府为罪恶的政府。1903年，俄国社会主义工党二大通过了谴责蹂躏犹太人的

---

① 《列宁选集》第4卷，人民出版社2012年版，第345页。
② 同上，第364页。
③ 《列宁全集》第6卷，人民出版社1986年版，第194—195页。
④ 《列宁选集》第2卷，人民出版社2012年版，第374页。
⑤ 同上，第774页。

暴力的决议；1905年，三大对沙皇政府屠杀波兰人民的事件表示了严厉的谴责和愤怒。① 列宁提出民族自决权思想是基于沙俄对各民族的压迫，而当时世界范围内亚非拉美等许多国家、地区正处于帝国主义侵略、掠夺之下，民族独立问题比较突出，被压迫民族、人民要求摆脱奴役进行了强烈的斗争、反抗，成为当时不可抗拒的时代潮流，所以提出被压迫民族行使民族自决权，与压迫民族在政治上分离，建立独立国家，为当时占世界人口三分之二的被压迫民族争取集体人权起到了积极作用。

第三，人权保障的法制化。列宁十分强调法律对人权保障的重要意义，人权只有得到法律的确认、保护才可能变为现实。列宁指出宪法就是"一张写着人民权利的纸"。"以法律（宪法）保证全体公民直接参加国家的管理，保证全体公民享有自由集会、自由讨论自己的事情和通过各种团体与报纸影响国家事务的权利。"② 十月革命胜利后，列宁为保障宪法对基本人权规定的落实，亲自参与起草、修订、签署的人权法律规范就多达400多件，比如《工人监督条例草案》、《罢免权法令草案》、《土地法令》等，列宁还亲自草拟了《被剥削劳动人民权利宣言》，这是第一个社会主义性质的确认劳动人民权利的人权文件，对劳动人民各方面的基本权利作了明确规定。同时强化对法律的贯彻执行，将纸上的权利变为人民实有权利，要求司法机关严格执法，清除政府部门官僚主义，要求人民具备权利意识，为实现自身权利而努力。

第四，列宁结合俄国社会主义革命、建设的实践，阐述了无产阶级的民主、自由、平等问题。首先，列宁认为无产阶级民主、自由根本不同于资产阶级民主，"搬弄关于自由、平等和民主的笼统词句，实际上等于盲目重复那些反映商品生产关系的概念。用这些笼统词句来解决无产阶级专政的具体任务，就意味着全面地转到资产阶级的理论立场和原则立场上去了。从无产阶级的观点来看，问题只能这样提：是不受哪个阶级压迫的自由？是哪一个阶级同哪一个阶级的平等？是私有制基础上的民主，还是废除私有制的斗争基

---

① 参见胡瑾：《阐析列宁的人权理论》，载《淄博学院学报》，2000年第1期。
② 《列宁全集》第12卷，人民出版社1987年版，第50页。

础上的民主？如此等等"①。这可以说是列宁对人权阶级属性的再次强调，社会主义与资本主义民主、自由、平等具有根本不同的内容，确认人权的无产阶级性才能确保人权的真正实现。其次，列宁认为民主对实现社会主义意义重大，指出："没有民主，就不可能有社会主义，这包括两个意思：（1）无产阶级如果不通过争取民主的斗争为社会主义革命做好准备，它就不能实现这个革命；（2）胜利了的社会主义如果不实行充分的民主，就不能保持它所取得的胜利，并且引导人类走向国家的消亡。"② 对于无产阶级自由的实现，列宁认为："只有在国家的全部政权完全地和真正地属于人民的时候，才能完全地和真正地得到保障。"③

第五，列宁对人权实现的物质保障作了说明，提出："现在我们主要的政治应当是：从事国家的经济建设，收获更多的粮食，开采更多的煤炭，解决更恰当地利用这些粮食和煤炭的问题，消除饥荒，这就是我们的政治。"④ 提出让人们少说空话，指出在无产阶级革命胜利后革命重心从阶级斗争转到了经济建设上来，先进的社会制度与落后的社会生产力之间的矛盾是社会主要矛盾，只有大力发展生产力才能逐步解决这一矛盾，切实实现人民权利。比如对出版自由权而言，"出版自由就是使报刊摆脱资本的压迫，把造纸厂和印刷厂变成国家的财产，让每一个达到一定人数的公民团体都享有使用相应数量的纸张和相应数量的印刷劳动的同等权利"⑤。

第六，列宁认为人权的实现还需要加强对权力的监督制约，以保护人民人权。为此，首先要加强人民群众的监督，赋予人民罢免权以实现监督的真正落实，"任何由选举产生的机关或代表会议，只有承认和实行选举人对代表的罢免权，才能被认为是真正民主的和确实代表人民意志的机关"⑥。为此，列宁还专门起草了《罢免权法令草案》，确认人民普遍享有罢免权，农民、工

---

① 《列宁选集》第4卷，人民出版社2012年版，第68页。
② 《列宁选集》第2卷，人民出版社2012年版，第782页。
③ 《列宁全集》第13卷，人民出版社1987年版，第67页。
④ 《列宁选集》第4卷，人民出版社2012年版，第308—309页。
⑤ 《列宁全集》第33卷，人民出版社1985年版，第47页。
⑥ 同上，第102页。

人、士兵等一切劳动者都可自由选出自己的代表，罢免那些不能满足人民要求的代表。罢免对象包括了苏维埃政权的所有工作人员，任何国家工作人员都要接受监督。为此，列宁提出要充实工农群众到新组建的中央监察委员会，国家监察工作全盘工农化，强化法制建设，运用法律加强对权力的监督约束，防止以权谋私、权力滥用，加强中央监察委员会的建设，使其具有监督党内外任何机构、人员的权力等。

列宁通过研究资产阶级分权理论，结合苏维埃政权的实际，形成了依靠人民监督权力的机制，建立健全监督保障，防止权力的异化在社会主义条件下发生，主张通过建立自下而上的监督方式铲除一切对苏维埃政权可能造成的侵害。

第七，列宁在维护无产阶级的阶级权利的同时，也注重维护公民个人人权，这一点不常被人注意，人们更多地关注列宁对工农阶级权利、集体权利的维护，认为这是列宁人权理论同资本主义人权理论不同的地方，但列宁也从不忽视对个人权利的保护。苏维埃政权建立后，列宁在全俄和苏共高级会议上就曾多次批评不尊重人民权利的官僚主义者，最典型的就是1922年斯大林和奥尔忠尼启则侮辱格鲁吉亚民族干部事件，指出："需要处分奥尔忠尼启则同志以儆效尤，……并要补充调查或重新调查捷尔任斯基的委员会的全部材料，以便纠正其中无疑存在的大量不正确的地方和不公正的判断。当然应当使斯大林和捷尔任斯基对这一真正大俄罗斯民族主义的运动负政治上的责任。"[①] 这充分表现了列宁对个人权利的维护。此外，列宁还提出反对官僚主义，加强人民受教育权、选举权，保障妇女儿童权利等。

综上，马克思、恩格斯、列宁的这些人权理论是被历史与实践反复证明的关于人权问题的正确认识与经验总结，专门针对无产阶级革命及社会主义建设中的人权问题所作的理论归纳，是对人权问题根本属性的认识，对中国当今人权建设具有普遍指导意义，而贯穿这些科学人权理论的世界观和方法论仍然是唯物史观和唯物辩证的思想方法。马克思主义的人权理论虽然很早传入中国，但我们对人权问题一直未形成正确认识，直到改革开放后才突破

---

① 《列宁选集》第4卷，人民出版社2012年版，第760页。

思想的禁区,将马克思主义人权理论与中国实际密切结合,形成了马克思主义人权理论中国化。

(三) 西方人权理论

近代人权理念最先出现于西方,与西方的历史发展有密切的联系。从14世纪开始,随着资本主义的萌芽,新兴资产阶级积累了一定的物质财富,希望在政治上获取相应的权利以维护经济发展,然而基于封建专制的存在决定了资产阶级不能实现他们所期望的权利,这种状况下就需要提出一种理论来支持资产阶级反抗封建专制的需要,由此为西方人权理论的产生奠定了现实基础。在这种权利需求指引下,首先出现了以复兴古代文化为主题的启蒙思想运动,它提倡以人为中心的人道主义,反对以神为中心的神道主义,矛头直接指向封建贵族、地主和教会的反动统治。这种人文主义思潮强调人的价值、人格,弘扬自古希腊以来的平等、自由的道德主张,强调每个人都具有自己的特性,即人性,理性是人性的核心内容,人应按照自己的理性自由地发展。布克哈特的一段评述说明了这一点,"在中世纪……人类只是作为一个种族、民族、党派、家族或社团的一员——只是通过某些一般的范畴而意识到自己。在意大利,……人成了精神的个体,并且也这样来认识自己"①。同时马丁·路德所发起的宗教改革运动,攻击了教会的权威统治,废止了教会对于世俗案件的管辖权,路德的信徒创立了两个王国理论,"看不见的教会,即全部信徒组成的僧侣团体——他们教导说——属于上天的王国,接受'福音书'的统治;而世俗王国,就是'此世'的王国,包括有形的教会组织,接受法律的统治……"② 这种革命的冲击震荡了整个欧洲,在新教得以胜利的地方,建立起由君主实施领导的国教,该国所有人都被法定的要求归属国教,而那些继续由罗马天主教统治的国家,王室凌驾于教会的权力也得以大大提高,极大解除了以宗教神学思想为核心的封建意识形态对人的思想束缚。

---

① 转引自夏勇:《人权概念起源》,中国政法大学出版社2001年版,第133页。
② 〔美〕哈罗德·J. 伯尔曼:《法律与革命》(第二卷),袁瑜琤、苗文龙译;法律出版社2008年版,第8页。

文化的繁荣、思想的解放使得中世纪的思想家们试图找到人的权利得以产生的正当、合理的理论依据，在中世纪末期自然法理论应运而生，以格老秀斯、霍布斯、洛克、卢梭为代表，他们的最大贡献在于通过自然状态的设定，确认了自然法的存在。自然法就是人的理性法，源自人的固有本性，可为任何人所认识、运用和遵守，由此推导出人性是普遍、平等的，人应拥有源自自然本性的平等和自由，源于本性的这些平等、自尊、自由等权利也就很自然地被宣布为人的本性权利、自然权利，即人权，任何人不可侵犯、剥夺。

罗马法的复兴也是近代人权观念得以产生的重要原因，这场复兴运动弘扬了罗马法中的自然法原则和私人平等精神，冲击了教会法的权威，唤醒了人们对理性的崇拜和对人性的尊重，因为"罗马法是绝对不承认封建关系和充分预料现代私有制的法律，在罗马法那里，凡是中世纪后期的市民阶级还在不自觉地追求的东西，都已经有了现成的了"①。尤其是对罗马法中"jus"一词的解释上，在古罗马法中还未出现专指权利的词汇，"jus"在罗马法中有多种涵义，包括义务、权利、政治、法律等，权利与义务在词汇上无明确界定，因为此时正义概念在整体水平上还没有超越希腊人"分配正义"的局限，个人作为权利主体的中心地位还没有凸显出来，社会强调的是义务而非权利，而中世纪的自然法学家们将其从模糊的正义概念逐渐转换为可以指称与"现代权利"一词相同的概念。正如人权研究专家夏勇先生所言，"正义概念已经从侧重义务向侧重权利过渡，即从一种确立何为正当的理想法则体系以及如何遵从它，过渡到每个人拥有某物和做某事的各种权利主张。这对于一个人作为权利主体来主张自己的权利，具有重要意义。"② 所以罗马法的复兴为人权概念的产生提供了法律文化上的依据。

由此伴随资本主义经济发展的需要，在文艺复兴、宗教改革、自然法的兴盛、罗马法复兴运动推动下，为人权思想的提出提供了充分的条件，使近

---

① 〔法〕勒内·达维德：《当代世界主要法律体系》，漆竹生译，上海译文出版社1984年版，第42页。
② 夏勇：《人权概念起源》，中国政法大学出版社2001年版，第148页。

代意义上的人权观念得以应运而生。西方新兴资产阶级提出了代表其权利主张的"天赋人权论",这就是人们后来所说的第一代人权理论,也是西方人权理论的代表,至今西方发达国家的宪法中仍然保留着这些思想的印记。对该理论的提出及系统化、完善化,荷兰的格老秀斯,英国的霍布斯、洛克,法国的卢梭,美国的潘恩、杰弗逊等作出了突出贡献。

首先,简要总结西方"天赋人权"理论的提出。

荷兰的政治思想家格老秀斯(1583—1645)是自然法学派的创始人,近代"天赋人权论"的奠基者,其"天赋人权"思想主要通过自然权利思想表现出来。格老秀斯将神性从自然法中剥离出来,认为自然法不需教会认可,强调自然法的永恒性,是合乎理性的命令,进而他提出了自然权利概念,将人的生命、自由、财产视为生而自然具有的权利。当人的生命受侵害时可以使用武力,这"与'自然'决没有相矛盾的地方,因为'自然'赋予每一个动物以自卫和自救的力量"[①]。他提出不能侵占他人财产,任何人都要赔偿因自己的过错给他人造成的损失,通过确认、维护上述权利建立起维护社会秩序的基本条件。

与格老秀斯同时代的英国思想家霍布斯(1588—1679)也是近代天"赋人权"理论的代表者,在其代表作《利维坦》中,他从人的欲望、理性出发解释自然法,并提出"自然状态"理论预设。在没有公共权力,人类完全按自己本性生活的状态被称做"自然状态",在这种状态下每个人都想实现自己权利,为自身利益而相互争夺,这样谁也无法维护自身权利,因而要遵守公共规则——"自然法",而非仅靠人的欲望过活。"自然法"在霍布斯看来就是根据理性而颁布的道德律令,遵循信守和平,己所不欲、勿施于人等规则。但"自然法"本身仅有道德上的约束,为维护社会秩序,必须有公共权力的保障,为此他提出"社会契约论",他是近代第一个在"自然法"基础上系统发展国家契约学说的资产阶级启蒙思想家,指出每个人让渡一部分权利与国家,由国家来维护个人权利与社会秩序之实现。他的思想中也表现出较强的专制主义色彩,认为统治者或主权者并非订约的一方,不受契约的约束,

---

① 张宏生主编:《西方法律思想史资料选编》,北京大学出版社1983年版,第144页。

人民一旦交出权利便不得收回,统治者所做的都是正义的,人民只能服从,违者必须受到处罚。他的社会契约论虽为君主主权论辩护,但他仍认为人民只是交出了随意侵害他人的权利,他们并未放弃为了自己生命安全而抵抗他人侵害的权利。霍布斯也将人的生命、自由、平等、财产权等看做天赋权利,指出"人们也必须为了自己的生命而保留某些权利,如支配自己的身体的权利,享受空气、水的权利,以及一切其他缺了就不能生活或生活不好的东西的权利"①。自由就是在法未规范的领域按自己的意志做最有利于自己的事情。

另一位有代表性的思想家是荷兰的斯宾诺莎(1632—1677),仍然坚持自然权利理论,指出自我保存是一切事物的本性,也是人的权利,每个人都应"尽其所能凭借欲望的冲动以生活和保存自己"②。同时为了避免人们在自然状态下的相互敌对,也要用契约方式将部分权利,主要是判断善恶和进行报复的权利让渡给国家以维持社会存续。与霍布斯不同的是斯宾诺莎维护民主而反对君主专制,认为民主制可以让人们享有思想、言论的自由,而"自由比任何事物都为珍贵"③。拥有自由才能有稳定的社会秩序,达到人人平等。对于平等,他强调法律面前的平等,认为"执行法律的人必须不顾到一些个人,而是把所有的人都看做平等,对每个人的权利都一样加以卫护,不嫉羡富者,也不蔑视穷者"④。

其次,"天赋人权论"又经过几位思想家的努力而进一步系统化。

英国思想家洛克(1632—1704)作为英国"光荣革命"时期的主要思想家,不仅对新兴资产阶级制度作了充分合理的论证,而且还在批判、改造霍布斯等人人权学说基础上系统发展了天赋人权论。洛克的学说将"天赋人权说"、"契约论"、"人民主权说"、"政府权力有限论"融合在一起,表达对专制主义的谴责和对自由民权的维护。

1. 他对"自然状态"及自然权利作了新的解释,对"自然状态"洛克认为是一种和平、互助、友善的形态,而非人与人互相斗争的战争状态,由

---

① 〔英〕霍布斯:《利维坦》,黎思复等译,商务印书馆1985年版,第117页。
② 〔荷兰〕斯宾诺莎:《神学政治论》,温锡增译,商务印书馆1963年版,第213页。
③ 同上,第12页。
④ 同上,第220页。

"自然法"所确认的权利、义务来维持。"自然状态有一种为人人所应遵守的自然法对它起着支配作用;而理性,也就是自然法,教导着有志遵从理性的全人类:人们既然是平等的和独立的,任何人就不得侵害他人的生命、健康、自由和财产。"① 当然"自然状态"由于既无成文法也没有公权力的维护,自然权利就会时常受到侵犯,所以"自然状态"只有变为政府状态才能既保障个人权利,又确保每个社会成员尊重他人利益,社会契约应运而生。按照社会契约,每个人出让自己的一部分权利,主要是进行惩罚和任意行为的权利,将这些权利交与人民授权的人来统一行使。

洛克认为自然权利是一个以财产权为核心的权利体系,财产权是在劳动基础上产生的,源于上帝赋予,神圣不可侵犯。而财产权之所以处于所有权利的中心地位是因为其他权利一旦离开财产权就失去意义,如他认为自由权是个人有任意处置全部财产的自由,生命权实际是个人财产不受侵犯的权利。

2. 他提出了一些新的天赋权利,主要是对政府的认可权。因为政府源于与人民订立的契约,不经人民同意政府便不具备合法性,同时人民让与政府的只是一部分自然权利而非全部,对于生命、财产、自由等权利是不可转让、放弃的,而政府主要就是保护公民以财产权为核心的自然权利,如果政府违反此原则,人民就有权对这样滥用权力者"当作侵略者来对待"②。

3. 他提出了用制度保障人权之思路。首先,强调法律对人权的保障,"人们参加社会的重大目的是和平地和安全地享受他们的各种财产,而达到这个目的的重大工具和手段是那个社会制定的法律"③。其次,为了防止政府滥权侵害人民权利,他提出将立法权、执法权、对外权三权分立的分权学说,立法权由民选议会行使,专门进行运用自然法制定法律、实行法治的活动,保障社会及个人权利;执行权和对外权从属于立法权,由国家和政府根据议会决议行使,三权各司其职不可越权。

法国思想家卢梭(1712—1778)继承和发展了洛克的"天赋人权论",这

---

① 王德禄、蒋世和:《人权宣言》,求实出版社1989年版,第122页。
② 〔英〕洛克:《政府论》(下篇),叶启芳、瞿菊农译,商务印书馆1964年版,第95页。
③ 同上,第82页。

种继承体现在卢梭对天赋人权、社会契约、某些自然权利以及法律保障人权的论述等都存在很大相似性,但当时法国启蒙思想的主流是强调民主、平等,与英国自由主义特征不尽相同,这些社会思潮作用于思想家身上也导致卢梭又有许多不同于洛克的地方。

1. 卢梭特别强调平等和自由,认为没有平等,自由就不能存在。他扩大了平等的范围,不仅包括洛克所说的法律平等,还包括道德平等、交换平等、财产平等,尤其在财产问题上与洛克所主张的财产不平等思想是相悖的,他的财产平等是说"没有一个公民可以富足得足以购买另一个人,也没有一个公民穷得不得不出卖自身"。"人人都有一些东西又没有人能够有过多的东西。"① 强调平等是法国启蒙思想家的思想反映。在自由问题上卢梭强调政治自由,而洛克强调财产自由,他说:"人民正是根据别人剥夺他们自由时所根据的那种同样的权利,来恢复自己的自由的。"② 强调政治自由也是法国启蒙学者的特性,孟德斯鸠也说过,政治自由是"一个人不被强迫做法律没有规定要做的事情"③。

2. 卢梭提出了新的人权观点。首先,是"人民主权论",与洛克用议会主权取代人民主权做法不同,卢梭主张人民主权不可转让、分割。其次,他反对私有制但仍主张私有财产权,认为"财产权的确是所有公民权中最神圣的权利,它在某些方面,甚至比自由还重要"④。

卢梭学说对后世法国大革命起了重要影响,1789 年法国《人权宣言》很多吸收了卢梭的思想,比如第一条:"在权利方面,人生来是而且始终是自由平等的。"第二条:"自由、财产、安全以及反抗压迫是天赋的和不可侵犯的,保护这些权利是一切主权之源。"这些都体现对卢梭平等自由思想、人民主权思想的吸收。

美国思想家潘恩(1737—1809)也对资产阶级人权思想作出了杰出贡献。首先,他对君主专政、君权神授理论进行了深刻批判。潘恩指出在古代社会

---

① 〔法〕卢梭:《社会契约论》,何兆武译,商务印书馆 1980 年版,第 34 页。
② 同上,第 8 页。
③ 〔法〕孟德斯鸠:《论法的精神》(下),张雁深译,商务印书馆 1982 年版,第 194 页。
④ 〔法〕卢梭:《论政治经济学》,王运成译,商务印书馆 1962 年版,第 25 页。

把人分为臣民和国王，并将国王放置在远高出其余人地位之上的做法不符合自然的平等权利原则。而且潘恩指出从《圣经》的记载看，要承认由谁享有君主的称号并不符合天道，最初国王的产生要么通过抽签，要么选举或篡夺，而最可能的实际情况是篡夺，因而如果追溯到君主制的源头，会发现他们的始祖只是些作恶多端的匪首，依靠不断地扩充势力和掠夺实现对人民的统治。比如他谈到英国君主的来历时说道："一个法国的野杂种带了一队武装的土匪登陆，违反当地人民的意志而自立为英格兰国王。"① 因而相信君权神授完全是错误的。他在否定君权神授理论基础上对国王进行了抨击，"在英国，一个国王所能做的事情，往往不外乎是挑起战争和卖官鬻爵；直率地说，这是使国家陷于贫穷和制造纷争"②。对国王的种种恶劣行径进行了揭批。潘恩否定君权神授必然要否定君主政体，特别是对世袭制的危害作了全面分析，认为任何人都不能基于出身而获得比其他家庭占据优越地位的身份。潘恩还对贵族制进行了批判，认为贵族制破坏了公平分配的观念，制造了社会的不平等。

潘恩还身体力行，为争取人权而奔走呼告，号召北美人民反抗英国殖民者的统治，还应邀参加了法国《人权宣言》的起草，为人权运动的发展作出了重要贡献。

另一位美国人权思想家杰弗逊（1743—1826）也在人权发展上贡献突出，他负责美国《独立宣言》的起草，将"人人生而平等"原则、"生命、自由和追求幸福"等天赋权利载入宪法之中。他将洛克人权思想中的核心"财产权"改为"追求幸福的权利"，他认为财产权并不属于天赋人权范畴，而只是天赋人权的保障，来自国家法律规定，应防止财产权侵犯天赋人权。《独立宣言》宣布："所有的人生而平等，'造物主'赋予他们若干不可出让的权利，其中包括生命权、自由权和追求幸福的权利。为了保障这些权利，人类才在他们中间建立政府，而政府之正当权力是经被统治者同意而产生的。任何政府如损害这些目的，人民便有权改变或废除它，以建立一个新的政府。而新政府所依据的原则和用以组织其权力的方式，必须是在人民看来最能够促进

---

① 〔美〕潘恩：《潘恩选集》，马清槐译，商务印书馆1981年版，第15页。
② 同上，第19页。

他们的安全和幸福的。"

总之，早期资产阶级人权理论尽管在具体表述上存在一定差异，资产阶级人权思想家各自所处的时代、国度也不尽相同，但他们的人权思想都存在一个共同的特点，即都主张以自然权利学说为基础的天赋人权论。具体表现在如下五方面："（1）人权是每个人生而固有的生命、自由、平等、财产和安全等权利；（2）人权是人的本性的体现；（3）人权是自然赋予的；（4）人权是不可转让不可放弃的；（5）人权是不可剥夺的。"[①] 启蒙思想家的人权学说，经过系统发展，又通过法国《人权宣言》、美国《独立宣言》、《人权法案》等以法律形式固定下来。以"天赋人权"形态出现的"第一代人权"在资产阶级国家得以确立，并成为人权发展的经典理论。其作为资产阶级反抗封建专制的理论武器，为资本主义制度的奠立作出了巨大贡献，且这些人权延续至今，为20世纪的《世界人权宣言》、《公民和政治权利国际公约》及世界多国宪法所吸收。

天赋人权理论主要是为适应资本主义发展需要而提出的，是一种消极自由权利，核心是保护个人，防止政府对个人的干预，是资产者自由剥削无产者的权利，根本不顾及社会的不公正、不平等。因而，随着资产阶级革命的胜利，资产者与无产者的矛盾日益突出，"天赋人权论"遭到不同流派资产阶级思想家的批判，比较有代表性的是18世纪末、19世纪初以边沁、密尔为代表的功利主义者对天赋人权的批判。边沁提出了"法定权利说"，认为只有法律规定的权利才是存在的。"权利是法律的产物，而且仅仅是法律的产物；没有法律也就没有权利——不存在与其相抗衡的权利——也不存在先于法律的权利。"[②] 法定权利是主权者通过法律转让给个人的也可通过法律收回，天赋人权根本不存在，法国《人权宣言》颠倒了主权与人权的关系，是种无政府主义的表现，人权不是人类的终极价值而仅是实现功利的手段。但"法定权利说"只是否定天赋人权内在逻辑上的错误，解决权利的来源，并不否认贯穿于天赋人权中的自由观念，而且是一种更好地为放任主义、自由竞争进行

---

① 孙国华主编：《人权：走向自由的标尺》，山东人民出版社1993年版，第216页。
② 叶立煊：《人权论》，福建人民出版社1992年版，第122页。

论证的自由主义学说。

此外，19世纪的空想社会主义者圣西门、傅立叶、欧文等也对"天赋人权"理论进行了批判。他们指出了资本主义社会的种种人权悖论，比如只占人口极少数的寄生阶级掌握了社会大多数财富，而创造社会财富的广大劳动者则只能接受压迫，毫无人权可言，所谓天赋人权只是一句空话。资本主义只是用新的奴役制代替了旧的奴役，正如傅立叶所说，资本主义这种"文明制度过去是，将来也只能是一个罪恶的渊薮"①。在此基础上，空想社会主义者们对如何实现人的权利进行了探讨，圣西门的实业制度、傅立叶的和谐制度、欧文的理性社会制度等设想都是对人权问题的改革，但这些也仅是空想，缺乏现实性。

进入垄断资本主义阶段后，无产阶级与资产阶级的矛盾斗争更为尖锐，在当代资本主义人权理论也发生了相应变化，一些人仍旧坚持自由资本主义传统，主张个人自由和政治权利，轻视甚至否认经济、社会、文化权利，而另外一些人面对矛盾的尖锐化，主张在原有资本主义人权理论基础上通过有限度地承认公民的经济、社会、文化权利来改善人民生活，缓和阶级矛盾。因而，当今资本主义人权理论仍旧是个人的、利己的，是为维护资本特权、阶级剥削为目的的人权理论。

在马克思主义人权理论中国化过程中，对西方资本主义人权理论我们更多地是从批判视角去审视，对它的批判更多地是让我们避开西方人权的局限性。比如我们批判资本主义人权的阶级局限性、虚伪性，我们在构建人权时就强调人权的人民性，让人权为多数人所享有；我们批判资本主义人权的私有制基础，我们的人权就建立在公有制占主体的经济基础上；针对资本主义只注重个人人权否认集体人权的做法，我们坚持个人人权与集体人权的统一，并强调集体人权对实现个人人权的重要作用，这些都体现了我们对资本主义人权理论的批判性借鉴。同时西方资本主义人权理论也并非一无是处，有些好的方面也为我们提供了人权建设的参考，如西方发达的社会保障制度建设、

---

① 〔法〕傅立叶：《傅立叶选集》（第2卷），赵俊欣等译，商务印书馆1981年版，第27页。

法治建设等对我国人权发展具有一定的参考借鉴意义,所以西方人权理论也为马克思主义人权理论中国化提供了理论来源。

(四)中国传统文化中有益于人权建设的理论

中国传统文化中也包含许多有益于当今人权建设的理论,所谓中国传统文化,"是在农村自然经济和宗法制度的基础上,由古代先哲创立,古往今来许多思想家结合自己所处的时代,不断发展的、以儒家学说为主导,囊括道家、法家、兵家和佛家等各家学说为一体的文化。它以仁为基础,以礼为主线,辅之以义和中庸等道德规范"[①]。封建制文化是中国传统文化的主导,因而笔者主要探讨封建传统文化与人权的关系。中国古代虽未明确提出人权概念,但不可否认的是中国传统封建制文化中的许多思想却与当今人权理论存在某些契合之处,与当今中国人权思想的形成存在密切联系,主要体现在如下几方面:

第一,今天我们认为人权的实现要处理好人与自然、人与社会的关系,实现和谐发展,要改变过去那种只重经济发展忽视环境保护,以及社会资源配置不合理、收入差距拉大等问题,而在古代人们对人的认识就体现了这种人与自然、社会的关联性,《荀子·王制》讲:"水火有气而无生,草木有生而无知,禽兽有知而无义,人有气有生有知亦且有义,故最为天下贵也。"这说明人在天地万物中处于最高地位,同时又暗含着人只有与草木、水火等保持一种和谐才能体现人的显贵。

第二,今天我们讲的人权是侧重于集体人权的,与西方将人权定位于个体是明显区分的,这也是受到中国传统文化的影响。在中国文化中人与民是结合在一起的,以人为本实质就是以民为本,强调与君的对应关系,从儒家的"民贵君轻"、"爱民"思想到孙中山的三民主义,实质都是在讲人民人权、集体人权。儒家传统中更多地强调修己、利他、克己让人,即要克制自己的欲望,战胜自己的私心,强调个人对国家、社会应尽的责任、义务,这里也包含对集体人权的肯认,而非简单地从个人私利出发讨论人的权利。

---

① 中国人权研究会:《东方文化与人权发展》,东方出版社2004年版,第150页。

第三，今天我们强调生存权、发展权是首要人权，这与传统文化中对生存、发展权利的关注也有密切关联。孟子的"饱食、暖衣、逸居、有教"、老子的"甘食、美服、安居、乐俗"都在强调对生存、发展权的重视。

第四，对人权的普遍性与特殊性在中国传统文化中也有所涉及。古代"和而不同"的思想就体现了这一理论特性，儒家典籍《大学》提出的"为人君止于仁，为人臣止于敬，为人子止于孝，为人父止于慈，与国人交止于信"的各有所"止"的制度，说的就是每个人的地位身份虽各不相同但只要各自遵守自己的身份要求，社会就能实现和谐。但这种身份的差异也并非绝对化，人民也有反抗暴政的权利，如孟子就认为"君之视臣如手足，则臣视君如腹心；君之视臣如犬马，则臣视君如国人；君之视臣如土芥，则臣视君如寇雠"①。人民权利如果遭到君主的侵害，人民也具有反抗的权利，这也体现出一种对人权的维护。

第五，平等也是中国古代社会所追求的理想目标，这种对平等的追求更多地体现了对生存、发展权利的追求。源于中国长期落后的社会生产力发展现实，孔子就提出了"不患寡而患不均，不患贫而患不安"②的思想，这种对平等的要求既强调先天的平等，如"天命之谓性"③，也更注重人的发展结果平等，如孟子提出"人皆可以为尧舜"④，相对于先天平等而言，对后天发展结果平等的追求对人权保障更具现实意义。在今天我们强调共同富裕就是对结果平等的一种追求，"大同社会"、"小康社会"的预设都内在包含着国家、社会致力于追求平等人权的理论预设。

第六，儒学文化强调仁的理论，《礼记·中庸》说："仁者，人也。"强调仁就是要爱人、尊重人，这与人权理论中强调人的主体地位有一定的相似性。

中国传统文化中虽未产生人权观念，其主导思想也是强调对人的权利的压制，以更好地维持封建专制统治，但不可否认中国传统文化中那些有益于

---

① 见《孟子·离娄下》。
② 见《论语·季氏》。
③ 见《礼记·中庸》。
④ 见《孟子·告子上》。

当今人权建设的积极思想对马克思主义人权理论中国化具有一定理论意义,毕竟马克思主义人权理论源自欧洲,它要与中国实际相结合,必须反映中国历史传统、民族文化,这些民族文化中的积极思想对推动马克思主义人权理论中国化提供了理论上的来源。

综上,马克思列宁主义人权理论是马克思主义人权理论中国化的主要理论来源,西方人权理论、中国传统文化中有益于当今人权建设的理论为这一过程的实现起到了一定的理论来源的作用,同时还应予以提及的是,中国共产党领导中国人民在新民主主义革命和社会主义革命、建设过程中对人权实践的有益探索对马克思主义人权理论中国化的形成也有重要影响。这一过程主要是由毛泽东领导全党和全国人民所实现的,所形成的许多重要人权理论对改革开放以来的中国人权建设影响深远。如毛泽东所提出的国家独立权是实现生存权的首要条件,人民民主权对国家独立权的依赖,这一理论对于后来所提出的"国权比人权重要得多"的思想起到了直接影响。其次,对人权保障的理论与实践作了探索,例如在民主革命时期几乎所有的抗日根据地都颁布了保障人权条例,这对后来的人权保障立法的制定产生了一定影响。此外,还强调权利的阶级性和集体人权,培养个人对集体的认同,这成为后来个人人权与集体人权关系论述的先导。同时还强调权利实现的现实性,如1954年宪法就规定公民享有言论、出版、集会、结社、游行、示威自由等各项权利,规定国家要为公民行使这些权利提供物质上的便利,这对于后来人权建设中注重人权实现的现实基础起到了立法先导的作用。所以新民主主义革命和社会主义革命、建设时期的人权探索也为马克思主义人权理论中国化提供了理论上的借鉴。

第三章 改革开放以来马克思主义人权理论中国化的发展轨迹

享有充分的人权是中国人民长期以来的奋斗目标,但自新中国成立后相当长一段时间,人权都被认为是资产阶级的专利,许多人认为马克思主义是否定人权的,人权研究被打入冷宫,现实中的人权保障也被极大忽视,以至于发生了"文化大革命"这样的人权灾难,这种状况一直持续到改革开放。改革开放以来党和国家对人权的认识重新回到了正确的轨道,马克思主义人权理论逐步成为我国人权建设的根本指引,马克思主义人权理论中国化得以逐步实现,对改革开放以来马克思主义人权理论中国化的发展轨迹可划分为三个阶段。

一、在探索中寻求突破的阶段

第一阶段从1978年到1991年,这是马克思主义人权理论中国化在探索中寻求突破的阶段。这一阶段马克思主义人权理论中国化的启动是从思想解放开始的。粉碎"四人帮"以后,随着真理标准大讨论的展开及党的十一届三中全会确立了实事求是的思想路线,我国理论界掀起了思想解放的大潮,对于人权问题的讨论主要围绕"人权是不是资产阶级的口号,社会主义能不能使用人权概念"这一问题而展开,由此形成两种截然对立的观点:一种观点认为人权是资产阶级的口号和意识形态,社会主义不应使用这一概念,甚至于有人认为在无产阶级专政条件下,讲人权是向党和政府示威;另一种观点认为人权不是资产阶级的专利,社会主义也应讲人权,社会主义与人权在本质上是统一的,将人权视做资产阶级专利不符合社会主义基本原理。还有一种中间观点认为人权虽是资产阶级专利,但无产阶级在特定意义上可作为自己的"辅助口号"加以使用。① 这次大讨论的出现主要基于对"文革"中林彪、"四人帮"破坏社会主义民主、法制行为的清算,在"文革"中人民失去了基本的自由与人权,许多人受"文革"错误影响,对人权产生了错误认识。对此,许多学者站在马克思主义人权观立场上同错误人权理论展开了斗争,这一时期关于人权问题的讨论是十分激烈的,仅1979年报纸杂志上发表的人权类文章达到40多篇,几乎是建国以来30年发表的人权类文章的总和。② 讨论中主要的论文有肖蔚云、罗豪才等《马克思主义怎样看待"人权"问题》,吴大英、刘瀚《对人权要作历史的具体的分析》,蓝瑛《"人权"从来就是资产阶级的口号吗?——同肖蔚云等同志商榷》,徐炳《论"人权"与"公民权"》。这一时期国际斗争也开始日趋激烈,20世纪70年代末美国开始将人权外交推向中国,国内一些敌对分子成立所谓"人权组织",反党反社会主义,国际斗争的发展要求我们必须回答人权与社会主义的关系问题。

进入20世纪80年代初,学界对人性、人道主义、人的异化问题展开了讨论,为人权研究的开展作了有益铺垫,关于马克思主义人权观、公民基本权利等问题的研究都在一定程度上展开。1982年,《红旗》杂志上发表了沈宝祥等撰写的《关于国际领域的人权问题》一文,指出"西方宣传机器不断对中国社会和人权状况进行歪曲报道。他们污蔑社会主义制度违反了所谓'人权',某些人煽动并支持我们国内某些唯恐天下不乱的人以人权为幌子进行活动"。强调"社会主义与人权是一致的","宪法规定的原则,使中国保障基本人权有了最坚实的基础"。宪法中关于公民权利的规定"都是基本人权的具体表现"。③ 这一时期的讨论预示着对人权问题的认识已逐步恢复到马克思主义人权观的正确轨道上。

---

① 参见孙哲:《新人权论》,河南人民出版社1992年版,第124页。
② 参见徐显明:《人权研究》(第八卷),山东人民出版社2009年版,第1页。
③ 沈宝祥、王诚权、李泽锐:《关于国际领域的人权问题》,载《红旗》,1982年第8期。

为树立人权问题上的正确认识，实现马克思主义人权理论中国化，邓小平第一次站在马克思主义立场上对人权与社会主义关系作出了科学回答，他从国际人权斗争的战略高度，公开阐明其对人权的基本看法，邓小平指出："什么是人权？首先一条，是多少人的人权？是少数人的人权，还是多数人的人权，全国人民的人权？西方世界的所谓'人权'和我们讲的人权，本质上是两回事，观点不同。"① 这一论述阐明了社会主义人权的本质及与资本主义人权的实质区分，打破了理论研究的禁区，成为中国特色人权理论构建的起点，意义重大。

1988年，《世界人权宣言》发表40周年之时，针对国内外敌对势力将社会主义中国描绘成"反对人权"的阴谋，学术界发表了一系列文章论述社会主义对人权的尊重，批判敌对势力借人权干涉内政的行径，对人权确立为资产阶级口号的看法予以批驳②，由此形成改革开放以来对第一次人权大讨论的延续。主要文章有刘星汉《国际人权保障与美国人权外交》（载《复旦学报》，1988年第1期）、沈宝祥《社会主义与人权》（载《光明日报》，1988年12月8日）、魏敏《探讨有关人权的几个问题》（载《人民日报》，1988年12月3日）、马俊等《〈世界人权宣言〉四十周年》（载《人民日报》，1988年12月10日）等。

通观20世纪80年代的研究，虽然取得了一些有益成果，但由于长期以来对人权的错误认识，加之西方人权外交的攻击，此阶段在人权问题上还未能自觉运用马克思主义人权理论来研究中国人权实际，关于人权仍然存在诸多误解，很多人仍然将马克思主义与人权相对立，人权问题理论禁区还未完全打破。

1989年春夏之交的政治动乱的发生，既是新中国成立以来所经历的艰难考验，又从一个侧面说明正因人权认识混乱才导致很多人被西方人权的蛊惑所诱骗从而引发了一场政治灾难。动乱过后针对不明真相的人对中国人权问题的指责，党运用马克思主义立场、观点、方法，对人权问题如何认识作了

---

① 《邓小平文选》第3卷，人民出版社1993年版，第125页。
② 参见孙哲：《新人权论》，河南人民出版社1992年版，第125页。

正面回应。1989年7月20日,江泽民在全国宣传部长会议上的讲话中指出,要解决如何运用马克思主义观点来看待"民主、自由、人权"问题,提出要用马克思主义的基本观点正确而通俗地解释民主、自由、人权。邓小平针对"人权高于主权"的论调,依据马克思主义人权理论提出"国权比人权重要得多"的国际人权理论,1989年10月,邓小平在会见美国前总统尼克松时指出:"人们支持人权,但不要忘记还有一个国权。谈到人格,但不要忘记还有一个国格。特别是像我们这样第三世界的发展中国家,没有民族自尊心,不珍惜自己民族的独立,国家是立不起来的。"[1] 这充分表达了我们反对霸权主义和强权政治,维护国际人权保障体制建设的决心。1990年,党中央明确提出:"要理直气壮地宣传中国关于人权、民主、自由的观点和维护人权、实行民主的真实情况,把人权、民主、自由的旗帜掌握在我们手中。"理论界一方面驳斥西方利用人权干涉中国社会主义建设之阴谋,运用马克思主义人权理论分析人权的阶级性、民族文化性;另一方面从更深层探讨人权的理论基础、概念、本质、来源、产生发展、人权与主权、人权与法制、社会主义人权保障等,既重视对资产阶级人权的批判,也重视对马克思主义人权观的研究,1989年和1991年,中宣部先后召开了几次人权问题的专家座谈会,传达党中央对人权研究问题的批示,号召大家深入研究人权,与会专家表达了要实事求是研究我国人权状况,正确应对西方人权干预的建议,人权研究开始解冻,理论界掀起了又一次探讨人权的热潮。这次讨论与前面不同的是具有深刻的国际国内背景,从国际上看苏东剧变使国际敌对势力将斗争矛头主要对准了中国,他们以"民主、自由、人权"对中国实施和平演变,从国内来看由于对思想政治教育的放松,西方"民主、人权"思想对一部分青年产生了负面影响,使他们对人权问题有了错误认识,有必要运用马克思主义人权理论教育人们。

1991年,中国政府发布《中国的人权状况》白皮书,从十个方面对中国人权实践作了介绍,包括生存权、政治权利、经济社会和文化权利等,用丰富的事实和数据阐述了中国对人权问题的基本立场、政策,有力回击了西方

---

[1] 《邓小平文选》第3卷,人民出版社1993年版,第331页。

人权攻击，使人们消除了对中国人权的误解，为人权学术研究指明了方向，这是新中国成立以来中国政府首次正面肯定人权在中国政治中的地位，人权禁区终于被打破，此后出现了人权研究的热潮，仅1991年当年就发表论文262篇，进一步推动了人权理论的深入研究。

在这一时期，党全面纠正"文化大革命"以及过去的"左倾"错误，确立了解放思想、实事求是的思想路线，作出了把工作重点转移到国家经济建设上来的战略决策。政治上发展民主的同时在经济上实行改革，反复强调"贫穷不是社会主义，社会主义要消灭贫穷。不发展生产力，不提高人民生活水平，不能说是符合社会主义的需求"①。消灭贫穷，实现人民生存、发展权利，才是真正坚持社会主义。1987年，党的十三大规定了"三步走"的经济发展战略部署，即第一步，实现国民生产总值比1980年翻一番，解决人民的温饱问题；第二步，到本世纪末，使国民生产总值再增长一倍，人民生活达到小康水平；第三步，到下个世纪中叶（即21世纪中叶），人均国民生产总值达到中等发达国家水平，人民生活比较富裕，基本实现现代化。中国经过十多年的改革开放，经济进入到持续、快速发展阶段，1990年中国经济总量已跃居世界第十位，发展中国家第二位，为人权改善提供了经济基础。

在民主法制建设方面，针对"文革"中不讲人权、民主、法制的教训，邓小平提出了必须构建民主、法制的社会主义人权保障措施。② 中国的民主政治、法制建设逐步走入了正轨。在民主政治建设方面，在"文化大革命"中，人民代表大会制度遭受到严重破坏，1979年7月1日，五届全国人大二次会议表决通过了《关于修正中华人民共和国宪法若干规定的决议》和七部法律，这次会议通过法律明确规定县级以上地方各级人大设立常委会。1979年下半年，在县、自治县、不设区的市和市辖区进行人大代表直接选举试点的基础上，首批66个县级人大常委会在试点中产生了，这标志着人民代表大会制度重新成为中国人民行使民主权利的重要途径。此后，我国的人民代表大会制度不断健全完善，各级人大代表来自社会各界，真正代表人民行使管理国家

---

① 《邓小平文选》第3卷，人民出版社1993年版，第116页。
② 参见《邓小平文选》第2卷，人民出版社1994年版，第359页。

和社会事务的权利。改革开放后还逐步完善了多党合作和政治协商制度,充分发挥民主党派参政议政的权利。1982年,中共十二大提出与各民主党派"长期共存,互相监督,肝胆相照,荣辱与共"的方针,为保障各民主党派发挥民主监督、参政议政权利确立了根本依据。1989年,中共中央发布的14号文件对各民主党派的性质、任务作了界定,提出要进一步充分发挥民主党派、无党派人士的参政议政作用。在维护少数民族自治权利建设方面,1984年颁布施行了《中华人民共和国民族区域自治法》,通过健全和发展民族区域自治制度,保障了各少数民族能享有充分的民主政治权利。在基层民主方面,自1980年2月广西宜山地区出现第一个由村民自发选举产生的村委会以来,我国村民自治政策逐步得到加强和完善。1989年,七届人大常委会第十一次会议通过了《中华人民共和国城市居民委员会组织法》,为规范城市居民自治建设提供了法律依据。在保证公民选举权利方面,1979年五届全国人大二次会议通过了《中华人民共和国全国人民代表大会和地方各级人民代表大会选举法》,扩大了人民当家作主的权利,使选举制度进一步民主化。后来为适应民主发展的需要,全国人大及常委会在1982年和1986年对1979年《选举法》进行了两次修改,不断扩大人民民主选举的权利。

在法制建设方面,1978年十一届三中全会明确提出了"有法可依,有法必依,执法必严,违法必究"的法制建设方针,确立了法制对人权的保障原则。1978年12月,邓小平在中央工作会议闭幕会上的讲话中提出:"现在的问题是法律很不完备,很多法律还没有制定出来。往往把领导人说的话当作'法',不赞成领导人说的话就叫做'违法',领导人说的话改变了,'法'也就跟着改变。所以,应该集中力量制定刑法、民法、诉讼法和其他各种必要的法律。"[①] 他还指出:"我们的民主制度还有不完善的地方,要制定一系列的法律、法令和条例,使民主制度化、法律化。""要使我们的宪法更加完备、周密、准确,能够切实保证人民真正享有管理国家各级组织和各项企业事业的权力,享有充分的公民权利。"[②] 这种对人权认识的变化在国家根本大法中

---

① 《邓小平文选》第2卷,人民出版社1994年版,第255页
② 同上,第339页。

很快就体现出来，1982年12月4日修改通过的中华人民共和国第四部《宪法》即现行《宪法》，突出强调了民主与法制两大宪政原则对人权的保护，体现在：一是关于公民基本权利的规定比历次宪法都更为广泛，且规定国家要为公民权利的实现采取相应的政策保障；二是将"发展社会主义民主、健全社会主义法制"确定为国家的根本任务之一，凸显了宪法的权威和法制的重要性，使人权实现具有民主与法制的保障。明确规定："全国各族人民、一切国家机关和武装力量、各政党和社会团体、各个事业组织，都必须以宪法为根本的活动准则，并且负有维护宪法尊严，保证宪法实施的职责；任何组织和个人都不得有超越宪法和法律的特权。"自1979年以来，全国人大及常委会就把立法工作摆到了重要议事日程，加强法制对人权的保障，据统计五届、六届、七届人大及常委会先后制定了138部法律，对10部法律进行了修改①，一些基本法律如《民法通则》和一系列单行民事法律、刑法、三大诉讼法，以及一批经济、保障公民权利、涉外、行政管理方面的重要法律都在这一时期出台，为人权保障奠定了法制基础。

改革开放后中国政府还积极发展文化事业，提高人民享有文化权利的水平，1981年全国公共图书馆1787个，博物馆383个。全国共有广播电台114座，发射台和转播台482座，电视中心台42座，1000瓦以上的电视发射台和转播台265座。全国性和省一级报纸全年出版140.7亿份，各类杂志出版14.6亿册；到了1991年末全国共有公共图书馆2536个，博物馆1097个，广播电台724座，中、短波广播发射台和转播台703座，电视台541座，1000瓦以上电视发射台和转播台974座。全国性和省级报纸全年出版175.1亿份，各类杂志出版20.8亿册，图书出版62亿册（张），文化建设的发展丰富了人民文化生活。在教育方面一组数字也充分反映了教育发展程度的提高，1981年，全国高等学校在校学生128万人，中等专业学校在校学生106.9万人；到1991年，全国普通高等学校招收本、专科学生62万人，在校学生总数达

---

① 参见中国人权研究会：《新世纪中国人权》，团结出版社2005年版，第178页。

204.4万人,各类中等职业技术学校在校学生也达到633.2万人①,使更多的人接受国家提供的教育机会。

二、步入正轨阶段

第二阶段从1992年到2002年,这是马克思主义人权理论中国化进入快速发展的十年。1992年,邓小平南方讲话对社会主义人权实现路径作了明确说明,指出"发展才是硬道理",社会主义本质与社会主义人权保障目标高度一致,邓小平曾经反复强调,"我国当前压倒一切的任务就是一心一意地搞四化建设","中国要发展自己,关键是发展经济"②,"不坚持社会主义,不改革开放,不发展经济,不改善人民生活,只能是死路一条"③。这为马克思主义人权理论中国化的快速发展指明了方向。

针对这一时期西方频繁借人权问题干预我国内政的做法,我们继续坚持在人权与主权问题上的一贯立场,认为人权是一国主权范围内的事,反对以人权为借口干涉别国内政,"只要世界上还存在不同的国家,只要我们这个星球上的人民还生活在不同的国度里,人权问题就始终属于一个国家的内部事务。任何一个国家的人权事业,不管这个国家是大是小、是强是弱,都应由本国政府依靠自己的人民自主去解决。这是个基本原则。……中国政府和人民不赞成以'人道主义危机'为借口任意干涉一个国家的内政,更反对在未经安理会授权的情况下以武力进行所谓'人道主义干预'"④。

1993年,"人权研究资料丛书"由四川人民出版社出版,其中专门整理了马克思主义人权理论,为今后人权研究提供了资料支持,中宣部、中国社会科学院、中国法学会等召开了许多人权理论研讨会,围绕马克思主义人权理论与西方人权、主权与人权、人权保障等问题展开讨论,形成人权研究的

---

① 参见中华人民共和国国家统计局:《1991年国民经济和社会发展统计公报》,载《中国统计》,1992年第3期。
② 《邓小平文选》第3卷,人民出版社1993年版,第375页。
③ 同上,第361页。
④ 《江泽民接受法国〈费加罗报〉采访时的讲话》,载《人民日报》,1999年10月26日。

热潮，有些机构还成立了专门的人权研究中心。

这一阶段党对人权的认识有了重大突破，主要集中于以下几方面：一是对人权普遍性与特殊性的论述是这一时期对马克思主义人权理论的坚持和发展，人权问题具有普遍性，同时人权的实现与各国经济、社会、文化发展等密切相关，各自具有特殊性，反对以人权普遍性为名干涉各国内政。1997年10月29日，江泽民在与克林顿会见后举行的联合记者招待会上的讲话时也指出："我们居住的这个世界是丰富多彩的，民主、人权、自由的观念是相对的，具体的，是由不同国家的具体国情决定的。在人权这类问题上，可以在不干涉别国内政的基础上开展讨论。"[①]

二是提出人权是具体丰富的，在坚持生存权、发展权是首要人权基础上，提出即要保障人民经济、社会、文化权利，又要保证人民享有公民权利和政治权利。1997年4月7日，江泽民在会见法国国防部长夏尔·米永和驻华大使毛磊时说："中国政府根据人权的普遍性原则和具体国情，努力实现人民的生存权和发展权，极大地提高了人们享受经济、社会和文化权利的水平。与此同时，中国不断完善民主法制建设，保障人民的公民权利和政治权利。今天，中国人民正享受着广泛的人权。"[②]

三是"三个代表"重要思想的提出极大丰富了马克思主义的人权理论。首先，代表中国先进生产力的发展要求，是江泽民"三个代表"重要思想的首要问题，生产力是社会存在和发展的前提，以发展社会生产力为手段来达到满足人民群众生活需要的最终目的，这不仅是人权评价的一个最基本的参照系，而且其本身也内在地包含了提高人民生活质量的生存发展权的思想，这也是我国人权保障的一大特点。其次，人权是人类文化发展的结果。不同的文化传统，必将带来不同的人权形态，因为文化和文明传统的差异对人权的影响是深刻、广泛的，代表先进文化必然代表先进的人权形态。"三个代表"强调代表先进文化的前进方向，着眼于满足人的精神需求，根本目的是要实现人民群众的文化权利。最后，"三个代表"强调代表最广大人民的根本

[①] 《江泽民同克林顿举行联合记者招待会》，载《人民日报》，1997年10月31日。
[②] 转引自吴忠希：《中国人权思想史略》，学林出版社2004年版，第242页。

利益,而不是一部分人,更不是少数人,这就最大限度地体现了社会主义人权主体的广泛性,最大多数人利益的实现是人权的本质要求和最终体现。江泽民指出:"保障绝大多数人的根本利益,是我国在人权问题上的出发点。"①这表明在我国的人权词典中,人权主体的广泛性无疑是人权的灵魂。所以"三个代表"重要思想包含着丰富的人权内涵和人权理论,在多个方面继承和发展了马克思主义人权理论。

这一时期在党的报告中也开始出现了人权保障的提法,1997年江泽民在党的十五大报告中第一次立足于共产党执政本质的高度提出:"共产党执政就是领导和支持人民掌握管理国家的权力,实行民主选举、民主决策、民主管理和民主监督,保证人民依法享有广泛的权利和自由,尊重和保障人权",首次将人权写入了党的全国代表大会的主题报告中,尊重和保障人权成为共产党执政的基本目标被纳入到党的行动纲领之中,也成为改革开放和现代化建设发展战略的一个重要主题。2002年11月,党的十六大报告在论述"坚持和完善社会主义民主制度"部分中提出:"健全民主制度,丰富民主形式,扩大公民有序的政治参与,保证人民依法实行民主选举、民主决策、民主管理和民主监督,享有广泛的权利和自由,尊重和保障人权。"将"尊重和保障人权"确立为党和国家发展的重要目标。党对人权事业的逐步重视,说明人权正成为党执政的一个重要指导思想,马克思主义人权理论中国化进程步入快速发展阶段。

这一时期党依据马克思主义基本原理,针对中国实际对马克思主义人权理论作了发展创新,提出生存权、发展权是发展中国家首要人权的主张。江泽民指出,"今天,我国人民享受的人权保障,是过去从来没有的。中国是一个有十二亿人口的发展中国家,这个国情决定了在中国生存权、发展权是最基本最重要的人权。"②"民主、自由和人权的一个根本问题,是人在社会上的生存权和发展权,也就是人能否真正掌握自己命运的权利。"③ 为此,必须

---

① 《江泽民与优秀残疾人和助残先进集体、个人代表座谈时的讲话》,载《人民日报》,1991年5月11日。
② 《江泽民论有中国特色社会主义(专题摘编)》,中央文献出版社2002年版,第323页。
③ 同上,第322页。

坚持以经济建设为中心。这一阶段通过经济建设，人民的生存权、发展权得到了较快的发展。生存权享有水平的一个重要指标是消费的恩格尔系数，1980—2000 年，我国城市居民消费的恩格尔系数由 56.9% 下降到 39.4%，年平均下降 0.9 个百分点；农村居民消费的恩格尔系数由 61.8% 下降到 49.1%，年均下降 0.6 个百分点。① 2001 年，城镇居民人均可支配收入已从 1978 年的 343 元增长到 6860 元，农村居民人均收入从 1978 年的 134 元增至 2366 元，1978 年贫困人口是 2.5 亿，到 2002 年末，农村贫困人口已下降到 2820 万人。1997 年 10 月，中国政府还签署了《经济、社会和文化权利国际公约》，2001 年九届人大常委会第二十次会议审议通过了该公约，也充分表明了我国政府保障人民基本人权的决心。

在民主政治建设方面不断推进，从各方面增强人民民主权利的行使。在 1995 年《选举法》作出再次修改，将全国和省、自治区农村与城市每一代表所代表的人口数比例确定为 4∶1，有效提高了民主权利的行使程度。在保障民主党派行使民主权利方面，1993 年，八届全国人大一次会议将"中国共产党领导的多党合作和政治协商制度将长期存在和发展"明确载入宪法，上升为国家意志。1997 年，中共十五大将坚持和完善这项制度纳入社会主义初级阶段的基本纲领。2000 年 12 月 31 日，《中共中央关于加强统一战线工作的决定》将这四条准则发展为：坚持中国共产党的领导，坚持以邓小平理论为指导，坚持社会主义初级阶段的基本路线和基本纲领，坚持"长期共存、互相监督、肝胆相照、荣辱与共"的基本方针。2002 年，中共十六大又把坚持和完善这项制度写入今后必须长期坚持的十条基本经验。在民族自治建设方面，民族自治地方充分行使自治权，截至 1998 年底，民族自治地方共制定自治条例 126 个，单行条例 209 个，在中央大力扶持下，民族自治地方建设发展迅速，自 1997 年以来民族地区国民生产总值增长率就连续多年高于中国平均水平。在基层民主建设方面，1998 年，第九届全国人大常务委员会通过了《中华人民共和国村民委员会组织法》，进一步加强和扩大基层民主，推进农村的民主制度建设，建立村民民主自治制度，保障人民的权利。在 1997 年和 1999

---

① 参见中国人权研究会：《新世纪中国人权》，团结出版社 2005 年版，第 126 页。

年,中国政府还分别对香港和澳门恢复行使主权,在这两个地区实施特别行政区制度,保持两地高度自治权,既维护了国家主权,又保障了两地人权发展的延续,在我国民主政治建设中具有重要意义。1998年10月,中国政府还签署了《公民权利和政治权利国际公约》,向世界表明了中国政府保障人民民主权利的决心。

在法制建设方面,继续加强法制对人权实现的保障作用,在这一时期一系列重要的法律法规得以颁布实施,像《妇女权益保障法》、《行政复议法》、《行政诉讼法》、《国家赔偿法》、《合同法》、《仲裁法》、《消费者权益保护法》、《劳动法》等都与人权保障存在密切关联,同时一些重要的人权保障法律还作了修订,如1996年修改了《刑事诉讼法》,1997年修订了《刑法》,从人权保障视角使法律规定更为完善合理。1994年,司法部正式提出在全国开展法律援助工作试点的要求,对社会弱势群体人权保障具有重要的法律意义。1999年3月,九届全国人大二次会议通过宪法修正案,将"依法治国,建设社会主义法治国家"载入宪法,依法治国的实施不仅代表国家治国理政方式的变化,更意味着人权保障将真正纳入法治的轨道,为人权实现奠定了法治基础。

在文化教育建设方面也是硕果累累,到2002年全国共有广播电台306座,中短波广播发射台和转播台770座,电视台360座,全国有线电视用户9638万户,全国广播综合人口覆盖率达到93.2%,电视综合人口覆盖率达94.5%,杂志出版量29.6亿册,图书67.5亿册。全国普通高等教育招生321万人,在校生903万人;成人高等教育招生222万人,在校生559万人。全国研究生教育招生20万人,在学研究生50万人。[①] 国家整体文化教育发展水平明显提高,为人权的充分实现奠定了良好的文化基础。

三、科学发展新阶段

从2002年至今,这是马克思主义人权理论中国化进入科学发展的新阶

[①] 参见中华人民共和国国家统计局:《2002年国民经济和社会发展统计公报》,载《中国统计》,2003年第3期。

段。党的十六大召开后以胡锦涛总书记为核心的党中央提出了构建社会主义和谐社会和实施科学发展观的重大战略,将保障人权确立为国家建设的重要方针,使马克思主义人权理论中国化得以更为深入地发展。

2003年10月,党的十六届三中全会提出坚持以人为本的科学发展观,强调科学发展观的核心和本质是"以人为本",而"以人为本"说到底就是要尊重和保障人民的人权,包括经济、政治、文化、社会权利等。2004年9月,党的十六届四中全会通过《关于加强党的执政能力建设的决定》,强调党必须坚持科学执政、民主执政、依法执政,并把"尊重和保障人权,保证人民依法享有广泛的权利和自由"作为加强党的执政能力建设的重要内容。2006年3月,十届全国人大四次会议批准了《国民经济和社会发展第十一个五年规划纲要》,其中明确提出"尊重和保障人权,促进人权事业的全面发展",首次将人权发展列为现代化建设事业重要组成部分纳入国家发展规划。同年10月,党的十六届六中全会通过《关于构建社会主义和谐社会若干重大问题的决定》,进一步将尊重和保障人权提高到构建和谐社会建设高度,将"人民的权益得到切实尊重和保障"列为构建和谐社会的第一项目标任务,将"尊重和保障人权,依法保证公民权利和自由"作为加强制度建设、保障公平正义的首要内容。这份文件将尊重和保障人权贯穿于构建社会主义和谐社会的目标任务、基本原则和总体要求中,人权已成为和谐社会构建的重要基石。2007年10月,党的十七大报告首次把人权事业的发展作为党和国家事业发展的重要方面在党的报告中加以总结,报告指出过去五年"人权事业健康发展",提出要"尊重和保障人权,依法保障全体社会成员平等参与、平等发展的权利"。十七大报告中关于人权的论述,大大深化了党和国家对人权主体、原则、内容、实现途径等问题的认识,突出表现在:一是在人权领域彻底贯彻以人为本原则,将人权主体确立为全体社会成员,体现了中国人权保障广泛性的特点;二是强调保障人权的核心内容是保障全体社会成员参与和发展的权利,体现了人民当家作主的社会主义本质;三是强调平等原则在人权保障中的特殊地位;四是强调法治对人权实现的重要作用,强调法治是尊重和保障人权的根本途径。十七大通过的《中国共产党章程(修正案)》也专门增加了尊重和保障人权,建立健全民主选举、民主决策、民主管理、民主监督的制度和程序等内容。

2009年4月,中国政府制定颁布了第一个以人权为主题的国家规划——《国家人权行动计划(2009—2010)》,该计划是为贯彻联合国大会1993年通过的《维也纳宣言和行动纲领》的要求而制定的,迄今世界已有26个国家制定过此类计划,中国是世界大国中第一个制定此类计划的国家。该计划以十七大报告关于扩大民主、改善民生、加强法治、保障人权的理论为指导,对2009—2010年中国人权发展事业的具体目标作了全面规划,将中国政府保障人权的目标和措施落实到政治、经济、文化和社会建设等各个领域,有力地推动各行各业和全社会尊重、保障人权理念的落实。2012年6月11日,国家又颁布了《国家人权行动计划(2012—2015)》,对未来三年的人权发展作了部署,涉及经济、社会和文化权利,公民权利和政治权利,少数民族、妇女、儿童、老年人和残疾人的权利,人权教育,国际人权条约义务的履行和国际人权交流与合作以及这些计划的实施和监督,对未来人权发展作出了更全面的规划,彰显了中国政府促进和保障人权的决心和信心。

在这一阶段中国经济、社会发展高速前进,中国人的生活水平实现了极大提高,人民生存权、发展权状况得到极大改善。截至2012年底,中国国内生产总值达519322亿元,这一发展阶段年均增长率都超过9%,快于世界同期经济增速6.8%,中国人均国内生产总值达38354元,城镇居民可支配收入达24565元,农村居民人均纯收入达7917元。[①] 从1990年到2008年,中国成为全球唯一提前实现联合国关于贫困人口减半的千年发展目标国家。在世界贫困人口逐年增加,贫困程度不断加深的背景下,中国的贫困人口却在每年大幅减少,成为世界上贫困人口减少最快的国家。联合国和世界银行认为在近25年全人类取得的扶贫事业中,三分之二应归功于中国,中国成为发展中国家的楷模。

在民主政治建设方面,2005年中共中央根据十六大对加强社会主义民主政治建设的要求,在总结贯彻落实《中共中央关于坚持和完善中国共产党领

---

① 参见中华人民共和国国家统计局:《2012年国民经济和社会发展统计公报》,载《中国统计》,2013年第3期。

导的多党合作和政治协商制度的意见》的基础上，制定并颁布了《中共中央关于进一步加强中国共产党领导的多党合作和政治协商制度建设的意见》，2006年又颁布了《中共中央关于加强人民政协工作的意见》，从而使我国多党合作和政治协商制度的建设在新世纪新阶段迈开了新的步伐。在基层民主建设上，2010年《选举法》作了第五次修改，规定城乡按相同人口比例选举人大代表，进一步增加了人大代表的广泛性，保障选民和代表的选举权利，规定任何组织或者个人都不得以任何方式干预选民或者代表自由行使选举权，这些规定都为人民政治权利的行使提供了更为有效的保障，保障了人民平等权的实现。在民族区域自治建设方面，2001年2月，全国人大常委会对《民族区域自治法》进行修改，将民族区域自治提升为国家一项基本政治制度，增加了在民族自治地方实行特殊政策、加大对民族自治地方投入、加快民族自治地方发展等规定。以西藏为例，2009年西藏自治区生产总值达437亿元，农牧民人均纯收入达3589元，地方财政一般预算收入达30亿元，连续四年保持20%以上的增长速度。① 提前一年实现让80%住房条件较差的农牧民住上安全适用房屋的目标。

在法治建设方面，2004年3月，十届全国人大二次会议通过了宪法修正案，首次将"人权"写入宪法，修改后的宪法第三十三条增加一款，作为第三款，即"国家尊重和保障人权"。将"人权"写入宪法，以立法形式确认人权保障，使人权由政治概念提升为法律概念，将党和政府的执政理念提升为国家建设的根本指导，由党和政府的政策上升为国家根本大法的高度，成为国家发展的基本理念，充分体现了"立党为公、执政为民"的执政理念。此次修宪的14条修正案有12条与人权相关，包括公民合法私有财产受到更为严格的保护，社会保障条款成为生存权保障的基石等。"人权入宪"标志着人权保障成为宪法理念、价值的核心，中国由此进入了一个人权保障的新时代，这是中国民主政治和宪政建设的一个重要里程碑。在保障人权理念指引下，各部门法的建设在这一阶段都取得了巨大发展，立法数目不断增多，各

---

① 参见《2009年西藏自治区国民经济和社会发展统计公报（一）》，载《西藏发展论坛》，2010年第2期。

部门法对人权的保障更为强化，《物权法》、《侵权责任法》、《行政许可法》、多个刑法修正案等法律法规的出台都对人权保障起到了重要作用。经过改革开放以来的不懈努力，中国已形成包括宪法及宪法相关法、民商法、行政法、经济法、刑法、社会法和诉讼法七大门类的法律体系，中国特色社会主义法律体系已基本形成，这为人权实现打下了坚实的法治基础。

在人权发展的文化建设方面，这一阶段加大了公共文化服务建设，将保障人民群众享有基本文化权利作为国家文化建设的重点。自1999年3月全国人大会议上明确提出要把实现"村村通广播电视工作"列入国家计划项目以来，广播电视事业发展迅速，2012年年末广播节目综合人口覆盖率为97.5%；电视节目综合人口覆盖率为98.2%，2010年基本形成了覆盖城乡的数字文化服务网络，实现了文化信息资源共享的"村村通"。2003年，国务院颁布《公共文化体育设施条例》，为公共文化设施建设和管理提供了法律保障。2005年，国家还制定了关于进一步加强农村文化建设和加强公共文化服务体系建设的相关文件，对公共文化服务体系建设作了总体部署。截至2012年末，公共文化服务建设取得了巨大发展，全国博物馆达2838座，公共图书馆2975个，文化馆3286个。有线电视用户2.14亿户，有线数字电视用户1.43亿户。全年生产故事影片745部，科教、纪录、动画和特种影片148部。出版各类报纸476亿份，各类期刊34亿册，图书81亿册（张）。此外，还加大科技投入，普及科学知识，让人民共享科技进步带来的发展权利。2012年，全年研究与试验发展（R&D）经费支出10240亿元，比上年增长17.9%，占国内生产总值的1.97%，其中基础研究经费就占到498亿元。教育发展成果更为巨大，2012年全年研究生教育招生59万人，在学研究生172万人。普通高等教育本专科招生688.8万人，在校生2391.3万人。各类中等职业教育招生761万人，在校生2120.3万人。① 人民享有科技文化权利的水平显著提高。

这一时期人权研究已成为学术研究的绝对热点，每年发表的人权类论文有几千篇之多，其中有许多都涉及马克思主义人权理论中国化研究问题。各

---

① 参见中华人民共和国国家统计局：《2012年国民经济和社会发展统计公报》，载《中国统计》，2013年第3期。

种人权研究中心也纷纷成立，教学、科研、实务部分的大量专家学者都投入到人权研究中，各类级别的人权学术性会议定期召开，学术界从各个领域对人权问题展开了深入细致的研究，有力支持了中国人权理论的发展。

第四章 改革开放以来马克思主义人权理论中国化的重大理论创新

马克思主义人权理论中国化侧重于运用马克思主义人权理论推动中国人权发展的过程,而这一过程所形成的重大理论创新就是关于中国人权事业发展的正确的理论原则、经验总结,即中国化马克思主义人权理论。如果没有这一理论成果,马克思主义人权理论中国化只能成为一段简单的过程,不可能成功实现马克思主义人权理论与中国实际的结合,如果没有这一理论成果,中国人权建设将会失去理论指引而迷失方向,所以研究中国化马克思主义人权理论既是为了总结马克思主义人权理论中国化过程中所形成的重大理论创新,也为明确中国人权建设的理论指引。关于中国化马克思主义人权理论内容丰富,凝聚着改革开放以来党的三代领导集体对人权实践的探索所形成的成果,是一个丰富的理论体系,同时它具有鲜明的理论特色,对人权实践与理论研究具有重要意义。

一、中国化马克思主义人权理论的理论形态、指导思想、基本原则

中国化马克思主义人权理论之所以构成独立的理论体系,是因其具备完整的理论形态、特定的指导思想和基本原则。

（一）理论形态

中国化马克思主义人权理论的具体形态体现为邓小平、江泽民的人权理论及科学发展观所蕴含的人权观点，包含在这些理论形态中的主题是"什么是符合中国实际的人权，怎样构建中国人权"。围绕这一主题，邓小平在改革开放后紧紧抓住这一基本问题，运用马克思主义人权理论与中国实际相结合，在建设有中国特色社会主义总体思想指引下，从我国的基本人权状况、国际人权发展特征出发，依据党的宗旨和治国目标，对我国社会主义初级阶段人权发展的本质、目标、发展途径与手段、发展阶段、人权与主权关系、外部条件、时代状况等一系列问题作了全面系统阐述，第一次比较系统地回答了怎样科学认识人权问题，中国人权如何发展的问题，对马克思主义人权理论作了重大发展，也是对中国化马克思主义人权理论的重大发展，其具体内容表现在：

第一，确立人权思想的立足点——人民人权，指出人权应是人作为特定社会成员的权利。邓小平针对许多人对人权的各种理解，明确指出西方世界的人权观必然要反映其社会的阶级性质，他们的所谓"人权"是少数资产阶级的特权，而我国社会主义人权是占人口绝大多数的人民的权利。人民成为社会主义人权的主体，这是我国人权思想的一个重要的立足点。正是由于人权的阶级实质和价值取向不同，导致两种人权观在对待人权问题上的一系列根本差异。

第二，将发展权列为首要人权的思想。第二次世界大战以后，西方发达国家为了维护其既得利益，总是力图阻挠和遏制发展中国家实现其民族自决权和发展权，广大发展中国家在经济上、政治上仍然遭受着种种不公正的待遇。针对这种情况，邓小平提出发展权作为生存权的逻辑延伸，是一项不可剥夺的人权。其内涵，一是指作为人权个体的人的全面自由的发展权利，包括享有政治权、文化权、受教育权等；二是指集体的发展权利。首先，发展是当代中国的主题。邓小平认为发展是中国的当务之急，提出了"发展才是硬道理"的著名论断。其次，发展是世界面临的核心问题，建立公正合理的国际经济政治新秩序以维护广大发展中国家的发展权利迫在眉睫。

第三，提出"国权比人权重要得多"的论断。国家主权又称国权，指一个国家对内统治权和对外独立权的统一。西方资本主义国家鼓吹"人权高于主权"，宣扬"人权至上"，为其干涉别国内政制造借口。邓小平指出："人们支持人权，但不要忘记还有一个国权。谈到人格，但不要忘记还有一个国格。特别是像我们这样第三世界的发展中国家，没有民族自尊心，不珍惜自己民族的独立，国家是立不起来的。"① 这说明国家主权是人权实现的基础和前提，人权从属于国权。人民的生存权、发展权、自由平等权等各种基本人权的实现，是由各个主权国家实行各项具体政策来保证的；国际领域的人权保护也依赖于各主权国家的共同认可和协同努力。

第四，保持社会稳定，促进经济发展，为社会主义人权的实现创造更有利的条件。社会稳定是实现人权的重要保障，只有社会稳定才能有和平的环境发展经济，才能充分保护人权的实现。邓小平特别强调稳定，他说："中国的问题，压倒一切的是需要稳定。"② 搞好经济建设是发展社会主义人权事业的关键。经济发展了，综合国力就会增强，国家主权就有了可靠的保障，人民生活水平才会有切实的提高，各项人权才有可能充分实现。为此，要始终坚持以经济建设为中心，坚持四项基本原则，坚持改革开放。

在邓小平人权探索的基础上，党的十三届四中全会后以江泽民为核心的党的领导集体继续对中国人权问题作了深入探析，在人权的普遍性与特殊性、人权实现的层次与水平、人权所包含的内容、人权的法治保障等方面作了深入分析，丰富和发展了邓小平对人权问题的认识，使中国人权理论的发展迈上了一个新台阶。江泽民的人权理论具体内容包括以下几方面：

第一，"三个代表"重要思想的提出极大丰富了马克思主义的人权理论。首先，代表中国先进生产力的发展要求，是江泽民"三个代表"重要思想的首要问题，生产力是社会存在和发展的前提，以发展社会生产力为手段来达到满足人民群众生活需要的最终目的，这不仅是人权评价的一个最基本的参照系，而且其本身也内在地包含了提高人民生活质量的生存发展权的思想，

---

① 《邓小平文选》第3卷，人民出版社1993年版，第331页。
② 同上，第284页。

这也是我国人权保障的一大特点。其次，人权是人类文化发展的结果。不同的文化传统，必将带来不同的人权形态，因为文化和文明传统的差异对人权的影响是深刻、广泛的，代表先进文化必然代表先进的人权形态。"三个代表"强调代表先进文化的前进方向，满足人们的精神文化需求，其目的之一就是要实现和维护人民群众在文化方面的权利。最后，"三个代表"强调代表最广大人民的根本利益，而不是一部分人，更不是少数人，这就最大限度地体现了社会主义人权主体的广泛性。最大多数人利益的实现是人权的本质要求和最终体现。江泽民指出："保障绝大多数人的根本利益，是我国在人权问题上的出发点。"① 这表明在我国的人权词典中，人权主体的广泛性无疑是人权的灵魂。所以"三个代表"重要思想包含着丰富的人权内涵和人权思想，在多个方面继承和发展了马克思主义人权理论。

第二，论述了人权的普遍性与特殊性问题。对人权的普遍性与特殊性问题，以往的马克思主义人权理论中虽蕴含这一思想但都没有作过科学地阐述。而江泽民明确指出，人权的普遍性不是抽象的，而是通过人的特殊性表现出来的。由于历史背景、社会制度、文化传统、经济发展水平不同，各国在实现人权的普遍性原则时，从内容到形式，从方法到步骤，都有各自特点。只有从各个国家的实际情况出发，才能使人权的普遍性原则得到真正实现，才有各国自己的人权特色，同时还指出人权的普遍性原则要与中国的具体实际相结合。这些论述体现了马克思主义人权普遍性与特殊性相统一原理的基本原则和活的灵魂，是马克思主义人权理论中国化的根本特征。

第三，在指导思想上对公民的人权实现提供了更多的保障，指明了人权发展的道路。以江泽民为核心的第三代领导集体，积极发展和扩大公民权利和政治权利。十五大召开之际，首次将"人权"概念写入党的全国代表大会的主题报告，将尊重和保障人权明确作为共产党执政的基本目标纳入党的行动纲领之中，同时作为政治体制改革和民主法制建设的一个重要主题纳入中国改革开放和现代化建设的跨世纪发展战略之中。在党的十六大报告中将

---

① 《江泽民与优秀残疾人和助残先进集体、个人代表座谈时的讲话》，载《人民日报》，1991年5月11日。

"尊重和保障人权"确立为新世纪新阶段党和国家发展的重要目标,这些都标志着我们党对社会主义民主政治与人权关系的认识达到了一个新的水平,为中国人权事业的发展提供了全新的角度。同时在人权保障问题上,进一步强调法律的重要作用,江泽民指出:"中国要不断完善民主与法制建设,保障人民的公民权利和政治权利。"① 这些思想都有力地保证了人权在中国的实现。

党的十六大以来以胡锦涛为总书记的新一代党的领导集体,站在新的历史起点上,在提出"科学发展观"的过程中,对"什么是符合中国实际的人权、怎样构建中国人权"作了进一步探讨,指出了人权科学发展的根本前提、世界观、方法论、实现途径等,开创了中国人权事业全面发展的新境界,丰富了马克思主义人权理论的内涵,为中国人权发展指明了思路和方向。

"以人为本"是科学发展观的本质和核心,它突出强调人的生存和发展问题。胡锦涛在谈到"以人为本"的内涵时指出了三个方面的内容:一是发展的根本目标是要实现人的全面自由发展的社会理想,即共产主义的自由王国;二是发展的根本目的在于不断满足和保障人民群众的经济、政治和文化权益。"以人为本"的"人"是指人民群众,而"本"则是指人民群众的根本利益;三是发展的成果要惠及全体人民。发展的成果必须归全体人民享有而不是被少数人占有,也不是被少数腐败官吏盗走,这实际上强调了发展成果的根本分配原则,是要实现社会公平、公正、正义原则。可见,科学发展观的全部内容都是为了人的生存和发展,是为了全面建设社会主义和谐社会并为实现共产主义创造条件的发展观。科学发展观是一种新的人权观,对社会主义人权建设具有重要指导意义。

同时我们也应看到科学发展观所揭示的人权内涵与马克思主义人权理论的一脉相承性,它所体现的人权意蕴是对马克思主义人权观的继承和发展。它强调发展的主体是人,发展的过程是人和自然的协调以及经济社会文化协同进行的过程,是人权的全面展示过程,发展的目的是造就全面发展的人,这一切都和马克思主义人权观相吻合。另一方面,科学发展观所体现的人权思想为马克思主义人权理论注入了新内容。科学发展观的确立是对社会主义

---

① 《江泽民会见法国国防部长的讲话》,载《人民日报》,1997年4月8日。

本质认识不断深化的结果,是在深入探索什么是社会主义以及怎样建设社会主义的过程中,对人的本质认识的升华。科学发展观确立的经济体制基础不是"纯而又纯、一大二公"的计划经济体制,而是能够体现人的自由权利和平等权利的社会主义市场经济体制。科学发展观把非公有制经济作为促进我国社会生产力发展的重要力量,凸显了市场经济条件下主体的平等观念。科学发展观既揭示了人类历史发展中带有规律性的东西,又体现了中国特色社会主义人权理论的时代特点,也包含着对马克思主义人权理论的创新。它所要求的经济社会协调发展、城乡协调发展、区域协调发展、可持续发展等无一不蕴含着人权的要义,可以说科学发展观是马克思主义人权思想中国化的最新成果,对社会主义人权建设具有重要指导意义。

(二) 指导思想

中国化马克思主义人权理论的指导思想必然是马克思主义,尤其是马克思主义关于人权问题的科学论断。作为指导思想的马克思主义人权理论主要指的是马克思、恩格斯、列宁等马克思主义经典作家学说体系中那些被实践证明是科学的并对中国人权建设具有普遍指导意义的人权理论,以及马克思主义论述人权问题的科学世界观和方法论。中国的马克思主义者以马克思主义人权理论为指导,结合中国实际不断创新才实现了理论的中国化,创立了中国化的马克思主义人权理论。

马克思主义人权理论之所以能够作为指导思想,是由其本身的理论品格、特性所决定的。马克思主义创始人马克思、恩格斯虽出生于德国,他们的思想也产生于西欧,但马克思、恩格斯是世界无产者和被压迫人民的精神导师,他们是国际主义者,是为全人类解放而斗争的,马克思生前就自称自己是世界公民。由他们所创立的马克思主义人权理论具有不同于其他西方人权理论的特性,它是一种实现人类解放与发展的学说。

在基本内容方面,马克思主义人权理论是马克思主义理论体系中最重要的部分之一,马克思主义从根本上讲就是为了人类获得彻底解放,充分实现人权,就是一种关于人的解放和人权实现的科学学说。这种科学性体现在马克思主义人权理论建立于批判资产阶级抽象、虚伪人权理论的基础上,立足于无产阶级革命道路，通过共产主义社会的建立，追求人类的彻底解放和人权的充分实现。马克思主义认为人权的实现是人类社会发展的重要组成部分，各种人权现象不能在人权自身得到解释，而必须置身于社会发展大背景下，置于与人权的其他全部组成因素的联系上才能得到合理解释，所以其关于人权问题的论述总是同特定的历史条件、无产阶级革命、人类解放密切相关，而非仅局限于人权本身去空谈。这从马克思主义经典作家的论述中就足以体现，虽然在他们的某些著作中相对集中地探讨了人权问题，但他们关于人权问题的思想主要散见于其他著作中，主要是在批判资本主义经济、政治、法律等制度问题的著作中谈到人的权利、自由的实现问题，由此得出了关于人权问题的正确的理论原则和经验总结。而他们关于人权问题的认识来源于实践又经过无产阶级革命和社会主义建设实际的检验，被证明是完全科学的理论，这种科学性决定了它能够适用于各个国家、民族，而不是仅隶属于特定民族的地域性理论，使理论具有了世界性，放之四海而皆准，成为中国人民不可或缺的宝贵财富。

从其时代性角度讲，马克思主义人权理论虽产生于近代，但其思想却蕴含当代价值，是从属于现代性范畴的学说。虽然马克思主义对人权问题的论述所揭示的现象、内容等与现时代存在很大差异，但时代本质并未发生根本改变，正如学者所说，"当今时代还是马克思当年提出问题的时代，比如说世界历史时代，劳动与资本对抗的问题，人的异化和人的解放的问题都没有解决。"① 当今时代在资本主义制度下仍然存在人的异化问题，无产阶级仍然受到资产阶级的剥削，只不过异化的表现方式、程度与马克思、恩格斯所处的时代相比发生了一些变化，但本质并未改变，所以消灭人的异化，实现全面、充分人权的学说仍旧没有过时，仍然可成为当代许多国家、民族实现民众人权的理论指引。就中国的实际而言，享有充分的人权是中国人民千百年以来为之奋斗的一个远大目标，中国的革命、建设和改革从根本上说都是为了实现全国人民的人权，通过历史的检验，只有坚持马克思主义人权理论指导才能实现中国人民的人权，改革开放以来中国人权建设的伟大成就充分体现了

---

① 马俊峰：《合理理解马克思主义哲学的当代性》，载《教学与研究》，2005年第9期。

这一点。

正因为马克思主义人权理论本身具备高度的科学性，顺应了时代要求，契合中国人权建设的理论需求，由此决定其能够指导中国人权建设，在中国共产党领导下成功实现了马克思主义人权理论中国化，在这一过程中所形成的中国化马克思主义人权理论也必然是以马克思主义人权理论为指导的。

（三）基本原则

我们在处理人权问题时始终坚持人权问题既具有普遍性，也具有特殊性；既包括权利，也包括义务，坚持普遍性与特殊性、权利与义务的统一是我国处理人权问题的基本原则。

第一，关于普遍性与特殊性的统一。普遍性包含了享有人权的主体是普遍的，所有的人都享有做人的基本权利，这里的人是"类"的概念，指全人类；享有人权的内容也是普遍的，包含了公民权利、政治权利、经济社会文化权利等，存在一个为各国所普遍遵守的共同标准，这已为相关国际人权公约所确认；人权的目标价值也是普遍的，是人类共同追求的理想，共同遵守的价值准则。人权的特殊性是指因不同国家、地区由于经济水平、社会制度、文化传统、风俗习惯等所带来的人权建设上的差异性，包含人权的民族性、阶级性、实现方式的特殊性、阶段性等。对人权的两种属性，马克思主义理论作了充分阐释，辩证法告诉我们任何实际存在的东西或现象都是普遍性与特殊性、共性与个性的统一，并且普遍性与特殊性是相互依存、不可分割的。马克思、恩格斯在《神圣家族》中批判布·鲍威尔等青年黑格尔派割裂共性与个性的错误时，以苹果为例指出实际存在的是这个苹果、那个苹果，不存在具体的苹果以外的一般的苹果，苹果的共性是存在的，即存在于一切具体的苹果之中。人权的普遍性反映的是全人类对人权发展的共同理念、共同追求，而各国的人权建设都有其特殊性。

当今人权的普遍性往往被滥用，某些西方国家将其人权内容说成是具有普遍意义的东西，并用这种歪曲的普遍性到处指责别国的人权制度、标准和模式。对此问题，我们首先承认人权的普遍性，积极推动国内和世界人权建设，同其他国家展开人权对话，至今我们已加入20多项国际人权公约。同时我们强调人权的特殊性，结合我国具体实际发展人权，始终将人民的生存权、发展权列为首要人权，反对西方国家以人权普遍性为借口干涉、指责我国人权事务。正如江泽民指出的："在观察各国的民主、自由、人权状况时，离不开那个国家的历史文化传统、经济发展状况和社会制度。因此，没有绝对意义上的民主、自由、人权，没有抽象的民主、自由、人权，只有相对的、具体的民主、自由、人权。"①

第二，关于权利与义务的统一。马克思曾指出，"一个人有责任不仅为自己本人，而且为每一个履行自己义务的人要求人权和公民权。没有无义务的权利，也没有无权利的义务。工人阶级的解放应该由工人阶级自己去争取；工人阶级的解放斗争不是要争取阶级特权和垄断权，而是要争取平等的权利和义务，并消灭任何阶级统治。"② 在阶级社会中人的本质是一切社会关系的总和，所以人在社会中不仅享有一定的权利，而且也要为社会承担一定的义务或责任。在阶级社会中，权利、义务的关系与剥削和被剥削、压迫和被压迫的关系是相对应的，统治阶级正是通过剥削、压迫拥有了一切权利，而被统治阶级几乎担负起了一切义务，对立阶级之间根本利益的冲突使权利、义务的内涵发生了扭曲，权利、义务都成为单向度的。在社会主义社会广大人民群众成为社会主义国家的主人，个人利益与集体利益是一致的，个人从社会或法律获得自己权利的同时，必然积极履行其对社会应尽的义务，权利与义务真正实现了一体化和相互对应，这是对资产阶级人权观的一大超越。正如恩格斯所说，"我建议把'为了所有人的平等权利'改为'为了所有人的平等权利和平等义务'等等。平等义务，对我们来说，是对资产阶级民主的平等权利的一个特别重要的补充，而且使平等权利失去道地资产阶级的含义。"③ 资本主义社会和以往的剥削阶级社会一样，"几乎把一切权利赋予一个阶级，另方面却几乎把一切义务推给另一个阶级"④。当今时代以美国为首的西方发达资本主义国家，推行"权利至上"原则，从他们的利益和价值观出发，只

---

① 《江泽民畅谈国际国内大事》，载《人民日报》，1991年11月2日。
② 《马克思恩格斯全集》第21卷，人民出版社2003年版，第17页。
③ 《马克思恩格斯选集》第4卷，人民出版社2012年版，第291页。
④ 同上，第194页。

承认权利而否认义务,以便逃避他们在国际人权领域应尽的义务,为其打着人权旗号推行种族歧视、发动战争、干涉他国内政提供便利。比如《公民权利和政治权利国际公约》第二十条规定禁止战争宣传和鼓吹种族仇恨。美国对此条款坚决予以"保留"。其理由是,美国是实行"言论自由"和"新闻自由"的国家,只要言论不煽动违法行为,美国就不应予以禁止。

我国在社会主义建设过程中,将马克思主义关于权利、义务辩证统一的科学理论运用于人权保障中,将权利、义务有机统一起来,现行的《中华人民共和国宪法》第三十三条规定,"任何公民享有宪法和法律规定的权利,同时必须履行宪法和法律规定的义务"。这是从国家基本法的高度确认了权利义务相统一的原则。在党的章程和社团章程中也处处可见权利、义务的规定,确保在我国不存在只享有权利、不承担义务的特权阶层存在。在国际人权保障中,我国坚持各国都享有国际人权公约规定的权利,同时也必须履行各国应尽的人权义务,将抵制人权领域的霸权行径、促进国际人权事业发展看做自己享有的权利和应尽的义务,与广大发展中国家一道,促进平等的国际人权公约的缔结,为争取平等的人权作出了积极的贡献。

二、中国化马克思主义人权理论的主要内容

欲把握一个理论体系的主要内容,首先必须掌握体系的逻辑架构。中国化马克思主义人权理论内容丰富,然而其理论成果是一以贯之的,都在遵循共同的指导思想基础上不断深化发展,这一指导思想就是马克思主义,尤其是马克思主义关于人权问题的科学论述和理论总结。贯穿这个体系的主线是"什么是符合中国实际的人权,怎样构建中国的人权",围绕这一中心问题,邓小平、江泽民、胡锦涛等一批党的政治思想家和理论工作者进行了卓有成效的探索,形成了对这个中心问题的科学回答,这些科学回答构成了这一理论体系的主要内容。

(一)什么是符合中国实际的人权

中国化马克思主义人权理论首先要回答什么是符合中国实际的人权,我

们的人权应包含哪些内容。人们所享有的人权是由社会生产方式决定的，伴随着社会经济、政治、文化状况的发展变化，对人权的认识及人权具体内容也会相应改变，不同社会对这一问题的回答是不同的。原始社会生产方式决定其无权利与义务的区分，在奴隶制、封建制社会生产方式下，特权、神权是其权利形态。在资本主义社会资本主义商品经济的发展和资本主义私有制确立了资本剥削的特权，这种经济特权的存在使资本主义人权用形式平等掩盖了实质的不平等，资产阶级革命所实现的仅是政治解放、政治权利与自由，所以当今西方社会认为人权就是公民权利和政治权利，认为经济、社会、文化权利由于没有统一标准，只存在社会福利权利，轻视甚至质疑经济、社会、文化权利。我国作为社会主义国家坚持马克思主义人权理论的指导，坚持人权问题上的唯物论，认为"权利决不能超出社会的经济结构以及由经济结构制约的社会的文化发展"①。将人权与人的解放问题密切相连，认为人权的享有由社会发展整体状况所决定和制约，反映特定社会中人所处社会关系的总和。尽管当前受社会发展条件的制约，人权的享有状况还不完备，但其终极指向是实现人的全面解放与发展，充分实现人作为人所应当享有的各项权利。

具体而言，社会主义建立在生产资料公有制基础上，全体人民根本利益是一致的，同时基于我国经济社会发展比较落后的事实，所以中国化马克思主义人权理论对人权的理解首要的就是要实现人民的生存权、发展权问题。所谓生存权，就是在特定历史条件和社会发展状况下，人们维持生存所必备的基本条件的权利，既指个人维持其生理状态存续的权利，也包括一个国家、民族生存权利的实现。所谓发展权，对个人而言，是指每个人都有参与和促进经济、政治、文化、社会发展而获取自身发展的权利，这已为相关国际人权文书所确认；对国家和民族而言，是其在经济、政治、文化、社会发展方面获得进步的权利。中国始终认为生存权与发展权是享有其他人权的前提和基础，不能实现人的生存与发展，其他一切人权都不具有任何意义。

江泽民明确指出："民主，自由和人权，一个根本的问题，是人在自然界和人类社会的生存权和发展权，也就是人能否真正掌握自己命运的权利。而

---

① 《马克思恩格斯选集》第3卷，人民出版社2012年版，第364页。

人类对自己命运的掌握又是同人类自身的生存、发展和完善紧密相连的，这包括经济、政治、文化、教育等诸多方面。在一个国家里，实现民主、自由和人权的根本途径是社会的进步、稳定和经济的发展。"[①] 改革开放30多年尽管中国人民生存状况有了根本改善，国家已基本步入小康社会发展水平，但在人权实现上仍存在诸多突出性问题，农村仍有2000多万贫困人口，东西部地区、农村与城市之间贫富差距扩大问题还未得到有效遏制，生态环境问题突出，住房、医疗、收入分配、社会保障等民生问题面临诸多困难，对于中国人民而言生存权与发展权仍是首要人权。

将生存权、发展权列为首要、核心的人权并非意味着要否认其他人权，生存权、发展权的实现必须依托经济、社会、文化、政治等权利的保障，没有通过劳动获取物质财富的权利，没有社会保障权利，人就不能生存，没有受教育权、公民权利、参与社会生活权利等人就不能得到发展，所以我们才需要大力发展社会主义市场经济、民主政治、先进文化，促进社会全面发展，为人权的享有提供必要的经济、政治、文化、社会环境，让人民享有更多的经济、社会、政治、文化权利以更好地生存、发展。因而生存权、发展权的实现与中国经济、政治、文化等各方面权利密切相关。同时基于我国的社会主义性质，广大劳动人民成为国家的主人，国家发展人权的目的是为了实现人的全面发展，这也必然要求人们能够充分享有经济、政治、文化、社会权利，所以我国的人权内容不同于西方社会对人权的理解，既包括经济、社会、文化权利，又包括公民权利和政治权利。我国已于1997年正式签署《经济、社会及文化权利国际公约》，1998年10月又签署了《公民权利与政治权利国际公约》，并在2001年第九届全国人大常委会第二十次会议上作出了批准《经济、社会及文化权利国际公约》的决定，表明我国政府对经济社会文化权利、公民权利与政治权利进行保护的决心。

同时基于中华民族长期遭受奴役、压迫的历史，只有实现国家独立、民族自决和发展问题才能保证人权的实现；从现实来看，霸权主义、强权政治仍然十分猖獗，危害广大发展中国家的进步及世界的和平与发展，而且基于

---

① 《江泽民畅谈国际国内大事》，载《人民日报》，1991年11月2日。

长期不平等的国际经济政治秩序的存在,世界整体环境对整个发展中国家的发展存在诸多阻碍,所以我们对人权的认识还始终强调民族自决权与发展权,始终将维护民族独立,实现独立自主发展作为我国人权建设的重要内容。

综上,中国化马克思主义人权理论认为"符合中国实际的人权"是将生存权、发展权列为首要、核心的人权,包含了经济社会文化权利、公民权利与政治权利、民族自决权与发展权等诸多权利为内容的丰富的权利体系。

(二) 怎样构建中国的人权

为了充分实现中国政府所主张的人权,必须从发展道路、经济、政治、文化、国际发展等诸多方面予以构建,使人民所应当享有的基本人权落到实处。

1. 坚持社会主义道路是实现中国人权的根本路径

只有坚持在中国共产党的领导下走中国特色社会主义道路,才能消灭阶级剥削、压迫,广大劳动人民才能真正成为社会主人,人权才能真正为中国人民所享有。江泽民曾指出:"中国要强盛,中国人民要走向共同富裕,中华民族要实现伟大复兴,就必须始终坚持我们已经建立并在不断完善的社会主义制度及其所决定的基本原则。"[①] 社会主义道路是由一系列具体制度组成的,包括中国共产党领导的人民民主专政制度,人民代表大会制度,多党合作和政治协商制度,民族区域制度,以公有制为主体的社会主义市场经济制度,以按劳分配为主体、多种分配方式并存的分配制度,社会主义精神文明建设制度等。只有坚持这些具体社会主义制度,坚定不移走社会主义道路,中国人民的人权才能真正得以实现。

同时社会主义人权是逐步完善和发展的,是伴随经济、政治、文化、社会的发展而不断完善的,正如江泽民所指出的:"巩固和发展社会主义制度,那还需要更长得多的时间,需要几代人、十几代人,甚至几十代人坚持不懈地努力奋斗。"[②] 虽然当前我国的人权建设与西方发达资本主义国家相比在某

---

① 《江泽民论有中国特色社会主义(专题摘编)》,中央文献出版社2002年版,第36页。
② 同上,第28页。

些方面还存在差距，但伴随中国社会主义事业的发展，社会主义人权建设必将不断走向成熟和完善，而其终极指向将是伴随共产主义的实现彻底解决人权问题，实现人的自由而全面发展。

2. 确保中国人权享有的主体始终是广大人民群众

关于中国人权的主体是中国人权理论的一个关键问题，不同于资产阶级抽象的人权观，我们始终坚持马克思主义人权观，从不承认有什么抽象的和超阶级的人权观，认为人权是具体的，在有阶级存在的社会人权的主体是分属于不同阶级的，在社会主义社会我们始终坚持享有人权的主体为广大人民群众。邓小平在改革开放后确立人权理论的立足点——人民人权，指出人权应是人作为特定社会成员的权利。针对许多人对人权的各种理解，明确指出："什么是人权？首先一条，是多少人的人权？是少数人的人权，还是多数人的人权，全国人民的人权？西方世界的所谓'人权'和我们讲的人权，本质上是两回事，观点不同。"[①] 在这段话中邓小平谈到的两种人权观念的不同有许多方面，但根本区别在于人权主体的阶级差异上，西方世界的所谓"人权"是少数资产阶级享有的特权，而我国社会主义人权是由占人口绝大多数的人民所享有的权利，这一论断揭示了两种人权观的本质区别。人民成为社会主义人权的主体，这是我国人权理论的一个重要的立足点。人民成为社会主义人权的主体，决定了社会主义人权的集体主义价值取向，即社会主义人权是从全国大多数人民的整体的根本的利益出发，把"人民拥护不拥护"、"人民赞成不赞成"、"人民高兴不高兴"、"人民答应不答应"作为制定各项方针政策的出发点和归宿。正是由于人权的阶级实质和价值取向不同，导致两种人权观在对待人权问题上的一系列根本差异，而西方国家所关注的恰恰是那些敌视、反对中国的少数人的人权，西方所攻击的正是中国绝大多数人的人权，他们以人权为武器攻击中国政府和人民就是希望中国放弃社会主义，最终使人民失掉自己的基本权利。对此，邓小平指出："现在中国搞改革、开放，致力于发展和摆脱贫困，美国却提出人权问题，这是什么道理，无法理解。可

---

① 《邓小平文选》第 3 卷，人民出版社 1993 年版，第 125 页。

见人权问题是个借口。"① 所以邓小平关于人权主体的思想是对马克思主义人权阶级性理论的丰富和发展。后来江泽民提出了"三个代表"重要思想，核心就是强调党要代表最广大人民的根本利益，社会主义人权主体要体现最大限度的广泛性，明确指出"保障绝大多数人的根本利益，是我国在人权问题上的出发点"②。进入新世纪后胡锦涛总书记提出了"科学发展观"，其核心就是"以人为本"。"以人为本"就是要不断满足和保障人民群众的经济、政治和文化权益，将发展的成果惠及全体人民，最终实现人的全面自由发展，科学发展观的全部内容都是为了全体人民的生存和发展。所以从邓小平的"全国人民的人权"到江泽民"代表最广大人民群众根本利益"的人权本质描述，再到胡锦涛总书记提出的"以人为本"的科学发展观，都在强调我们所主张的人权是人民人权，这是由我国的社会主义性质所决定的，也决定了我们发展的一切成果都要由人民共享。

同时我们所坚持的人权是个人人权与集体人权的统一，这也是我国人权主体观的一大特色。马克思主义认为人是历史的、社会的、具体的人，马克思主义指导下的人权建设反对将人视为孤立、抽象的个体。对个人人权与集体人权的关系，马克思、恩格斯在《德意志意识形态》中已经作了说明，指出"只有在共同体中，个人才能获得全面发展其才能的手段，也就是说，只有在共同体中才可能有个人自由"③。在社会主义制度确立之前，社会存在着阶级剥削、压迫，所谓的集体只能有利于统治阶级的发展，对于统治阶级以外的人而言，并不能依托集体实现人权，相反所谓的集体是实施阶级压迫的工具，对于被剥削阶级来说，"它不仅是完全虚幻的共同体，而且是新的桎梏"④。

早在中国古代社会对个人与集体的关系就十分重视，比如儒家提倡"国而忘家，公而忘私"。"先天下之忧而忧，后天下之乐而乐"。把集体利益、国

---

① 《邓小平在会见埃及总统穆巴拉克时的谈话》，载《人民日报》，1990年5月13日。
② 《江泽民与优秀残疾人和助残先进集体、个人代表座谈时的讲话》，载《人民日报》，1991年5月11日。
③ 《马克思恩格斯选集》第1卷，人民出版社2012年版，第199页。
④ 同上。

家利益放在个人利益之上，强调个人与集体、民族与国家的主从关系，并由此孕育出的集体主义、爱国主义一直是中华民族传统文化中的主旋律。近代以来中国人民反抗剥削、压迫的事实也充分证明单纯追求个人利益、个人人权，照搬西方模式是行不通的，争取个人人权必须与反帝、反封建，求得翻身解放的集体人权结合起来才能取得伟大成就，中国近代史揭示出没有民族的独立就没有中国人民的人权。社会主义社会的建立决定了全体人民的根本利益是一致的，个人利益与集体利益是统一的。改革开放以来，基于我国经济社会发展比较落后、人口众多的现实，实施了让一部分人先富起来，最终达到共同富裕的改革策略，也是为了以个人富裕来带动集体人权的实现，集中体现了个人人权与集体人权的结合。同时我们对法轮功邪教骨干分子以及反党反社会主义的资产阶级自由化"精英"限制"自由"，正是为了保障绝大多数人的人权不受侵害。可见，坚持个人人权与集体人权的统一是我国在人权问题上的一贯立场。

改革开放以来我国社会生活正发生着深刻巨大的变化，社会经济发展方式、利益分配、组织形式多样化，导致不同群体、阶层利益享有的差别，这带来了人权实现上的差异。现实社会中存在各种各样的利益，有个人利益与集体利益、特殊利益与一般利益等，所以我们的人权原则必须正确反映并妥善处理不同的利益要求，既要维护先富起来的那部分人的合法权益，又要兼顾整体利益，照顾那些由于各种原因仍处于贫困状态的民众利益。如果以牺牲多数人利益为代价换取少数人利益将是对社会主义人权保障本质的极大违背。经济利益如此，政治、文化、社会利益等涉及人权实现的利益关系更是如此。正如温家宝总理在2006年的《政府工作报告》中指出的，当前我们强调构建和谐社会，就是要"坚持以人为本，搞好'五个统筹'，更加注重城乡、区域协调发展，更加注重社会事业建设，更加注重社会公平和社会稳定，让全体人民共享改革发展成果"。"坚持把解决涉及群众利益问题放在突出位置"，"切实维护劳动者的合法权益"。这些都是为最大限度让广大人民群众不断获得切实的经济、政治、文化利益，让改革成果惠及全体人民。

3. 通过大力发展经济为人权实现奠定坚实物质基础

经济是基础，发展是中心，人权问题归根到底要通过经济发展来解决。人权作为长期以来人类追求的崇高理想和目标包含的范围十分广泛，包括政治权利，经济、社会、文化权利等，然而这些权利的实现都必须以经济的发展为基础。经济的发展主要依靠生产力发展水平的提高，只有在生产力水平不断提高，经济不断发展的前提下经济、政治、文化等方面权利的实现才会具有坚实可靠的物质基础。中国作为人口最多的发展中国家的事实决定了经济落后是阻碍我国人权实现的最大障碍。所以只有坚持不断发展生产力，提高人民生活水平，坚持共同富裕原则，才能为中国人权实现奠定坚实基础。改革开放以来我们始终坚持生产资料公有制为基础，大力发展社会生产力，通过发展来为人权的实现奠定坚实的经济基础。

邓小平提出"社会主义制度优越性的根本表现，就是能够允许社会生产力以旧社会所没有的速度迅速发展，使人民不断增长的物质文化生活需要能够逐步得到满足"，"没有这一条，再吹牛也没用"。① 邓小平提出的"发展才是硬道理"的社会主义人权实现路径的观点是邓小平人权理论的中心，坚持社会主义就必须要坚持生存权和发展权，生产力的发展不仅是一个经济问题，而且也是关乎社会主义前途和命运的政治问题，邓小平始终强调我们仍处在社会主义初级阶段，与发达国家相比人民生活水平还不高，反复强调："贫穷不是社会主义，社会主义要消灭贫穷，不发展生产力，不提高人民生活水平，不能说是符合社会主义的需求。"②

在江泽民"三个代表"重要思想中，代表中国先进生产力的发展要求是首要问题，生产力是社会存在和发展的前提，以发展社会生产力为手段来达到满足人民群众生活需要的最终目的，这不仅是人权评价的一个最基本的参照系，而且其本身也内在地包含了提高人民生活质量的生存发展权的思想，这也是我国人权保障的一大特点。同时明确指出生存权和发展权是发展中国家的首要人权，他说："今天，我国人民享受的人权保障，是过去从来没有

---

① 《邓小平文选》第 2 卷，人民出版社 1994 年版，第 128、251 页。
② 《邓小平文选》第 3 卷，人民出版社 1993 年版，第 116 页。

的。中国是一个有十二亿人口的发展中国家,这个国情决定了在中国生存权、发展权是最基本最重要的人权。""民主、自由和人权的一个根本问题,是人在社会上的生存权和发展权,也就是人能否真正掌握自己命运的权利。"① 改革开放以来我们党和政府高度重视人民的生存权、发展权,并为之作出了艰苦卓绝的努力,正是基于我国作为世界上人口最多的发展中大国的国情,才决定了不解决人民的温饱问题,其他一切权利都将难以实现。为此,江泽民提出了全面建设小康社会,实现更高层次和更广泛人权的观点,他在十六大报告中提出,要在本世纪头二十年里,集中力量建设全面惠及十几亿人口的更高水平的小康社会,使经济更加发展,民主更加健全,社会更加和谐,人民生活更加殷实。

胡锦涛总书记"科学发展观"的提出,首先强调的就是要实现物质文明的全面协调发展,要"转变发展观念、创新发展模式、提高发展质量、切实把经济社会发展转入以人为本、全面协调可持续发展的轨道"。科学发展观所确立的经济基础不是单一的计划经济体制,而是有利于实现人的自由、平等权利的社会主义市场经济体制。同时科学发展观把非公有制经济作为推动我国经济发展的重要因素,维护了社会主义市场经济条件下的平等主体理念。科学发展观既反映了人类社会的发展规律,又体现了中国人权理论的特色与时代特点,也包含着对马克思主义人权理论的创新,科学发展观所要求的经济社会协调发展、区域协调发展、城乡协调发展、可持续发展等无一不蕴含着人权的要义。所以改革开放以来党的三代领导集体都从人权实现的经济基础角度出发针对我国人权实际作出了正确的抉择。

4. 加强民主法制建设为人权实现提供保障

民主与法制对人权的实现意义重大,"文革"结束后首先是邓小平总结"文革"时不讲人权、民主的教训,总结建国以来正反两方面的经验后指出:"过去一个相当长的时间内,民主集中制没有真正实行,离开民主讲集中,民

---

① 《江泽民论有中国特色社会主义(专题摘编)》,中央文献出版社 2002 年版,第 322—323 页。

主太少。"① 他在 1980 年 1 月所写的《目前的形势和任务》一文中，特别强调"坚持发展民主和法制，这是我们党的坚定不移的方针"②。以后又多次强调要坚持这一方针，决不能动摇，一再强调没有民主就没有社会主义，就没有社会主义现代化，没有法制也不能建设社会主义，实现现代化；强调"民主要坚持下去，法制要坚持下去。这好像两只手，任何一只手削弱都不行"③。他还指出社会主义民主和法制是不可分的，离开了法制的民主，不要党的领导、不要纪律和秩序的民主绝不是社会主义民主，只能使我们国家再一次陷入混乱，经济更难发展，人民生活更难改善。而人权作为民主的重要内容，离开了法制的保障同样不能得以实现。邓小平还对政治体制改革作了探索，他在会见美国前总统卡特时说："政治体制改革包括民主和法制。我们的民主和法制是相关联的……中国的政治体制改革，要讲社会主义的民主，也要讲社会主义的法制。"④ 主要内容表现在党和政府要以宪法和法律为根本活动准则，受宪法和法律的制约，强调法律至高无上；改革现行国家制度中的弊端，建立监督机制，完善社会主义民主政治制度。此外，邓小平还提出了社会主义法制建设的基本方针："有法可依、有法必依、执法必严、违法必究"，为保障法律的正确实施，实现由人治到法治的转变奠定了思想基础，对保障社会主义人权建设健康发展有重要意义。

江泽民对此问题的认识更向前推进，明确提出政治体制改革的目标就是建立人民当家作主的民主政治，指出"我们在实行经济体制改革的同时，积极稳妥地推进政治体制改革，努力建设有中国特色的社会主义民主政治。在中国共产党的领导下，实行人民民主，充分保障人民当家作主的民主权利，是我国政权建设和政治体制改革的根本出发点和归宿"⑤。他提出人权是具体的丰富的，不仅包括人民享有的经济、社会、文化权利，更要保障人民享有的公民权利和政治权利。他指出："中国政府根据人权的普遍性原则和具体国

---

① 《邓小平文选》第 2 卷，人民出版社 1994 年版，第 144 页。
② 同上，第 256 页。
③ 同上，第 189 页。
④ 《邓小平文选》第 3 卷，人民出版社 1993 年版，第 244—245 页。
⑤ 《江泽民论有中国特色社会主义（专题摘编）》，中央文献出版社 2002 年版，第 299 页。

情，努力实现人民的生存权和发展权，极大提高了人民享受经济、社会和文化权利的水平。与此同时，中国不断完善民主与法制建设，保障人民的公民权利和政治权利，今天，中国人民正享受着广泛的人权。"① 为了确保人权的实现，江泽民还明确提出了依法治国的思想，强调法治对人权实现的重要意义，指出"依法治国，要贯彻两个原则。一是必须坚持党的领导和社会主义方向，二是必须保证广大人民群众充分行使民主权利"②。依法治国成为党领导人民治理国家的基本方略，成为社会文明进步的重要标志，它将坚持党的领导、发扬人民民主和严格依法办事统一起来，最大限度地为人权实现提供法治保障。

胡锦涛总书记提出要推动政治文明建设的全面协调发展，强调人权既是政治文明的核心，又是其重要内容，为此提出民主执政，确保"权为民所用、情为民所系、利为民所谋"。党的十六届四中全会又从提高构建社会主义和谐社会能力的高度，提出共产党执政就是要"尊重和保障人权，保证人民依法享有广泛的权利和自由"。加强党的执政能力建设，构建社会主义和谐社会关键在于推进民主法治建设的发展，而推动民主法治建设的根本在于尊重和保障人权，人权保障已成为党执政的基本理念和重要标志。在政治体制改革方面更加强调改革的人权规定性，采取了一系列相应举措，如进一步扩大党内民主，以党内民主带动人民民主；完善民主权利保障制度和体制，不断推进社会主义民主政治的制度化、规范化、程序化，巩固人民当家作主的政治地位；完善民主政治的法律制度和体制、监督制度和体制；完善居民自治和村民自治体制建设，最广泛动员和组织基层群众开展基层民主实践；完善科学民主决策制度建设，保证人民群众依法行使表达权、知情权、参与权、监督权等。同时更加注重法治对人权实现的重要作用，将"国家尊重和保障人权"写入了宪法，许多尊重和保障人权的理念上升为宪法和法律所保障的重要内容。

---

① 吴忠希：《中国人权思想史略》，学林出版社2004年版，第242页。
② 《江泽民论有中国特色社会主义（专题摘编）》，中央文献出版社2002年版，第328页。

5. 正确处理国际人权问题,为人权发展营造良好国际环境

在国际交往中如何正确处理人权问题也是我国人权政策的一个重要方面,也是中国针对西方人权干涉进行回应的总结。我国政府始终坚持人权本质上是一国主权范围内的事,在人权问题上主张平等对话,反对搞单边主义、霸权主义。在人权问题上坚决维护国家主权,保障国家的独立自主是人权实现的前提条件,没有国家主权就不可能有人权原则的存在,国家主权作为国家独立自主处理国家事务的最高权力,属于国家根本属性,从不依附于任何其他权利。中华人民共和国作为社会主义国家,其一切权力属于全体人民,国家主权是全民人权享有的前提,捍卫主权就是捍卫人民人权。在处理国际人权问题时坚持所有国家不分大小,一律平等,在坚持和平共处五项原则基础上进行平等对话,扩大共识,减少分歧,反对各种形式的霸权主义、强权政治。

改革开放以来党的领导集体正确坚持人权普遍性和特殊性,承认人权的实现要靠各个国家的共同努力,同时认为人权与每个国家经济社会发展水平密切联系,要尊重各国人权实际,反对以人权普遍性为借口干涉各国内政。邓小平针对"人权高于主权"、"人权至上"的论调,提出"国权比人权重要得多"的国际人权思想,他强调:"国家的主权、国家的安全要始终放在第一位,对这一点我们比过去更清楚了。西方的一些国家拿什么人权、社会主义制度不合理不合法等做幌子,实际上是要损害我们的国权。搞强权政治的国家根本没有资格讲人权,他们伤害了世界上多少人的人权!从鸦片战争侵略中国开始,他们伤害了中国多少人的人权!"[①] 中华民族通过自己的经验已经证实,不经过反帝反封建的新民主主义革命,不建立独立的中华人民共和国,就不会有中国的独立,就不会有人民的生存和发展,所以维护国家主权,反对国际霸权,主张国家间不分大小一律平等是我们的基本原则。霸权主义和强权政治是对世界和平与稳定的最大威胁,也是对国际人权建设的最大破坏,反对霸权主义、强权政治始终是中国人民在维护国际人权体制建设中的重要任务。

---

① 《邓小平文选》第 3 卷,人民出版社 1993 年版,第 348 页。

江泽民也坚持人权是一国主权范围内的事，反对以人权为借口干涉别国内政。他说："事实上，人权要靠主权来保护，不是人权高于主权，而是没有主权就没有人权。"① 针对西方国家所实施的人权干预，江泽民在1990年11月全国对外宣传会议上的讲话中指出："要大力揭露西方宣传的'民主'、'自由'、'人权'的欺骗性。西方敌对势力打着'民主'、'自由'、'人权'的旗号，向我发动进攻，通过各种渠道，对我进行渗透，反对我们的社会主义制度。我们要认真对待，坚决还击。"② 他强调在人权问题上进行平等对话，加强国际合作，1999年3月29日，他在与奥地利总统克莱斯蒂尔共同会见中外记者时的讲话中说："中国同西方国家在人权问题上既有很多共同点，也有不同的观点，不应该要求所有国家都一样。西欧人民对遥远的中国的情况并不十分了解，对一个有12亿人口的国家所面临的问题和在许多方面包括人权领域所取得巨大成绩了解不多，我们欢迎各界人士多到中国亲眼看一看。对于分歧和有不同看法，我们主张通过对话来增进相互了解。"③

进入新世纪，胡锦涛总书记针对国际人权局势发展的新特点，提出了坚持国家人权合作与对话，维护世界文明多样性，共建和谐世界的人权新理念。2005年9月15日，在纪念联合国成立60周年的首脑会议上，胡锦涛发表了题为"努力建设持久和平、共同繁荣的和谐世界"的重要讲话，提出了"共建和谐世界"的新理念，明确指出"只有世界所有国家紧密团结起来，共同把握机遇、应对挑战，才能真正建设一个持久和平、共同繁荣的和谐世界，为人类社会发展创造光明未来"④。和谐世界思想蕴含着丰富的人权理念，它承认各国社会制度、发展水平、历史文化背景等的差异，实现人权的模式、方法也不尽相同。人类人权事业的文明进步，既有赖于本国国内和谐有序的社会环境，又有赖于国际人权事业的共同进步，离不开各国的和谐共处，为

---

① 《江泽民论有中国特色社会主义（专题摘编）》，中央文献出版社2002年版，第325页。
② 转引自吴忠希：《中国人权思想史略》，学林出版社2004年版，第224页。
③ 《江泽民与奥地利总统克莱斯蒂尔会见中外记者时的讲话》，载《人民日报》，1999年3月29日。
④ 《胡锦涛在联合国成立60周年首脑会议上的讲话》，载《人民日报》，2005年9月16日。

此他主张在求同存异的基础上维护世界人权文明的多样性,加强不同人权文明的交流对话,协力构建各种文明兼容并蓄、"人人享有人权"的和谐世界。

三、中国化马克思主义人权理论的基本特征

改革开放以来所形成的马克思主义人权理论中国化的理论成果,具有鲜明的理论特色,具体体现在如下几方面:

(一) 人民性

诚如党的十七大报告所指出:"要始终把实现好、维护好、发展好最广大人民的根本利益作为党和国家一切工作的出发点和落脚点,尊重人民主体地位,发挥人民首创精神,保障人民各项权益,走共同富裕道路,促进人的全面发展,做到发展为了人民、发展依靠人民、发展成果由人民共享。"中国化马克思主义人权理论始终着眼于实现广大人民群众的人权,体现出鲜明的人民性,这是与资本主义人权的本质区别所在。这首先是由马克思主义人权理论本身的特性所决定的,马克思主义人权理论本身就着眼于广大劳动人民利益的实现,具有鲜明的人民性。中国化马克思主义人权理论作为对本源意义上的马克思主义人权理论的继承和发展,也必然具有马克思主义人权理论的特性。在马克思、恩格斯创立马克思主义人权理论的过程中,早在《莱茵报》时期马克思就关注贫苦劳动人民的生存问题,正是基于对"林木盗窃法"等事件中农民的贫困处境的研究才推动了马克思从纯政治、法律研究转向从经济视角研究人权问题,为唯物主义人权理论的产生奠定了坚实基础。到后来马克思、恩格斯的一系列研究都为我们展现了资本主义条件下无产阶级和广大劳动人民的生存状况,正是基于资本主义私有制的存在将广大劳动人民变为资本剥削的对象,过着非人的生活,也正是基于对广大劳动人民生存状况的关切才使他们迫切希望改变这种状况,这只有诉诸共产主义,通过无产阶级自身解放来解放全人类,实现每个人的自由、全面发展。后来列宁立足于俄国革命和社会主义建设的实践,为了无产阶级和广大劳动人民反抗阶级剥削、压迫,实现民族独立、自由和解放,在新的历史条件下丰富和发展了马

克思主义人权理论。所以马克思主义人权理论表现出对人民人权实现的高度关注，中国化马克思主义人权理论作为广义的马克思主义人权理论的重要组成部分，着眼于中国广大劳动人民人权的实现，也必然具有鲜明的人民性。

从中国化马克思主义人权理论本身看，其立足于广大人民群众根本利益的基础上，将保障人民利益作为人权发展的指导思想与理论基点，从邓小平将"人民高兴不高兴，人民答应不答应，人民满意不满意作为政府施政的目标"，到江泽民提出党要代表最广大人民根本利益，再到胡锦涛总书记提出"以人为本"发展战略，强调"权为民所用、情为民所系、利为民所谋"，都可以看到人民利益在中国人权指导思想中所起的根本性作用。而各种具体的人权理论也体现了实现人民人权这个中心。经济上解放、发展生产力是为不断实现人民的生存、发展权，全面建设小康社会是为让人民群众过上更为富裕的生活，以提高人民人权实现水平；政治上建设社会主义民主是为保障广大劳动人民享有参与国家、社会事务管理的权利，使国家各项决策反映人民利益，让国家各项权力运行处在人民的监督、约束下，使国家各项政策不因领导人看法和注意力的改变而改变；加强社会主义法治也是为防止公权力及权利滥用对人民人权造成侵害，运用法治手段保证人民私权，使人民群众合法的人身、财产权利都能得到法律保护，维护社会安定团结；在国际上中国政府反对西方国家利用人权干预我国事务不仅是为捍卫国家主权与国家利益，更是为了保障人民利益，因为没有主权就不会有人民的人权，旧中国的历史已经反复向人们证明了这一点。当今西方敌对势力利用人权干涉我国内政，对我国进行渗透、颠覆，是严重违背中国人民意愿的，所以在国际人权保障体制建设中反对霸权主义、强权政治始终是我们一贯坚持的原则问题。

从中国化马克思主义人权理论作用于中国人权实践的结果看，它极大地推动了广大人民人权的改善和发展。改革开放30多年来，城乡居民收入不断提高，中国的贫困人口减少了2亿多，人均预期寿命提高了5岁，城乡居民恩格尔系数下降了20多个百分点，人民生活质量显著改善，充分体现了先进理论对实践发展的巨大推动作用。

(二)民族性

马克思主义创始人——马克思和恩格斯在创立马克思主义时就提出了这样一个观点:"工人没有祖国",但是无产阶级"本身还是民族的"。这说明无产阶级的世界性、国家性与民族性是辩证统一的。同时他们也指出:马克思主义的理论原理"不过是现存的阶级斗争、我们眼前的历史运动的真实关系的一般表述"①。"这些原理的实际运用,正如《宣言》中所说的,随时随地都要以当时的历史条件为转移。"② 这说明在存在民族国家的前提下,马克思主义如果与现实世界发生联系,成为一个国家社会主义革命和建设的行动纲领,这个民族国家的无产阶级就必须用马克思主义基本原理解决本民族、国家的具体问题,实现理论的民族化。改革开放以来中国共产党人将马克思主义人权理论创造性地应用于中国人权实际,形成了中国化马克思主义人权理论,这一理论成果是在整体分析中国国情基础上所创立的,并非照抄照搬马克思主义人权理论,是完全符合中国实际的,理论本身反映了中华民族的特性,具有鲜明的民族性。如中国化马克思主义人权理论对中国民族文化中民本思想的体现,"民本思想"在中国传统文化中占有重要地位,老子提出"圣人无常心,以百姓心为心"。强调顺应民意的重要性,孔孟思想中更为重视民的地位,将民放在首位,《论语·尧曰》言:"所重:民、食、丧、祭。"明确提出"古之为政,爱民为大"。孟子的"民为贵,社稷次之,君为轻"(《孟子·尽心下》)也是典型的体现。民本与仁政的主张构成先秦儒家思想的一大特色,对后世历代统治者都产生了深刻影响,最典型的就是唐太宗李世民"水则载舟,水则覆舟"的统治思想就极大体现了对民的重视,尽管传统"民本思想"受封建专制决定不可能得以完全实现,但已深深植根于中国民族传统中。马克思主义人权理论也强调无产阶级和广大劳动人民的利益,马克思主义本质上就是为广大劳动人民得解放的学说。改革开放后在马克思主义人权理论中国化过程中,党的领导集体始终强调人民利益的重要性,将

---

① 《马克思恩格斯选集》第1卷,人民出版社2012年版,第414页。
② 同上,第376页。

中国民族传统与马克思主义人权理论有机结合起来，使中国化马克思主义人权理论具有鲜明的民族特色，最典型的体现就是以人为本的科学发展观。"以人为本"中的"人"指最广大的人民群众，"以人为本"中的"本"强调要把人当做社会历史主体、当做目的，把人看做一切事物的最终本质和尺度。"以人为本"既较好地反映了历史唯物主义关于人民群众是历史创造者和我们党全心全意为人民服务的根本宗旨以及人的全面发展理论的本质规定，又体现了对中国传统民本思想的继承和发展，具有鲜明的民族特色。民族性的体现还有很多，再如正因为中国经济基础薄弱，社会发展相对落后，所以我们才始终坚持生存权、发展权是首要人权；正因为中国历史上长期遭受奴役、压迫，在国家主权丧失情况下人民毫无人权可言，所以我们在人权问题上始终坚持主权高于人权，反对以人权为借口干涉内政，我们所主张的人权始终是集体人权与个人人权的统一，这些人权理论都反映出中华民族鲜明的民族特性。

（三）实践性

中国化马克思主义人权理论具有鲜明的实践性。马克思主义本身就是实践唯物主义，马克思曾指出，实践是"对象性的活动"，是人类"现实的、感性的活动"①；还说"全部社会生活在本质上是实践的"②。邓小平多次强调，"马克思主义要发展，社会主义理论要发展，要随着人类社会实践的发展和科学的发展而向前发展。"③ 马克思主义来源于实践并经过实践的检验而得以不断丰富和发展，因而马克思主义理论才具有生机与活力，对于马克思主义人权理论而言也是如此。改革开放以来所形成的中国化马克思主义人权理论具有鲜明的实践基础，即中国共产党领导中国人民发展中国人权事业的伟大实践，这一理论成果直接来源于中国人权建设的实践，并在人权实践过程中不断丰富、发展。这一理论成果的实践特性体现在如下几方面：

---

① 《马克思恩格斯选集》第1卷，人民出版社2012年版，第133页。
② 同上，第135页。
③ 《邓小平文选》第3卷，人民出版社1993年版，第42页。

第一,中国化马克思主义人权理论建立在几代中国共产党人艰辛探索人权实践的基础之上。改革开放后邓小平在中国人权事业几近空白的状况下,打破思想的束缚,公开指明中国人权问题的本质,并通过发展经济、民主法制等实践探索逐步提高人权状况,保护人民的人权,在中国开辟出一条正确的人权发展道路。江泽民继承和发展了中国人权建设的实践道路,通过全面建设小康社会、政治体制改革、依法治国等举措推动了中国人权的进一步发展。十六大以来以胡锦涛为总书记的党中央带领全国各族人民,实施科学发展、构建和谐社会,推动经济、政治、文化和社会事业的全面发展,形成了适合中国实践的人权发展模式,使中国人权事业得以全面发展。这些人权实践的成功探索为中国化马克思主义人权理论的确立奠定了坚实的实践基础。

第二,中国化马克思主义人权理论是在总结人权实践经验基础上不断丰富和发展的。我们的党是一个善于总结实践经验并不断发展壮大的马克思主义政党,党的三代领导集体之所以形成了正确的人权理论,与他们对人权实践经验的总结是密不可分的。十一届三中全会以后,邓小平总结"文化大革命"当中不讲人权,对人权肆意践踏的教训,将人权问题纳入社会主义建设的重要方面,公开谈论人权问题,运用马克思主义理论分析中国人权建设的实践,提出人权是全国人民的人权,只有坚持社会主义制度,走共同富裕道路,加强民主法制建设才能实现人权。同时针对西方敌对势力以人权为借口推行霸权主义,对社会主义实施渗透、干预的状况,提出搞强权政治的国家最没有资格讲人权,不能以争人权为名影响安定团结等,形成了系统的人权理论。以江泽民为核心的党的领导集体面对国际人权环境日益复杂、国内人权建设出现曲折的实践环境,提出了发展中国人权的一系列主张,如生存权、发展权是首要人权,人权是普遍性与特殊性的统一,人权是具体丰富的,既包括经济、社会、文化权利,又包括公民权利和政治权利,实施依法治国保障人权等,这些中国化马克思主义人权理论都是建立在对中国人权实践科学判断基础上的,顺应了中国人权实践发展的客观需要。进入新世纪、新阶段后,我国人权发展又呈现出一系列新的阶段性特征,主要针对人权发展的不平衡性所带来的人权实现上的差异,由此党的领导集体提出通过经济、政治、文化、社会全面建设推动人权事业科学发展,坚持"以人为本",更加注重人在社会发展中的主体地位，通过对内构建和谐社会，对外推动和谐世界建设，达到和谐人权的实现。因而，改革开放以来所形成的中国化马克思主义人权理论都是建立在对中国国内外人权实践状况科学总结的基础之上的。

第三，中国化的马克思主义人权理论在实践中显示出了强大的生命力。改革开放后的人权实践是中国历史上从未有过的人权大发展，在正确的人权理论指引下，中国社会在人权实现的经济基础、民主法治保障、文化条件、社会保障等方面都取得了巨大的发展，经过30多年的努力，13亿中国人民物质文化生活水平极大改善，过着丰衣足食、文明健康的生活，享受着前所未有的自由和人权，对世界人权发展也作出了不可磨灭的贡献，这些实践成果的取得正是得益于中国化马克思主义人权理论的指引。

（四）解放与发展性

中国化马克思主义人权理论着眼于实现人的全面解放与发展，这首先是由社会主义基本特性所决定的。在以往阶级社会的人权理论中，都是以牺牲大多数人的利益为代价换取少数统治阶级的发展与权利实现，在奴隶制、封建制社会是典型的人的依赖性社会，奴隶、农民依附于统治阶级而存在，没有独立主体地位，根本谈不上人的发展问题。在资本主义社会人权只是资本剥削的特权，资产阶级为了实现资本的扩张、掠夺，对无产阶级进行了残酷的剥削、压榨，广大无产阶级根本不具备自由、全面发展的条件，资本主义条件下的人的发展是为了服务于资本扩张需求的，是畸形、片面的，人的本质严重异化。社会主义的建立实现了人与人的真正平等，人的发展真正着眼于人自身的需求状况，社会也为人的发展创造了各种有利条件。中国作为社会主义国家的代表，其所形成的中国化马克思主义人权理论必然反映社会主义特性，结合中国实际在经济、政治、文化等方面为人权实现创造了充分条件，这一理论的根本特性就是为了实现人的解放与发展。

从中国化马克思主义人权理论的内容来看，它也顺应了人类解放与发展的理论需要。马克思主义认为人权具有物质制约性，人类社会未来发展指向必定是以实现人的自由、全面发展为目标的，使人权能真正平等地为每一个人所充分享有。中国化马克思主义人权理论始终强调发展对人权实现的关键作用，尤其强调经济发展对人权实现的作用，结合我国人口众多、经济发展落后的实际，我国始终将人民的生存权、发展权列为首要人权，"解决中国的所有问题，关键在发展"①，始终坚持以经济建设为中心。邓小平指出："中国的主要目标是发展，是摆脱落后，使国家的力量增强起来，人民的生活逐步得到改善。"② 只有社会发展了，中国的人权事业才能得到稳定健康的发展。江泽民也指出："随着中国经济、文化的发展和人民受教育程度的提高，中国人民的生活将越来越好，享受的权利将越来越多。"③ 胡锦涛在党的十七大报告中也指出："科学发展观，第一要义是发展，核心是以人为本"，为此，"必须坚持把发展作为党执政兴国的第一要务，……努力实现以人为本、全面协调可持续的科学发展"，"做到发展为了人民、发展依靠人民、发展成果由人民共享"。而且中国的发展也是全方位的，既包括经济，也包括民主政治、法制、科教文化等，这些都为人的解放发展奠定了基础。正如江泽民在2001年的"七一"讲话中所指出："我们坚信马克思主义关于人类社会必然走向共产主义这一基本原理。共产主义只有在社会主义社会充分发展和高度发达的基础上才能实现。共产主义社会，将是物质财富极大丰富，人民精神境界极大提高，每个人自由而全面发展的社会。"

四、中国化马克思主义人权理论的重要意义

中国化马克思主义人权理论作为马克思主义人权理论中国化的重要理论成果，对推动改革开放以来的人权发展及人权研究具有重要意义，它已内化为中国特色社会主义理论体系的重要组成部分。

（一）实践意义

中国化马克思主义人权理论对人权发展的实践意义体现在两个方面：一

---

① 《江泽民论有中国特色社会主义（专题摘编）》，中央文献出版社2002年版，第93页。
② 《邓小平文选》第3卷，人民出版社1993年版，第244页。
③ 《江泽民同日本朝日新闻社社长江利忠的谈话》，载《光明日报》，1993年8月9日。

是它是中国人权建设的行动指南；二是它为世界人权发展提供了一个成功范例。

1. 中国人权建设的行动指南

享有充分的人权是中国人民长期以来梦寐以求的理想，近代以来中国人民备受奴役、压迫的人权屈辱史以及中国共产党领导中国人民争取人权的革命、建设史充分证明：只有马克思主义人权理论才能实现中国人权。然而，要真正发挥马克思主义人权理论的指引作用，必须将产生于欧洲的人权理论转化为切合中国实际的中国化的马克思主义人权理论。改革开放以前的人权实践虽取得了一定发展，但因没有正确对待马克思主义人权理论，走了很多弯路，充分说明教条、僵化对待马克思主义人权理论必定要损害人权。改革开放以来党的领导集体对人权问题的认识重新回到正确的轨道，结合中国人权实际将马克思主义人权理论灵活地与中国实际相结合，从经济、政治、文化、国际化等多角度总结出适合中国人权发展的理论成果，这些理论成果共同构成了改革开放以来中国化马克思主义人权理论。在这一理论指引下中国人权建设在改革开放以来取得了举世瞩目的成就，中国人权事业与中国经济、政治、文化、社会事业得到了同步、协调发展，中国人民享受政治、经济、文化及社会权利的水平大幅提高，人民生活从温饱不足发展到总体小康，贫困人口大幅降低，政治体制改革稳步推进，民主法治不断发展，社会观念日益更新，公民更为有序、广泛地参加政治生活，我们走出了一条具体中国特色的人权发展道路，今天中国老百姓所享受的自由和权利是前世未有的，正如国务院新闻办公室主任王晨所指出的："可以毫不夸张地说，中国人权事业已经取得了历史性进步，中国人权状况正处于历史上最好时期。"[①] 这一切成绩的取得与中国化马克思主义人权理论的指引是密不可分的，它已成为中国人权建设的行动指南。

2. 为世界人权发展提供了一个成功范例

关于人权实现问题是世界各国共同面对的一个课题，对此以美国为首的

---

① 王晨：《中国人权取得历史性进步》，载《人权》，2008年第6期。

西方资本主义奉行资产阶级人权理论，用人权的抽象性、超阶级性、绝对性来掩盖建立在资本主义私有制基础上的资产阶级特权，在这种发展模式下享有人权的主体只能是少数有产者，广大劳动人民不可能享受到资本主义经济发展带来的人权成果。而在社会主义制度创立以来的人权发展史中，苏联人权发展模式一度成为社会主义国家人权发展的代表，然而，这种模式下的人权发展道路并未能科学地对待马克思主义，教条、僵化地理解马克思主义不能实现科学的理论与各国具体实际的结合，最终走上背离马克思主义的道路。同时前苏联在人权发展中高度集权专制、严重丧失民主，使人民利益受到侵害，这些都最终导致了苏联解体，证明了苏联人权发展模式是失败的。改革开放以来中国共产党领导中国人民坚持科学地对待马克思主义，实现了马克思主义人权理论与中国实际的结合，走出了一条符合中国实际的人权发展道路，那就是在经济上坚持生产资料公有制、发展社会主义市场经济，在政治上加强社会主义民主、健全法治建设，在文化上通过先进文化建设推动人权发展，整体而言对内通过构建和谐社会、实现科学发展，对外反对霸权主义，推动人权全球化健康发展，构建和谐世界。这是将马克思主义人权理论应用于中国实际并经实践检验所得出的正确的人权道路选择，能最大限度实现人权发展与社会全面进步，所取得的人权发展成果也为世界所公认，并为世界人权发展提供了一个成功范例，再次证明了马克思主义的强大生机与活力，有力地回应了西方世界对中国人权问题的各种歪曲、指责，已经和必将继续为世界人权发展提供强有力的推动、支持。

（二）理论地位

中国化马克思主义人权理论对人权发展的理论意义体现在两个方面：一是它是马克思主义人权理论在中国发展的新阶段；二是它是中国特色社会主义理论体系的重要组成部分。

1. 马克思主义人权理论在中国发展的新阶段

马克思主义人权理论并非针对我国而创设，它在传入中国后必须结合中国实际，实现经典理论的继承和发展。改革开放以来中国共产党结合中国实际，将经典理论发展为中国化的人权形态，形成中国的人权理论体系。

马克思主义创始人认为，以生产资料公有制取代生产资料私有制，是社会主义人权的客观要求，但这一转变是以生产力的高度发展为条件的逐步实现过程。邓小平总结我国社会发展状况后指出："由于底子太薄，现在中国仍然是世界上很贫穷的国家之一，中国的科学技术力量很不足，科学技术水平从总体上看要比世界先进国家落后二三十年。""耕地少，人口多，特别是农民多。""在生产还不够发展的条件下，吃饭、教育和就业都成为严重的问题。"① 因而，中国不具备直接过渡到共产主义的条件。同时生产力发展水平落后，生产社会化呈现多层次性和不平衡性的国情决定了我们的社会主义还处在初级阶段，还不具备将社会主义公有制应用于一切领域的物质基础，由此提出了"以公有制为主体，发展多种经济成分"的思想，将马克思主义理论创造性地应用于当代中国实际所得出的科学结论，既发展了经济，保证人权问题可以得到逐步的改善，又坚持了社会主义的基本性质。

再如江泽民对马克思主义人权普遍性与特殊性的坚持与创新也同样体现了对马克思主义人权理论的发展。针对西方以人权普遍性为借口对我国所实施的人权干预，指出西方国家强迫别国接受他们的人权、民主是决不能接受的。1999年，江泽民在会见联合国秘书长安南时指出："世界应该是一个丰富多彩的世界。中国尊重国际人权文书中关于人权的普遍性原则，但同时认为，由于各国社会制度、文化、历史传统和经济发展程度不同，保护人权的具体措施和民主的表现形式应有所不同。"② 从而丰富和发展了马克思主义人权关于普遍性和特殊性的理论。

胡锦涛提出了科学发展的人权观，就是要坚持以人为本，依法保证全体社会成员平等参与、平等发展的权利，坚持经济建设、政治建设、文化建设和社会建设的全面协调和可持续发展，促进人权事业全面发展，这是对马克思主义人权物质制约性、发展性的创新，而科学发展根本目的"就是要以实现人的全面发展为目标，从人民群众的根本利益出发谋发展、促发展，不断

---

① 《邓小平文选》第2卷，人民出版社1994年版，第163—164页。
② 《江泽民在美中协会等六团体举行的午餐会上讲话》，载《人民日报》，1997年10月30日。

满足人民群众日益增长的物质文化需要,切实保障人民群众的经济、政治、文化权益,让发展成果惠及全体人民"。这又体现了对马克思主义人权阶级性的继承和发展。这些中国化马克思主义人权理论实现了对马克思主义人权理论的继承与发展,成为马克思主义人权理论在中国发展的新阶段。

2. 中国特色社会主义理论体系的重要组成部分

改革开放以来中国共产党领导中国人民坚持以马克思主义为指导,将马克思主义基本原理与当代中国实践和时代发展结合起来,不断推进马克思主义中国化,形成和发展了包括邓小平理论、"三个代表"重要思想以及科学发展观等重大战略思想在内的中国特色社会主义理论体系。党的十七大提出了中国特色社会主义理论体系的命题并对其科学内涵和精神实质进行了深刻阐释,指出该理论体系是以改革开放新时期为背景、以中国特色社会主义道路的探索为实践基础的,是与马克思列宁主义、毛泽东思想一脉相承的,是中国化马克思主义的理论创新。这一理论体系发展的总体概况和发展轨迹就是在十七大报告中胡锦涛总书记阐述的三个"永远铭记",党的十六大以来,以胡锦涛为总书记的党中央顺应国际国内形势发展的新变化,以邓小平理论和"三个代表"重要思想为指导,着力推动科学发展、促进社会和谐,完善社会主义市场经济体制,在全面建设小康社会实践中坚定不移地把改革开放伟大事业继续推向前进,以科学发展的新理念推进了中国特色社会主义理论体系的新发展。

中国特色社会主义理论体系内容涉及改革开放以来社会发展的各个方面,包括中国特色社会主义的经济建设、政治建设、文化建设、社会建设、国际战略与外交等,其中中国特色社会主义人权建设是一个重要方面。人权是一个复合体,与社会整体建设存在密切关联,这就决定了改革开放以来所形成的中国化马克思主义人权理论既属于中国特色社会主义理论体系的内容之一,又与该理论体系中的各个组成部分存在密切关联。具体而言,中国特色社会主义经济建设理论构成中国人权发展的基础理论,中国特色社会主义政治、文化、社会建设理论等是人权实现的保障理论,这决定了中国化马克思主义人权理论与中国特色社会主义理论体系各主要组成部分存在密切关系,谈中国化马克思主义人权理论不能离开其他理论的支持,也就决定了它是中国特色社会主义理论体系的重要组成部分。从另一方面讲，改革开放以来中国特色社会主义各方面建设的最终目的都是为中国人民人权的实现提供最坚实的基础，中国特色社会主义理论体系各组成部分都是着眼于中国人民的解放与发展的，让人民过上更为富足幸福的生活，也使国家更为繁荣昌盛，所以中国特色社会主义理论体系从根本上讲就是为了中国人民的集体人权与个人人权得以充分实现的理论体系，从这一角度理解，中国化马克思主义人权理论不能不在中国特色社会主义理论体系中占据重要地位。

第五章 改革开放以来马克思主义人权理论中国化的逻辑范式

托马斯·库恩在《科学革命的结构》一书中提出了范式理论,他认为:"一个范式就是一个科学共同体的成员所共有的东西,而反过来,一个科学共同体由共有一个范式的人组成。"① 这对于人们如何科学掌握事物发展提供了一种思路。借用范式理论也可以对改革开放以来马克思主义人权理论中国化的发展进行理论上的分析解构。对整个发展过程运用逻辑范式的方式进行分析,包含了原则、主题、基点、主体、理论总结、指向等方面,这种分析为进一步推进我国的人权建设指明了方向。

一、原则

改革开放以来马克思主义人权理论中国化的原则在于科学对待马克思主义人权理论与把握中国人权实际。实现马克思主义人权理论中国化,首要的一条在于科学对待马克思主义人权理论。马克思主义包含丰富的人权理论,对其所包含的内容,相关著作、文章都有详细介绍,但仅有理论总结并不意味着就做到了科学对待。科学对待意味着要将马克思主义人权理论的精髓真正运用于中国的实际,而不是教条式地照抄照搬相关论述。毕竟马克思主义

---

① 〔美〕托马斯·库恩:《科学革命的结构》,金吾伦、胡新和译,北京大学出版社2003年版,第158页。

创始人生活的年代与我国社会主义建设的实际有较大差距。我们要运用马克思主义论述人权问题的科学世界观、方法论分析中国的人权问题,根据中国国情不断实现理论创新,创制符合中国实际的中国化的马克思主义人权理论,实现马克思主义与时俱进。如关于人权问题的阶级性是马克思主义创始人所反复强调的,新中国成立后我们长期以来没有正确理解人权的阶级性问题,一度将阶级斗争扩大化,为了实现人民的人权将阶级矛盾视为社会主要矛盾,严重损害了人民权利。改革开放后党和国家将工作重心转移到经济建设上来,认识到阶级斗争虽然存在但已不是社会主要矛盾,否定阶级斗争为纲的错误路线,将社会主义社会主要矛盾界定为落后的社会生产力与人民日益增长的物质文化需要之间的矛盾,通过大力发展生产力实现人民人权,这就体现出对马克思主义人权理论的科学对待。

科学对待还意味着要正确区分马克思主义人权理论的科学性与意识形态性的关系。绝大多数对人权问题的认识都属于社会意识形态的范畴[①],不同的经济基础、阶级结构决定了不同的人权理论,也决定了社会主义与西方资本主义人权理论不可避免地存在诸多冲突,人权已成为政治斗争的重要领域。马克思主义人权理论是建立在无产阶级阶级利益基础上的,反映无产阶级利益要求的人权理论,是关于无产阶级和广大人民群众实现自身解放、发展的学说,是科学的,但不能由此否定其他人权理论形态存在的合理性。这需要我们妥善处理学术与政治的关系:一方面,坚持百家争鸣的学术方针,严格区分学术争论与政治斗争的界限,使两者保持适当距离,避免学术问题政治化倾向;另一方面,我们也要看到意识形态领域马克思主义人权理论与非马克思主义人权理论斗争的长期性、复杂性,既不能淡化或取消意识形态领域的思想斗争,也不能把这种斗争扩大化,需正确处理指导思想一元化与思想文化多元化的关系。人权的理论研究可以而且应当多样化,但人权斗争的思想文化阵地必须由马克思主义去占领,必须坚持马克思主义人权理论在意识形态领域的指导地位,只有这样才能保障社会主义人权建设沿着正确的方向

---

① 参见孙强:《人权意识形态问题初探》,载《人大复印报刊资料·思想政治教育》,2009年第9期。

前进。改革开放以来，我们在人权斗争和人权建设领域始终坚持马克思主义人权理论的指导地位，在此基础上结合中国的国情形成了符合中国实际的人权理论，实现了理论的与时俱进。同时在学术研究上倡导百家争鸣，翻译整理了许多西方人权论著，通过多种思想的碰撞，既吸取了许多西方人权思想中的精华，又通过思想交锋进一步体现出马克思主义人权理论的科学性，在思想领域树立起马克思主义的指导地位。

在科学对待马克思主义人权理论的基础上，还要正确认识中国的人权实际。中国是一个有着2000多年封建文化传统的国家，关于中国传统文化与人权的关系学界认识存在分歧。应当承认中国传统文化中既有对当代某些人权理论的肯定，也有对人的权利压制的成分。改革开放以来，我国文化建设取得了巨大进步，但封建文化中的某些因素仍然在阻碍着人权的发展，比如以集体主义名义否认个人的正当权利、利益，在民主集中制伪装下实行家长制等都是严重损害人权的做法。在经济发展方面，经济建设自改革以来取得了巨大成绩，但经济社会发展还不够发达，人权实现的物质基础还较为薄弱。政治体制改革和法治建设仍在进行中，还未形成健全的民主法治制度，人权的实现还未形成完备的保障。国际上以美国为首的西方国家经常攻击我国的人权状况，借机干预我国内政。正是基于对这些人权实际的认识，使我们并未教条式地照搬马克思主义人权理论的某些具体论述，也未盲目学习西方模式，而是走出了一条符合中国实际的人权发展道路，形成了人权保障的"中国模式"①，这一模式正是马克思主义人权理论在中国运用发展的结果，所以正确认识中国实际是实现马克思主义人权理论中国化的重要原则。

二、主题

改革开放以来马克思主义人权理论中国化的主题在于实现最大多数人的人权。新中国成立以来我们在人权建设的探索过程中作出了巨大努力，以毛泽东为核心的党和国家领导集体领导人民走上了社会主义道路，使中国人民

---

① 罗豪才：《人权保障的"中国模式"》，载《人权》，2009年第6期。

的生存发展权利、民主政治权利、精神文化权利得到了根本性改变,但由于受到"左"的错误影响,从20世纪50年代开始的"反右倾"斗争逐步扩大化,直接导致"文化大革命"的发生,从理论上放弃了马克思主义的指导,严重损害了人民的人权,使社会主义民主政治、物质文化建设都受到重大影响。十一届三中全会的召开实现了思想上的拨乱反正,重新确立了马克思主义人权理论对我国人权建设的指引。改革开放以来的30多年我国社会主义人权事业实现了巨大进步,所取得的成绩有目共睹。在这30多年间我们成功地把马克思主义人权理论与中国实际相结合,推动了中国人权事业的发展。在这一过程中,马克思主义人权理论的中国化之所以能发挥如此大的功效,最根本的一条在于我们党根据马克思主义人权理论科学解答了我国人权建设的实践主题,即如何实现最大多数人的人权。马克思主义认为人权不是超阶级的、普遍的,而是具体的、有阶级性的。在以往的阶级社会,人是被划分为具体的阶级的,人权只能为占人口极少数的统治阶级享有,广大劳动人民始终处于根本无权地位。社会主义所构建的人权代表着占人口绝大多数的广大劳动人民的利益,是最充分、最广泛的人权。如果说在改革开放以前我国人权建设走了一些弯路,没有充分保障好最广大人民的人权,那么改革开放以来,我们的人权建设又重新回到正确的轨道上来,始终坚持以马克思主义人权理论为指引,致力于实现、保障最大多数人的人权,将其作为人权构建的主题。邓小平曾明确指出,"什么是人权?首先一条,是多少人的人权?是少数人的人权,还是多数人的人权,全国人民的人权?西方世界的所谓'人权'和我们讲的人权,本质上是两回事,观点不同。"① 这句话明确指明了我国所保障的人权是多数人的人权,也揭示了西方资产阶级人权观和社会主义人权观的本质区别。社会主义人权为广大人民群众所享有,被社会主义民主法制所保障,并随社会主义经济、政治、文化的发展而不断丰富、完善。后来以江泽民为核心的党的领导集体提出了"三个代表"重要思想,其中最根本的一条就是"我们党要始终代表中国最广大人民的根本利益,就是党的理论、路线、纲领、方针、政策和各项工作,必须坚持把人民的根本利益作为出发

---

① 《邓小平文选》第2卷,人民出版社1994年版,第125页。

点和归宿,充分发挥人民群众的积极性、主动性、创造性,在社会不断发展进步的基础上,使人民群众不断获得切实的经济、政治、文化利益"①。这实际也是以保障最大多数人的人权作为党各项工作的根本出发点。进入新世纪,胡锦涛总书记提出了"以人为本"的科学发展观,实质也是要通过经济社会的科学发展,为人权改善创造条件,实现人的全面发展,使发展的成果由人民共享,使中国的人权事业得到全面、协调、可持续发展,使最大多数人的人权都能得到实现。

三、基点

改革开放以来马克思主义人权理论中国化的基点在于始终坚持将生存权、发展权列为首要人权。人权从产生至今,已经经历了三代的发展。第一代人权是由17、18世纪资产阶级启蒙思想家最先提出的,主要指公民权利和政治权利,这主要与资产阶级革命相联系,保证公民免受国家的侵害。第二代人权是随着无产阶级革命的发展由马克思主义创始人所提出的经济、社会、文化权利,马克思、恩格斯通过对资本主义制度的揭露和批判,在《哥达纲领批判》中提出"权利决不能超出社会的经济结构以及由经济结构制约的社会的文化的发展"②。人权的产生、实现和发展都建立在一定的社会经济、文化条件之上,人们要想实现实质的平等,只有政治权利是不够的,对广大劳动人民来说,必须享有经济、社会、文化权利,这是基础性的、首要的人权。第三代人权是随着20世纪四五十年代民族独立运动的兴起,第三世界国家为了维护民族独立,实现独立自主发展,提出了民族自决权和发展权为核心的第三代人权。三代人权反映了人权观的不断丰富、发展,他们并非互相取代关系,只是强调的侧重点不同。一般来讲发达国家只强调第一代人权,而发展中国家则强调第二、三代人权,反对把第一代人权只当做唯一的人权。

改革开放以后,我们总结新中国成立以来经济社会发展过程中的经验教

---

① 《江泽民论有中国特色社会主义》,中央文献出版社2002年版,第581页。
② 《马克思恩格斯选集》第3卷,人民出版社2012年版,第364页。

训，坚持马克思主义关于人权问题的基本观点，即把现实的人的生存、发展作为自己的立场和理论研究的根本出发点，结合发展中国家所提出的第三代人权的基本认识以及我国经济社会发展比较落后的事实，始终坚持把人民的生存权、发展权作为我国人权建设的基点。早在改革开放之初，邓小平就提出了人权实现的根本途径在于"解放生产力，发展生产力，消灭剥削，消除两极分化，最终实现共同富裕"。大力发展经济既是社会主义本质的表现，也是实现社会主义人权保障的根本，坚持社会主义首先就是要保障人民的生存发展权。"发展才是硬道理"，"不坚持社会主义，不改革开放，不发展经济，不改善人民生活，只能是死路一条"。① 只有消灭了贫穷，才能实现人民生存权，只有坚持发展权，才能消灭贫穷。以江泽民为核心的党的领导集体更是明确提出了生存权、发展权是首要人权的观点，他指出："今天，我国人民享受的人权保障，是过去从来没有的。中国是一个有十二亿人口的发展中国家，这个国情决定了在中国生存权、发展权是最基本最重要的人权。"② 以胡锦涛为核心的党的新一代领导集体，提出了科学发展的人权观，首要的一条就是要大力推进物质文明建设的全面协调发展，不断提高广大人民生存、发展的质量和水平，为此提出了"转变发展理念、创新发展模式、提高发展质量，切实把经济社会发展转入以人为本、全面协调可持续发展的轨道"。大力促进城乡区域协调发展，不断提高农村、城镇居民生存、发展的水平，提高少数民族的发展水平，完善社会保障体系，保障全体成员享有平等参与、平等发展的权利，确保了生存权、发展权的实际享有。

四、主体

改革开放以来推动马克思主义人权理论中国化的主体是十分广泛的，包括领袖人物、广大人民群众及理论工作者。

主体之一是领袖人物。领袖人物是推动马克思主义人权理论中国化的核

---

① 《邓小平文选》第3卷，人民出版社1993年版，第361页。
② 《江泽民论有中国特色社会主义》，中央文献出版社2002年版，第323页。

心,尽管他们经常强调其所提出的理论观点都来源于群众实践,而事实是如果没有他们对党、对群众智慧的总结,没有他们对实践的指导,就不会实现理论上的创造。他们是理论与实践结合的具体操作者,他们在这一过程中既是理论家,又是政治家,这决定了他们所提出的主张能尽快应用于实践,有利于理论推动改革和建设的发展。没有邓小平"解放思想、实事求是"路线的提出,就不会有人权禁区的突破;没有胡锦涛总书记"科学发展观"的提出就不会有人权科学发展的实现。领袖人物在马克思主义人权理论中国化过程中所起的作用首先是提出了将马克思主义人权理论与中国人权实际相结合的任务,改革开放以来党的领导集体一直号召人民正确对待马克思主义人权理论,深入研究中国人权实际,实现经典理论与中国实际的结合。早在1989年江泽民就在全国宣传部长会议上的讲话中指出,要解决如何用马克思主义观点来看待"民主、自由、人权"问题,号召大家运用马克思主义人权理论深入研究人权问题。其次领袖群体根据不同的历史状况、实践要求,确立了人权建设的主题,提出"什么是符合中国实际的人权,怎样构建中国的人权",围绕这一主题在总结和吸收全党、全社会理论智慧和实践经验基础上形成了一系列人权建设理论成果,这些成果构成了中国化马克思主义人权理论的重要组成部分。

主体之二是广大人民群众。人民群众作为历史的创造者,也是马克思主义人权理论中国化的主体,这种主体的能动作用体现在:

第一,人民群众对人权发展的理论诉求是马克思主义人权理论中国化的动力。改革开放后,对于社会主义能否讲人权一直是困扰广大人民群众的问题,基于"文化大革命"中对意识形态问题的极端化处理,使人们不敢轻易讨论人权问题,而"文化大革命"对人民权利的侵害又使广大人民群众对人权极度渴望,迫切需要在理论上对人权问题有一个清晰的界定,使人们对权利的要求名正言顺。在这种理论需求的推动下,邓小平首先打破理论禁区,公开谈论人权,树立了对人权问题的正确认识。广大理论工作者也积极撰文阐述马克思主义对人权问题的认识,推动了马克思主义人权理论中国化的迅速发展,所以没有人民群众对人权实践的理论诉求就不会有马克思主义人权理论中国化。

第二，人民群众的实践是马克思主义人权理论中国化的智慧来源。邓小平曾指出："近十年来的成功也是集体搞成的。我个人做了一点事，但不能说都是我发明的。其实很多事是别人发明的，群众发明的，我只不过把它们概括起来，提出了方针政策。"① 比如在基层民主权利建设方面，正因为有了广西宜山自发选举村委会的实践，才有了规范基层民主权利行使的相关政策法规，正因为存在人民财产、人身权利被公权力侵害的恶性事件的发生，才推动了中国一系列保障人权的法律、法规的制定完善，并直接推动了国家将"尊重和保障人权"写入宪法。同时在实践中形成的中国化马克思主义人权理论又回到人民群众实践中得以检验、评判，在不断修正、完善基础上不断实现理论的发展。

第三，只有人民群众掌握了人权理论才能推动人权实践的发展。根据马克思主义的基本观点，"理论一经掌握群众，也会变成物质力量。理论只要说服人，就能掌握群众；而理论只要彻底，就能说服人。所谓彻底，就是抓住事物的根本。"② 马克思主义人权理论在被人民群众掌握、认同之后，成为推动人权建设的巨大动力，理论的价值和魅力才能得以充分发挥。人民群众的理论取向是马克思主义人权理论中国化成果得以被接受的重要因素。广大人民群众占社会成员的绝对多数，马克思主义人权理论中国化能否顺利实现关键在于人民群众能否接受，人民群众的知识素养、思维方式、接受能力是理论能否被接受的关键，这就需要将马克思主义人权理论具体化、民族化、通俗化。毛泽东曾指出："洋八股必须废止，空洞抽象的调头必须少唱，教条主义必须休息，而代之以新鲜活泼的、为中国老百姓所喜闻乐见的中国作风和中国气派。"③ 理论只有以广大人民群众所易于接受的形式体现才能推动马克思主义人权理论大众化。在中国特色的人权理论中，对人权问题的论述都极具通俗性，如"生存权、发展权是首要人权"、"没有主权就没有人权"的论述等，这使中国化马克思主义人权理论易于为群众所接受，发挥出理论的最

---

① 《邓小平文选》第3卷，人民出版社1993年版，第272页。
② 《马克思恩格斯选集》第1卷，人民出版社2012年版，第9—10页。
③ 《毛泽东选集》第2卷，人民出版社1991年版，第534页。

马克思主义人权理论中国化研究
The Research about Marxist Human Rights Theory's Merge with China Since Reform and Opering Up

大功效。

　　主体之三是理论工作者。我们要充分肯定理论工作者在马克思主义人权理论中国化过程中所起的作用，这一点容易为人们所忽视，似乎一提马克思主义就只是领袖们的事，与理论工作者无关，这与事实明显不符。纵观改革开放以来人权领域的研究是日渐兴盛的，根据中国知网对以"人权"为关键词的论文进行检索的粗略统计，从1978年至今各类期刊、杂志发表人权类论文近万篇，这些都反映出理论工作者对马克思主义人权理论中国化过程的积极参与、探讨。理论工作者所起的作用主要表现为：一是学习、宣传马克思主义人权理论，在人民群众与马克思主义理论之间形成一个重要的连接中介，这种传播既包含了文字上的转换，更重要的在于将来自欧洲的思维习惯、表达方式转换为中国人民可接受的方式、内容；二是对马克思主义人权理论进行创新，用马克思主义的立场、观点、方法结合中国人权实际、中国传统文化、人类文明精华的基础上实现理论上的突破，尽管这方面在当前来说做得还不够，但这正是理论工作者的重要使命。正是理论工作者的积极参与，才促成了理论创新的形成，他们为马克思主义人权理论中国化作了理论上的系统梳理，指出存在的问题，并对未来发展指明方向，功不可没。正如胡锦涛总书记在"三个代表"研讨会上的重要讲话中所指出的，"三个代表"重要思想，是"集中全党智慧"，以马克思主义的巨大勇气所进行的"理论创新"。党的历史上历次理论创新都是集中全党智慧的结果，全党智慧当然也包括理论工作者的智慧，我们之所以强调理论工作者的作用，反对将人权问题完全政治化、脱离学术，是为了激发其使命感，使党的理论工作者在马克思主义人权理论中国化过程中发挥更大作用。

五、指向

　　马克思主义人权理论中国化的最终指向是实现人的自由、全面发展。马克思主义人权理论就是为了实现人的解放、发展所创立的，在马克思、恩格斯所生活的年代，正值资本主义得以蓬勃发展的时期，资本主义商品经济的发展加剧了对无产阶级的剥削，进一步导致了人的异化，无产阶级处于根本无权地位，为了实现人的解放、发展，马克思主义人权理论应运而生，为人权的实现指明了方向，即最终通过共产主义制度的确立，实现人的自由、全面发展，使人权能真正平等地为每一个人所享有。马克思主义传入中国后，中国共产党在马克思主义指引下领导中国人民进行了艰苦卓绝的斗争，实现了民族独立、人民解放，并取得了社会主义建设的伟大成就。尤其是改革开放以来，党的三代领导集体将马克思主义人权理论与中国实际相结合，推动了中国人权理论与实践建设的发展。在这一过程中所作的任何探索其指向都在于为人的自由、全面发展创造条件。在人权的经济基础方面，我们始终坚持以经济建设为中心，将人民的生存、发展权放在首位，打牢人权的根基。因为要实现共产主义状况下人的自由、全面发展，必须为全体人民提供坚实的物质基础。我国虽然确立了社会主义制度，但经济社会还不够发达，只有在经济发展基础上推动社会全面发展才能解决人权问题，改革开放以来党的三代领导集体都始终坚持了发展的中心地位。

邓小平指出："中国的主要目标是发展，是摆脱落后，使国家的力量增强起来，人民的生活逐步得到改善。"① 只有社会发展了，中国的人权事业才能得到稳定健康的发展。以江泽民为核心的党的领导集体更加关注实现人的自由全面发展问题。2001 年，江泽民在"七一"讲话中指出，"我们建设有中国特色社会主义的各项事业，我们进行的一切工作，既要着眼于人民现实物质文化生活需要，同时又要着眼于促进人民素质的提高，也就是要努力促进人的全面发展。我们在社会主义初级阶段提出，坚持不懈地追求人的全面发展的目标，这是我们党对马克思主义理论的重大丰富和发展。我们要在发展社会主义社会物质文明和精神文明的基础上，不断推进人的全面发展。"② 而"三个代表"的重要思想，重要的一条就是要代表最广大人民群众的根本利益，从人权实现的角度来看，就是要实现广大人民群众的普遍人权，实现人的全面发展。为此，在十五大召开之际首次将"人权"概念写入党的全国代表大会的主题报告，将尊重和保障人权明确作为共产党执政的基本目标纳入

---

① 《邓小平文选》第 3 卷，人民出版社 1993 年版，第 244 页。
② 江泽民：《江泽民论三个代表》，中央文献出版社 2001 年版，第 179 页。

党的行动纲领之中,同时作为政治体制改革和民主法制建设的一个重要主题纳入中国改革开放和现代化建设的跨世纪发展战略之中。在以胡锦涛为核心的新一代党的领导集体的领导下,"科学发展观"方针的提出更是为人的全面发展提供了明确的依据,该论断的核心就是以人为本,以人为本的"人"是指人民群众,而"本"则是指人民群众的根本利益。2004年3月10日,胡锦涛在中央人口资源环境工作座谈会上指出:"坚持以人为本,就是要以实现人的全面发展为目标,从人民群众的根本利益出发谋发展、促发展,不断满足人民群众日益增长的物质文化需要,切实保障人民群众的经济、政治和文化权益,让发展的成果惠及全体人民。"所以,以人为本的科学发展观根本目的是不断保障人民群众的经济、政治和文化权益;发展的根本目标就是要实现人的全面自由发展的社会理想,即共产主义的自由王国。因而,改革开放以来党的三代领导集体在人权建设指导思想上,始终着眼于以实现人的自由和全面发展为目标。

改革开放30多年来,中国经济社会的突飞猛进充分说明了我们发展所取得的成效。截至2012年底,中国国内生产总值由1978年的3645.2亿元人民币增长到2012年的519322亿元,增长了近142倍,城镇居民可支配收入从343元增加到24565元,农村居民可支配收入由134元增加到7917元,约分别增长了72倍和59倍。① 这些成绩的取得说明了我们为实现人的自由、全面发展付出了巨大努力,取得了巨大成绩,为人权的实现奠定了良好的基础。在民主法治建设方面,中国共产党深刻总结新中国成立以来特别是"文化大革命"的深刻教训,高度重视民主法治建设,保障公民基本权利。民主法治是保证人权实现的制度保障和法律保障,民主政治建设就是要使国家的政治生活、经济管理、社会生活民主化,不断扩大人民平等参与社会生活的权利。法治建设就是要使民主制度化、法律化,使个人与国家、社会、他人之间的权利义务关系用法律形式固定下来,没有民主、法治就不可能有人权。为此,我们坚定不移地走中国特色政治发展道路,深化政治体制改革,实施了依法

---

① 参见中华人民共和国国家统计局:《2012年国民经济和社会发展统计公报》,载《中国统计》,2013年第3期。

治国基本方略，将"国家尊重和保障人权"写入了宪法。在文化建设方面着力构建有中国特色社会主义先进文化，推动精神文明建设的全面协调发展，不断提高广大人民享有先进文化教育权利的水平，为人权建设提供了精神动力和智力支持，这些举措都为人的自由全面发展提供了重要保障。所以从经济建设、民主政治、法治、文化建设等方面来看，改革开放以来我们取得了巨大成绩，这为人权的实现提供了切实的基础，更加验证了我国人权建设的目标指向就是为了实现人的自由、全面发展。

六、理论总结

改革开放以来马克思主义人权理论中国化所形成的理论总结是中国化的马克思主义人权理论。改革开放以来，中国共产党和中国人民创造性地将马克思主义人权理论与中国社会主义建设相结合，实现了马克思主义人权理论中国化，党的三代领导集体运用马克思主义解决中国人权实践，对中国人权问题形成了丰富的理论认识，这些理论成果共同构成了中国化马克思主义人权理论，这是对中国改革开放以来人权事业发展的理论概括，是一个严密科学的理论体系。这一理论体系的指导思想是马克思主义的，尤其是马克思主义关于人权问题的科学论述和理论总结。贯穿这个体系的主线是"什么是符合中国实际的人权，怎样构建中国的人权"。围绕这一中心问题，邓小平、江泽民、胡锦涛等一批党的政治思想家进行了卓有成效的探索，形成了对这个中心问题的科学回答。首先是以邓小平为核心的党的领导集体依据我国经济社会发展实际，提出符合中国实际的人权是由占人口绝大多数的广大人民群众所享有的人权，这种人权是以国权的存在为前提的。为了实现这一人权目标，提出了发展才是硬道理的人权实现路径，强调要解放、发展生产力，不断满足人民日益增长的物质文化生活需要，实现共同富裕，同时吸取"文革"时不讲民主的教训，加强民主法制建设来保障中国人民的人权实现。

以江泽民为核心的领导集体围绕这个中心问题，在邓小平对人权问题基本认识基础上作了进一步回答，明确提出要构建符合中国实际的人权必须首先将生存权、发展权列为中国人民最重要、最基本的人权，因为中国作为有十几亿人口的发展中大国,经济社会发展比较落后,必须将实现人民生存发展的权利放在首位;其次,我们所要构建的人权是在体现人权普遍性基础上结合中国特殊实际、具体国情所确立的,别国无权以人权普遍性为由对我国人权事务予以干预;再次,这种人权是具体丰富的,既保障人民享有经济、社会、文化权利,又要保障人民享有公民权利、政治权利。为了实现这些目标,提出要在人权问题上进行平等对话,加强国际合作,反对以人权为借口干涉别国内政;积极推进政治体制改革,建立人民当家作主的民主政治;实施依法治国与以德治国相结合,保障人民享有民主自由权利;加强党的建设,党要始终代表中国最广大人民利益,以人民根本利益作为出发点、归宿,保证人民群众不断得到切实的经济、政治、文化利益等。

进入新世纪,以胡锦涛为核心的党的领导集体针对国际国内形势的新发展,提出要用以人为本的科学发展观统领人权事业全面发展。所以新世纪我们所要构建的人权是在继承前人基础上科学发展的人权,这种人权目标的核心就是要以人为本,树立全面、协调、可持续的发展观,促进经济、社会和人的全面发展。有学者总结这种人权可以列为第四代人权,"是融人类权利与生态文明有机统一的人权,是融人类人权文明普遍性与特殊性的完美统一"①。为了实现这一人权目标,提出坚持以人为本,依法保证全体社会成员平等参与、平等发展的权利;坚持经济建设、政治建设、文化建设和社会建设的全面协调和可持续发展;全面建设小康社会、构建和谐社会,不断提高人民群众享受经济文化权益的水平;用宪法和法律维护和保障全体社会成员的合法权利;维护世界文明多样性,推动建设持久和平、共同繁荣的和谐世界;坚持国际人权的合作与对话,促进国际人权事业健康发展等等。

综上,从原则、主题、基点、主体、指向、理论总结等方面解构了马克思主义人权理论中国化的逻辑范式,充分说明改革开放以来中国在马克思主义人权理论的指引下,走出了一条符合中国特色的人权发展道路,成功实现了理论的中国化。坚持并不断深化马克思主义人权理论中国化的道路将成为我们未来人权建设的基本路径。

---

① 鲜开林:《科学发展观与人权》,国防大学出版社2009年版,第6页。

第六章 改革开放以来马克思主义人权理论中国化的基本特征

改革开放30多年来,马克思主义人权理论与中国实际相结合并取得了巨大进展,在这30多年间中国的人权状况发生了翻天覆地的变化,正如中国人权研究会会长罗豪才在2008年"改革开放与人权发展30年"学术研讨会的发言中所指出的那样,"30年间人民物质生活得到极大改善,经济社会权利迅速发展,公民政治权利得到不断扩大,少数民族的平等权利和特殊权益得到保障……"这些成绩的取得当然离不开改革开放以来党的三代领导集体的正确领导以及全国各族人民的共同努力,通过对30多年间党的三代领导集体领导中国人民发展人权的历程进行回顾与总结,可以归纳出在这30多年间马克思主义人权理论中国化的几点特征,对这些特征进行梳理反思,将对我国未来人权事业的发展具有重要的指导意义。

马克思主义人权理论中国化的发展过程所体现出的最根本的特征在于将马克思主义关于人权问题的普遍真理与中国具体人权实际相结合,产生出了许多适合中国实际的新的人权理论,这是马克思主义中国化的光辉典范。马克思主义是以实践为基础的科学性和革命性的统一,实践性是马克思主义的重要特性,只有将马克思主义与具体实际相结合,才是对待科学理论的正确态度,也才能解决实际的问题。列宁认为:"马克思主义者必须考虑生动的实际生活,必须考虑现实的确切事实,而不应当抱住昨天的理论不放,因为这种理论和任何理论一样,至多只能指出基本的、一般的东西,只能大体上概括实际生活中的复杂情况。"① 针对中国的基本国情，如何实现马克思主义人权理论与中国具体实际相结合，解决中国人民的人权问题，是改革开放后中国共产党人迫切需要解决的问题，在这一过程中通过我们的不懈努力基本实现了马克思主义人权理论的中国化，也达到了理论上的创新。

在改革开放后，针对以往社会主义建设轻视甚至践踏人权的事实，邓小平将社会主义人权问题与对社会主义本质的思考联系起来，从他对社会主义本质的经典描述中我们可以发现，社会主义优越性不仅体现在它的生产力比资本主义发展得更快一点、更高一些，而且要解决人的两极分化，实现人的共同富裕问题，把人民的共同富裕作为阐述社会主义本质的最终落脚点，对马克思主义人的发展理论作了全新的阐释，使马克思主义人权理论的内容有了更新的内涵。以此为目标，针对我国人口多、底子薄、经济基础薄弱的现实，邓小平始终把解决人民的生存权与发展权放在人权建设的首位，因为人们只有首先能够解决生存问题才能享有其他诸多权利，如果人的生存权利都得不到保障，其他一切人权也就无从谈起。邓小平指出，"我们的人民生活水平和文化水平还不高，这也不能靠讨论人的价值和人道主义来解决，主要地只能靠积极建设物质文明和精神文明来解决。"② 为此，他确立了"以经济建设为中心"的基本路线，制定了从温饱到小康再到比较富裕的"三步走"的现代化发展战略，在解决人民温饱这个生存权问题的基础上逐步实现人的发展，确立了生存权与发展权的顺位问题，这些思想的产生都是将马克思主义人权理论运用于中国实际的结果。

以江泽民为核心的党的领导集体面对国内外复杂的人权斗争，针对西方所提出的"普遍人权"的理论，系统阐述了人权的普遍性与特殊性的关系以及人权普遍性原则要与中国的具体实际相结合的思想。对人权的普遍性与特殊性问题，以往的马克思主义人权理论中虽蕴含这一思想但都没有作过全面阐述。而江泽民明确指出，人权的普遍性不是抽象的，而是通过人的特殊性表现出来的。由于历史背景、社会制度、文化传统、经济发展水平不同，各

---

① 《列宁选集》第3卷，人民出版社2012年版，第26—27页。
② 《邓小平文选》第3卷，人民出版社1993年版，第41页。

国在实现人权的普遍性原则时，从内容到形式、从方法到步骤，都有各自特点。只有从各个国家的实际情况出发，才能使人权的普遍性原则得到真正实现，才有各国自己的人权特色。正如江泽民指出的："谈到人权问题，要考虑国情的不同。对中国来说，确保人民的生存权和发展权，是首要的也是最大的人权保障。中国有十二亿人口，每年净增一千四百万人，而有些国家人口基数很小，有些国家人口增长很慢，甚至是负增长。显而易见，我们不可能推行与它们同样的人口政策。不然的话，连温饱问题都解决不了，其他权利更谈不上。因此，确保中国的社会稳定、经济发展和人民生活水平的提高，乃是不断改善人权状况的基本条件和重要内容。"①

进入新世纪以来，如何实现马克思主义人权理论与中国实际相结合，也是新一代领导集体重点需要解决的问题。十七大报告中明确指出，要坚定不移发展社会主义民主政治，加快建设社会主义法治国家，尊重和保障人权，依法保证全体社会成员平等参与、平等发展的权利，而保障人权最核心的体现就是"以人为本"思想的提出。以人为本就是要实现广大人民群众的经济、政治、文化、社会权利，实现人的全面发展、科学发展。这是基于我国社会主义社会的本质，结合我国实际所提出的，是马克思主义人权理论中国化的最新成果。为此，2008年中国政府着手制定《国家人权行动计划》，对未来两年中国人权事业的发展作出规划。这是中国第一次制定《国家人权行动计划》，是中国政府贯彻落实"国家尊重和保障人权"的宪法原则和"以人为本"的科学发展观的重要举措。《国家人权行动计划》内容涉及完善政府职能，扩大民主，加强法治，改善民生，保护妇女、儿童、少数民族的特殊权利，提高全社会的人权意识等与人权相关的各个方面。这是在马克思主义人权理论指导下中国人权建设的又一个飞跃，极大推进了我国人权事业的发展。

在坚持将马克思主义关于人权问题的普遍真理与中国具体人权实际相结合的基础上，在马克思主义人权理论中国化发展过程中体现出的一些具体特征包括如下几方面：

---

① 中共中央文献研究室：《十四大以来重要文献选编（中）》，人民出版社1997年版，第1548页。

一、坚持以马克思主义唯物史观作为理论指引

马克思主义人权理论中国化的过程始终以马克思主义唯物史观作为理论指引。马克思在《〈政治经济学批判〉序言》中,通过对资本主义政治经济学的研究,创立了他的唯物史观,他说,"我所得到的,并且一经得到就用于指导我的研究工作的总的结果,可以简要地表述如下:人们在自己生活的社会生产中发生一定的、必然的、不以他们的意志为转移的关系,即同他们的物质生产力的一定发展阶段相适合的生产关系。这些生产关系的总和构成社会的经济结构,即有法律的和政治的上层建筑竖立其上并有一定的社会意识形式与之相适应的现实基础。物质生活的生产方式制约着整个社会生活、政治生活和精神生活的过程。"① 根据唯物史观,生产力是社会发展的最终决定力量,人的生存发展状况、人权实现的程度和水平都与整个社会的生产力发展水平密切相关。

在改革开放之初,我们就提出了大力发展生产力的要求,1978年9月,邓小平发表讲话指出:"我们是社会主义国家,社会主义制度优越性的根本表现,就是能够允许社会生产力以旧社会所没有的速度迅速发展,使人民不断增长的物质文化生活需要能够逐步得到满足。按照历史唯物主义的观点来讲,正确的政治领导的成果,归根结底要表现在社会生产力的发展上,人民物质文化生活的改善上……我们一定要根据现有的有利条件加速发展生产力,使人民生活好一些,使人民的文化生活、精神面貌好一些。"② 所以在这一思想指导下,邓小平在1992年南方讲话中明确指出社会主义的本质就是要解放生产力,发展生产力,消灭剥削,消除两极分化,最终达到共同富裕。只有生产力发展了,人民生活水平提高了,人权的实现才有切实的保障。而以江泽民为核心的党的领导集体提出了"三个代表"重要思想,首要的就是要解决中国共产党能否始终代表先进生产力的发展方向问题,以发展社会生产力为

---

① 《马克思恩格斯选集》第2卷,人民出版社2012年版,第2页。
② 冷溶、汪作玲:《邓小平年谱》,中央文献出版社2004年版,第379页。

手段来达到满足人民群众生活需要的最终目的，这不仅是人权评价的一个最基本的参照系，而且其本身也内在地包含了提高人民生活质量的生存发展权的思想。直到胡锦涛总书记所提出的科学发展观，其实质也在于解决当下中国如何在生产力高度发展的基础上实现社会的全面进步，实现经济社会全面协调可持续发展，这也是在为人权的充分实现提供更为牢固的根基。

这些理论与实践的发展都贯穿着马克思主义唯物史观的指导，所以改革开放30多年来中国经济、社会发展高速前进，年均增长率都超过9%，中国人的生活水平实现了极大提高，人民生存权、发展权状况得到极大改善，实现了从贫困到小康的跨越，一组数据充分说明了这一点。截至2012年底，全年粮食产量为58957万吨，而1978年粮食产量仅为30475万吨，全年货物进出口总量由1978年的355亿美元增加到2012年的38668亿美元，中国财政收入由1978年的1132亿元上升到2012年的117210亿元，2012年末城镇居民人均可支配收入24565元，而1978年全民所有制职工平均工资仅为644元，农村居民可支配收入由134元增加到7917元，人均预期寿命由1978年的68岁提高到73岁，达到中等发达国家水平。①

二、在经济发展基础上不断实现对人权的全面保障

改革开放后党的领导集体逐渐认识到经济发展对人权实现的决定性作用，但人权的充分实现是各种社会制度综合作用的结果，所以在大力发展经济的同时，党的领导集体也通过积极发展民主法治、文化建设等推动人权全面发展。改革开放后邓小平总结了"文革"中不重视人权、不讲民主的教训，提出了通过民主的制度化、法制化来完善对人权的保障。他多次提出："民主和法制，这两个方面都应该加强，过去我们都不足。要加强民主就要加强法制。没有广泛的民主是不行的，没有健全的法制也是不行的。"② 在大力发展物质

---

① 参见中华人民共和国国家统计局：《2012年国民经济和社会发展统计公报》，载《中国统计》，2013年第3期。
② 《邓小平文选》第2卷，人民出版社1994年版，第189页。

文明的同时邓小平还大力推进精神文明建设,强调"两手抓,两手都要硬",通过丰富人民的精神世界提升人权的享有、实现水平。邓小平还高度重视民族问题,强调促进民族团结、民族平等、各民族共同繁荣既关系到国家命运,也关系到民族地区发展与人民利益的实现,为少数民族地区的发展作出了重要贡献。

以江泽民为核心的党的领导集体在邓小平人权建设理论的基础上对人权的全面保障又向前迈进,在实施经济体制改革的同时,积极稳妥地推进政治体制改革,将实行人民民主、充分保障人民当家作主的民主权利作为我国政治体制改革的根本出发点和归宿,指出:"发展社会主义民主,最重要的是把社会主义民主落实到国家经济、政治、文化及各项社会事业的决策和管理中去,落实到各项制度和各项实际工作中去,落实到广大人民行使民主权利的实践中去……要保证人民群众在基层的经济、政治、文化和其他社会事务中当好家做好主,这是人民群众在整个国家经济、政治、文化和社会生活中当家作主的基础。"① 在发展社会主义民主的同时加强社会主义法制建设,实施了"依法治国"基本方略,从"法制"向"法治"的转变既体现了国家治理方式的转变,也更加有利于人权保障的制度化、规范化。在民主法治发展的同时更加注重通过发展先进文化保障人权的实现水平,文化的发展不仅有助于推动人的整体素质的提高,更有利于净化社会环境,提升社会整体发展水平。人权的实现永远不能超越社会的文化发展,只有文化发展了人民才能享有更充分的人权,为此提出了"以科学的理论武装人,以正确的舆论引导人,以优秀的作品鼓舞人,以崇高的精神塑造人"的先进文化发展战略。此外,江泽民还对如何正确处理社会主义条件下的人民内部矛盾问题和化解各类社会矛盾、正确处理少数民族的平等权利和坚持民主自治的原则问题、西部大开发和实施扶贫政策问题、正确处理社会分配不公和实现共同富裕、进一步提升妇女地位、保障残疾人权利等问题采取了一系列发展举措,将我国人权建设推向了一个新的阶段。

进入新世纪后,以胡锦涛总书记为核心的党的领导集体对人权实现的保

---

① 《江泽民文选》第3卷,人民出版社2006年版,第221页。

障更为全面、深入,"科学发展观"作为对"党的三代领导集体关于发展的世界观和方法论的集中体现",通过全面推进经济、政治、文化、社会、党的建设来全面提升人权的享有、实现水平。在推动物质文明全面协调发展,不断提高人民生存、发展权的同时,推动政治文明全面发展,不断提高全体社会成员平等参与、平等发展的权利,推动民主执政,确保"权为民所用、情为民所系、利为民所谋";强化依法行政,加强人权的司法保障;推动精神文明建设的全面协调发展,不断提升广大人民享受先进文化教育权利的水平,加大对人权的智力支持,坚持科教兴国战略和可持续发展战略,加大政府对文化教育事业的投入,提升国家文化软实力,不断提高广大人民文化权利享有和实现水平;推动生态文明建设,构建环境友好型社会、资源节约型社会,实现人与自然、经济与生态环境的协调发展,为人权实现奠定良好的生态文明基础。在物质文明、政治文明、精神文明、生态文明全面建设基础上,通过对内构建社会主义和谐社会,促进不同区域科学发展,对外共建和谐世界,实现了中国人权的科学发展。

改革开放以来党的三代领导集体发展人权的战略充分证明党通过各种发展途径使人民人权得以充分实现,也正是因为这些举措的施行使中国人民正享受着前所未有的人权。

三、坚持对西方主流人权理论的全面分析研判

马克思主义人权理论中国化的过程,也是在全面分析、研判西方主流人权理论,借鉴其优秀成果的基础上来发展我国的人权事业。批判性是马克思主义的重要理论特点之一,列宁在讲到马克思主义学说之所以有力量、之所以能够掌握"最革命阶级的千百万人的心灵"这个问题时,明确指出,这是因为"凡是人类社会所创造的一切,他都有批判地重新加以探讨,任何一点也没有忽略过去。凡是人类思想所建树的一切,他都放在工人运动中检验过,重新加以探讨,加以批判,从而得出了那些被资产阶级狭隘性所限制或被资产

阶级偏见束缚住的人所不能得出的结论"①。从马克思主义创立的过程来看，就是在对以往的古典哲学、古典政治经济学、空想社会主义等理论渊源进行批判的基础上得以创立的，而在其发展的过程中不仅对各种非马克思主义思想进行批判，随着实践的发展也对其自身进行理论批判，如恩格斯晚年对唯物史观研究的新贡献就体现了这一点。所以批判性贯穿于马克思主义产生发展的全过程，是马克思主义理论的重要特点，作为先进、科学的理论必定是对以往成果进行批判继承的基础上才得以创立并发展的。

对于马克思主义人权理论中国化而言，也存在着批判继承的过程。中国传统文化当中没有产生人权概念，根源在于中国传统社会的义务本位以及小农经济基础上个人独立性的缺失，这些决定了传统中国社会是一个讲究礼治、崇尚道德约束、追求天人和谐的仁义社会，不可能产生出人权这样的权利斗争话语。所以人权理念主要来自西方社会，近代人权概念最先出现于西方，以西方的哲学思想和法学概念作为直接来源，因而带有若干与西方文化相联系的特性。西方国家的主流意识形态对人权的理解以个人主义为基础，以自由主义为核心，以自由权为重点。他们经常将所谓的"人权外交"与自身的国家安全和经济利益交织在一起去干涉别国。改革开放以来我们对西方人权论调中错误的部分给予了有力地批判，从而树立起马克思主义人权理论的指导地位。

针对西方国家经常借口人权问题来干涉我国事务，鼓吹"人权高于主权"，宣扬"人权至上"的论调，我们提出"国权比人权重要得多"的论断，邓小平曾明确指出："人们支持人权，但不要忘记还有一个国权。谈到人格，但不要忘记还有一个国格。特别是像我们这样第三世界的发展中国家，没有民族自尊心，不珍惜自己民族的独立，国家是立不起来的。"②这说明国家主权是人权实现的基础和前提，人权从属于国权。人民的生存权、发展权、自由平等权等各种基本人权的实现，是由各个主权国家实行各项具体政策来保证的，这有力地回击了西方国家的人权干涉论。在此基础上，江泽民对西方所谓

---

① 《列宁选集》第4卷，人民出版社2012年版，第284—285页。
② 《邓小平文选》第3卷，人民出版社1993年版，第331页。

"人权高于主权，人权无国界"的理论进行了更为深入地驳斥，他指出："如果失去了国家主权、民族独立和国家尊严，也就失去了人民民主，并且从根本上失去了人权。"① 这一概括正是在对我国近代历史经验进行深刻反思的基础上得出的正确结论。在旧中国，国家主权、民族独立受到他国严重侵犯，中华民族生灵涂炭，"华人与狗不得入内"的牌子公然立在我国领土的公园门口，在这种状况下谈何人权？江泽民在中国共产党第十四次全国代表大会上的报告中指出："人权问题说到底是属于一个国家主权范围的事，我们坚决反对利用人权问题干涉别国内政。"而西方国家提出这一主张是为其干涉别国内政提供理论根据，这是严重违反国际法和《联合国宪章》的行为，必须坚决予以反对。所以江泽民主张各国在平等和相互尊重的基础上开展人权对话与合作，反对将人权问题政治化，特别是利用人权问题干涉发展中国家内政的做法。"人权要靠主权来保护，不是人权高于主权，而是没有主权就没有人权。"②

进入新世纪，以胡锦涛总书记为核心的党的新一代中央领导集体，更加坚定地坚持马克思主义指导下的人权理论，对西方所谓的人权外交战略、人权理论进行了有力地回应，尤其是2008年3月14日，拉萨发生打砸抢烧暴力犯罪事件后，一些国家利用"西藏人权"问题向中国发难，某些西方人认为，由于西藏一直存在着侵犯人权的问题，他们表示"严重关注"。为了解决"西藏问题"，他们一方面竭力美化达赖的形象，赞赏他的"非暴力"主张；另一方面不断向中国政府施加压力，要求其与达赖的代表谈判，恢复西藏的人权。对此，胡锦涛总书记在2008年4月会见澳大利亚总理陆克文时表示，西藏事务完全是中国内政。我们和达赖集团的矛盾，不是宗教问题，也不是人权问题，而是维护祖国统一和分裂祖国的问题。关于中国西藏拉萨等地发生的严重暴力犯罪事件，并不像某些人宣扬的是什么"和平示威"、"非暴力"行动，而是赤裸裸的暴力犯罪。对于这种严重侵犯人权、严重扰乱社会秩序、

---

① 江泽民：《爱国主义和我国知识分子的使命》，载《人民日报》，1990年5月4日。
② 江泽民：《同阿尔及利亚总统布特弗利卡会谈时的谈话》，载《人民日报》，1999年10月30日。

严重危害人民群众生命财产安全的暴力犯罪活动,任何一个负责任的政府都不会坐视不管。这就有力地回击了西方所谓假借"西藏人权"问题干涉中国内政的险恶用心。针对美国等一些西方国家利用人权干扰奥运,将奥运会政治化,以便干涉中国内政的错误言行,我国政府也及时戳穿了这些阴谋,中央多次表明立场,将奥运会政治化不仅不利于问题的解决,而且违背奥林匹克精神,违背世界各国人民的共同心愿,最终也会损害国际奥林匹克运动的发展。所以马克思主义人权理论中国化的发展过程中,一直对西方人权理论进行全面的分析研判,从而为广大人民群众树立了正确的人权理念,也使我国的人权指导思想更加成熟完善。

四、将政治家与理论工作者的研究相结合

马克思主义人权理论中国化从哲学解释学角度看是指中国的诠释者以解决中国问题为目的对马克思主义人权理论的认识、运用、创新和发展。中国的诠释者作为马克思主义人权理论中国化的主要的主体既包括党的领导集体,也包括党的人权理论工作者及广大人权学者,由此马克思主义人权理论中国化发展的路径包括两条:一条是政治家所推动的发展路径,即政界研究路径;一条是理论工作者推动的发展路径,即学界研究路径。两者的结合构成马克思主义人权理论中国化过程的一个特点。所谓政界发展路径指党的领导集体运用马克思主义人权理论研究、解决中国人权实际问题,提炼中国人权建设实践经验,形成指导中国人权建设的理论、路线、方针、政策,并进一步推动中国人权发展的路径,即政界研究路径。这一路径的主体只能是党的领导集体,通过这一路径所实现的马克思主义人权理论中国化,既是用马克思主义人权理论推动人权实践发展的过程,又是一个把中国人权实践中的丰富经验不断进行理论提升,丰富和发展马克思主义人权理论的过程,这种复杂、宏大的人权发展只能由中国的政治权威来完成。政界发展路径直指人权现实,具有极强的现实指向性,不论是将马克思主义人权理论运用于中国人权实际还是将中国人权实践经验提升为理论成果,都是为化解中国人权发展中所面临的理论与现实问题,"中国人权实践"是这一路径的出发点与落脚点。

所谓学界研究路径，是指人权学者和党的理论工作者将中国传统与马克思主义人权理论相结合，形成自己对中国特色人权理论的认识。学界发展路径的主体包括人权学者及党的人权理论工作者，前者主要针对那些以人权研究为主要研究方向的专家、学者，后者本身就是人权研究专家，但与前者不同的地方在于他们的理论研究工作必须为党的人权路线、方针、政策的制定提供服务，为马克思主义人权理论中国化所要形成的理论形态作理论上的积淀与科学合理的解释。人权学术研究的主旨在于将马克思主义人权理论与中国实际相结合，从学术研究角度丰富和发展马克思主义人权理论，为人权实践中出现的问题提供对策参考，所以这就要求人权学者、党的理论工作者遵循学术规范进行学术碰撞，繁荣人权研究。自1989年以来学界对人权的研究空前兴盛，形成的理论研究成果集中在人权的概念、主体、内容、来源、属性、形态、人权与主权关系、人权保障与人权实现等诸多方面。[①] 这种学术研究的必要前提就是必须允许个性化的学术观点的存在，通过自由的学术环境和学术民主实现人权研究工作者对中国人权问题的多样化解析。

在马克思主义人权理论中国化研究中两条路径相互渗透，相互促进，辩证统一于中国人权发展的实践。通过政界研究而形成的国家人权理论形态为学术化的人权研究提供思维方向、思想方法、社会环境和实践经验，指明了人权问题的发展方向，推动学术化的人权研究不断向前发展。如改革开放以来党的领导集体提出了"主权高于人权"、"人权是普遍性与特殊性的统一"、"生存权、发展权是首要人权"等重要人权理论后，学界对这些观点进行了学理化阐释，运用这些人权理论分析了许多人权实际问题，有力推动了人权理论与实践的发展，更加深化了人们对人权问题的正确认识。而学术化的人权研究成果是人权政治化研究的思想仓库、发源地，为党的理论选择提供广阔空间，也可为党的理论化研究所吸收，成为党的人权理论的一部分。这一点在改革开放之初体现最为明显，当时人们对社会主义能否讲人权心存疑虑，许多人认为人权是资产阶级的口号，社会主义从根本上是否认人权的，对此许多人权研究专家及党的理论工作者以马克思主义为依据，对马克思主义人

[①] 参见徐显明主编：《人权研究》第八卷，山东人民出版社2009年版，第1—77页。

权理论作了正确的阐释，通过思想的交锋、碰撞向人们展示了马克思主义的本源，为党确立保障、发展人民人权的指导方针提供了充分的理论储备，推动了马克思主义人权理论中国化的发展。之后，党的许多人权理论的形成也与前期的学界研究有直接的关系，如将"国家尊重、保障人权"写入宪法与前期法学界关于"人权与法治"的研究成果密不可分，所以不能忽视学术路径对马克思主义人权理论中国化发展所起的作用。因而，马克思主义人权理论中国化的发展是由党的领导人、党的理论工作者和广大学术工作者共同参与的结果，不仅仅是党的领袖人物的独创，但也应看到政界研究路径在这一发展过程中起到了主要作用，它科学回答了在中国这样一个社会主义国家实现、发展人权的根本问题，而学术化的人权研究虽也取得了一定成果，但还存在一定滞后性，所以今后的学术研究应强化问题意识，有预设、前瞻能力，为党的理论成果的形成提供更多理论支持。

综上，改革开放以来马克思主义人权理论中国化之所以能够顺利实现，最根本的特征在于坚持将马克思主义关于人权问题的普遍真理与中国人权具体实际相结合，在马克思主义人权理论中国化发展过程中体现出的一些具体特征包括坚持以马克思主义唯物史观作为理论指引，这是发展我国人权事业最为核心的思想；这一过程始终坚持在经济发展基础上不断实现对人权的全面保障；始终坚持对西方主流人权理论的全面分析研判，通过驳斥错误的思想有力地支持了我国的人权建设，使我国在国际人权建设中的地位、作用更加增强；这一过程的实现是政治家与理论工作者研究相结合共同作用的结果。

第七章 推进马克思主义人权理论中国化的进一步发展

当今马克思主义人权理论中国化发展进入了一个关键期，进一步的发展具有相当的必要性、重要性和紧迫性。同时这一事业既面临良好的发展机遇，更面对严峻的挑战，机遇与挑战并存决定了我们需要采取一系列对策推动马克思主义人权理论中国化进一步发展。

一、马克思主义人权理论中国化进一步发展的问题分析

我们应清醒地看到，中国作为世界上最大的发展中国家，人口多、底子薄，在人权实现问题上面临比其他国家更为艰巨的难题，当前在经济、政治、文化等领域还存在阻碍中国人权发展的一些障碍，如在经济上社会主义市场经济的弊端对人权实现存在的障碍；政治上等级特权观念、人治思想等对人权保障的消极影响；西方人权文化及中国封建文化对人权实现的阻碍；在"人权全球化"发展过程中，以美国为首的西方世界推行"人权外交"，使我国在人权全球化进程中受到干扰等，这些问题都需要我们高度关注，所以在看到机遇的同时认真分析当下存在的问题是未来推动中国人权发展的必然要求。

（一）马克思主义人权理论中国化的经济问题分析

从经济视角分析马克思主义人权理论中国化，有如下问题阻碍了人权的

实现，影响马克思主义人权理论中国化的发展。

1. 社会主义初级阶段人权问题存在的经济必然性

根据马克思主义对人权问题的认识，生产资料私有制的出现导致社会财富分配不均，社会出现了权利不平等的现象，被剥削、被压迫阶级为了追求在经济、政治、思想文化上的平等，展开了争取人权的斗争。但只有消灭私有制、阶级、剥削，实现共产主义，才能实现全人类的人权。同时马克思还在《哥达纲领批判》中对作为共产主义社会第一阶段的社会主义社会的发展作了设想，指出其尽管消灭了私有制、剥削和阶级，但社会主义仍然实行按劳分配，"而劳动，要当做尺度来用，就必须按照它的时间或强度来确定，不然它就不成其为尺度了……但是它默认，劳动者的不同等的个人天赋，从而不同等的工作能力，是天然特权。所以就它的内容来讲，它像一切权利一样是一种不平等的权利"①。此外，还要考虑劳动者的家庭情况等因素，所以要避免按劳分配体制下的这些弊病，必须承认"权利就不应当是平等的，而应当是不平等的"②。因而，社会主义阶段权利事实上的不平等是存在的，此外处于此阶段的人们还要服从生产社会化的分工，还存在脑力、体力劳动的对立，人们还没有实现完全的自由、平等，社会主义阶段的人权问题是客观存在的。针对我国社会主义初级阶段的实际，由于在全社会范围内还没有完全实行公有制，还存在一定程度的剥削和私有制，市场经济还是我们所不可逾越的必经阶段，我们构建的社会主义比马克思所设想的实际发展水平要低很多，这决定了我们处理人权问题将面临更大的挑战。

2. 社会主义市场经济对人权发展的双重作用

改革开放以来，我国社会主义市场经济体制的确立，极大解放了社会生产力，推动了社会进步，对我国人权事业的发展也起到了积极的促进作用。

首先，社会主义市场经济为人权的改善提供了客观条件。社会主义市场经济建立在公有制的基础之上，确定了全体劳动者的根本利益是一致的，它以追求共同富裕、实现集体人权为目标。正如邓小平所指出的，"我们这里没

---

① 《马克思恩格斯选集》第3卷，人民出版社2012年版，第364页。
② 同上。

有剥削阶级,没有剥削制度,国民收入完全用之于整个社会,相当大一部分直接分配给人民。"而资本主义"那里贫富悬殊很大,大多数财富是在资本家手上"①。虽然当前还存在一定的贫富差距和不平等,但这只是改革过程中的一种过渡状态,总的趋向是实现全民富裕。这与资本主义市场经济存在本质区别,后者建立在私有制基础上,生产越发展,社会化程度越高,导致社会财富越来越多地集中于少数人手中,必然导致更大的资本特权与两极分化,这种经济基础决定了人权的发展必然是两极化的,只能是少数人享有充分的人权。所以社会主义公有制为基础的市场经济保证劳动人民能真正享有平等权利,成为社会主人,激发劳动者的积极性,推动经济的发展,为全民人权的实现提供了充分的客观条件。同时经济的发展也实现了生产要素的自由流动,其中劳动力就实现了跨地区、省份的自由流动,由此为人民带来新的利益需求,为权利的行使提供了条件,如进城务工的农民工在确立新的身份后,为其享有参与公共生活的权利提供了可能,城市公民从以往仅局限于单位之内到基于广泛社会流动性而以不同身份参与政治,这也为其政治参与权的充分实现提供了便利。

其次,社会主义市场经济极大提高了劳动者的劳动能力,为人权的改善创造了主体条件。人的能力提高对社会发展和人权实现极为重要,马克思关于社会发展三阶段的理论也是根据人的能力发展状况作的分类,只有当人的能力发展成为发展目的本身时,人类才进入真正的自由王国。"人的平等的真正基础是建立在人的能力平等的基础上的。"② 人的能力发展与人的解放、人权的实现是密切联系在一起的,在资本主义社会,虽然生产力有了较大的改进,但由于生产资料私有化,社会财富掌握在少数人手中,大多数被剥削者没有条件、能力去取得充分的发展,只能实现人的能力的片面化发展。同时人的能力发展只是被当做资本扩张的手段而非目的本身,所以资本主义社会只能是以物的独立性为基础的人的相对独立性社会,人的能力发展是围绕物、资本而进行的,人是手段而非目的,人的能力发展是极为有限的。在社会主

---

① 《邓小平文选》第 2 卷,人民出版社 1994 年版,第 224 页。
② 吕世荣:《马克思社会发展理论研究》,中国社会科学出版社 2001 年版,第 92 页。

义市场经济条件下，人与人是真正平等的，劳动者是经济的主人，通过市场经济的良性运作，使劳动能力得到提高，而社会也提供了充分的条件满足劳动者能力提高的需要，把实现人的能力提高作为社会发展的重要目的。

再次，社会主义市场经济的确立带来了民主、法治化的精神，这些都有利于人权的改善。社会主义市场经济是以公有制为主体的，劳动者摆脱资本的役使，具有了平等的经济地位，都具有平等参与企业管理的权利，民主化的氛围为人与人之间的真正平等、人权的实现起到积极的推动作用。同时市场经济是典型的法治经济，市场的良性运作需要健全的法律规范来确认、调整，改革开放以来，为适应市场经济发展的需要，我们相继颁布了大量民商事、行政及刑事法规，形成了法治化的运作模式。这些法律是为市场经济而设置，但法律终归是调整人的活动的，这些立法确认了人的各项权利，强化了对人权的保护，这客观上也为人权的改善创立了良好的法治环境和法治保障。

当然社会主义市场经济对人权的实现也有一些负面影响：

第一，在市场经济条件下，经营主体为了追求利润最大化，要进行外部成本核算，对外部环境不好的影响不被计算在企业内部成本之中。当企业局部利益与社会整体利益发生矛盾时，企业往往为了自身利益不惜损害整体利益，从而产生外部不经济行为。如为了自身发展对自然资源的极度破坏，可能就对周围人民的基本生存问题带来威胁，对这一问题市场经济仅靠自身机制调节无能为力，企业缺乏自我约束，在无人管理的情况下会不计后果地为所欲为。

第二，市场调节都具有盲目性、自发性的特点，社会主义市场经济也不能完全消除这一缺陷，这种盲目自发的调节对人权的实现带来了许多负面影响。其一，某些市场经济主体为追求利润会盲目扩大生产，造成对生态环境的破坏，比如环境污染、水土流失等问题严重影响了人的生存环境，阻碍了人的基本权利的实现。其二，市场经济的盲目性带来了经济的虚假繁荣，引发泡沫经济，比如房地产市场的虚高、结构性失业的加剧等，都对经济发展带来了损坏，影响到人的生存权、发展权的实现。其三，由于市场的自发调节不能实现对市场秩序的自行维护，导致市场中参与竞争的企业为了利润各自为战。市场虽提供了公平的经营场所却无法保证参与者们公平竞争，一些经营者为了利润实施制售假冒伪劣产品、欺买欺卖等商业欺诈行为，这种现象造成了社会财富的不合理分配，让被骗者付出了过高的成本，将不合理收入流入欺骗者手中，使利益分配不公平，同时也严重损害了人民群众的生产生活。这些现象的存在从表面看是基于商人的经济人本性，而深层次原因在于现有经济体制中的制度性缺陷所致，正因为制度存在缺陷才使市场主体出现了种种损害经济发展及人权实现行为，对此要由市场的组织者——政府制定完备的规则约束主体行为。

第三，市场经济的发展带来了暂时的、局部的两极分化现象。2012年，我国的基尼系数已由改革开放前的0.16上升至目前的0.474，按照经济学的角度分析判断，基尼系数0.3以下是稳定线，0.4是警戒线，0.5是危机线，0.6是动乱线，所以中国的基尼系数不仅超过了0.4的国际警戒线，也超过了世界上很多发达国家和大多数发展中国家的水平，逼近危机线，这种状况的出现原因是复杂的：

一是虽然政府以追求公平与效率为最大社会目标，而市场机制却难以实现两者的兼顾，在公平与效率之间市场经济以追求效率最大化为目标，在市场经济优胜劣汰机制作用下，那些拥有充足资金、先进技术、良好机遇等有利条件的经营者往往会在竞争中处于有利地位，发展较快营利较多，而在竞争中处于不利地位的经营者则会亏损甚至破产，被淘汰出局，由此带来两极分化现象严重。

二是基于社会主义初级阶段市场经济的不完善性，生产力发展水平还不够发达，我们采取了一部分人、一部分地区先富起来的策略，国家改变了经济体制和经济竞争方式，提升了对劳动能力的认定标准，重新确立劳动资源的分配过程和结果，由此导致不同劳动者根据不同标准获取不同的资源分配。在这种改革过程中由于制度准备不足，没有建立起完备的竞争、分配体制，没有确立良性的疏通、救济渠道，使利益分配、劳动竞争受到了一些不良因素的影响，加之理论准备不足，没有向社会成员进行广泛宣传，因此在这种政策调整后导致了暂时的、局部性的两极分化现象而未能得到及时弥补和纠正。

三是社会个体的原因。从客观方面看,在市场经济体制改革过程中,劳动者个体由原先的国家统一配置变为个人自由选择,个体需要凭借自身资本参与劳动,对那些资本相对雄厚、经营状况较好的个体就能获得优势的竞争地位,并逐渐发展壮大,获取更多可以支配的社会资源,逐渐成为社会的富裕阶层;而资本实力薄弱、经营能力差的群体只能依赖他人提供的资本参与劳动,他们所能支配的社会资源较少,而且还要忍受其他资本主体的分割,逐渐成为社会的低收入阶层。从主观方面看,现代化大生产对劳动者个人的素质、技术要求越来越高,那些具有较强的技术适应能力的个体能更快地适应社会化大生产发展需要,在劳动中获取更多社会财富,而自身技术适应能力较差的群体只能从事一些简单劳动,获取较少的社会财富,有些甚至因无法参与社会生产而沦为社会贫困阶层,失去基本的生活保障。

城乡之间、东西部地区之间、贫富群体之间收入差距的拉大直接影响到人权的实现水平。低收入群体很难享受到经济社会发展所带来的成果,特别是一些弱势群体,与经济富裕者相比根本不具备享有实质的平等、自由等权利的条件。在一些经济发达地区人民基本生活较好地得到保障,要求进一步实现人权享有的水平,而落后地区许多人的基本生活保障尚未得到满足。以老年人权益保障为例,许多发达地区社会养老保险金已基本覆盖城乡,而且在数额上也远高于落后地区,而在一些落后地区还无法实现养老保险金制度。即使在同一地区因就业状况、收入分配机制导致的收入差距拉大现象也带来了权利保障需求的层次划分,以对住房的需求来看,中高收入群体在满足基本住房需求后对住房环境提出了更高的要求,而低收入群体面对不断上涨的房价,其基本住房需求也无法得到满足。基于经济发展状况的差异,人们对政治、文化等权利的要求也出现了明显差异,经济上处于优势的社会阶层要求更为丰富的文化生活及更多的政治参与,而处于弱势地位的社会群体更多要求国家、社会保障其最基本的经济、社会、文化权利。面对这些人权享有状况的差距,国家应运用各种手段对市场经济进行调节,加快生产力发展,提高物质文明水平,以促进平等人权的实现。

第四,市场经济容易滋生权力腐败。权力腐败尽管有许多表现形式,但实质是权钱交易,用公众赋予的权力去换取私人利益。在单一的计划经济时代,权力所有者掌握整个社会资源的分配、生产的决策,作为经济活动主体的企业不是独立活动的主体,不存在为了自身利益与掌权者进行权钱交易动机。而在纯粹的市场经济中,社会资源的配置完全交给了市场,主体经济活动只需借助市场就能解决,也不需要政治权力的介入。当前我们的改革采取了双轨制方案,并非直接将旧体制置之死地之后再产生新体制,而是在保留旧体制的同时为新体制创制实验的空间,这导致我们实施的计划与市场同时操作的双轨制市场经济体制,将一般性资源交给市场调配,紧缺资源却由政府进行配置。基于这部分资源的稀缺性,掌握这些资源的官员就成为这部分资源需求者的行贿对象,权利腐败现象的出现也就不难理解。同时改革开放以来我们采取了自上而下的强制性制度变迁式改革,这种制度变迁过程是政府主导型的改革,由政府决定改革过程和改革目标。这种做法的好处是政府可保持宏观经济的稳定性,防止改革出现混乱,而缺点则是改革过程中部分官员会利用改革权力寻租,谋求利益,且强制性制度变迁也容易造成政策扭曲,从而为腐败问题滋生提供条件。

在腐败问题存在的状况下,许多市场主体的发展不是依赖自身的竞争能力,而是取决于与掌握权力者的密切程度,用非正常手段获取了对各种稀缺资源的优先配置权,扰乱市场的公平竞争秩序,造成市场机制的失灵。腐败的存在也严重损害了国家政权的合法性,导致政权的不稳固,使各类制度在具体执行过程中发生变异,使制度体系不能健康发展。而腐败问题是用社会公共利益换取官员个人利益,是对广大人民权利的侵害,与人权保障存在密切关联。

当然,改革的深入也唤醒了民众的权利意识,与改革开放以前相比,民众对公共事务参与、官员的监督等有了许多根本性改变,更加注重维护自身权利。主要体现在:一是反腐的主体由政党发展为政党、国家与社会三个方面。在改革开放初期,反腐败工作主要依赖党的纪律委员会来完善反腐的机构建设,随着改革深入,国家性的反腐机构开始建立并不断完善,政府及检察机构都成立了专门的反腐部门。在社会方面,民众的主体意识、权利意识逐步得到增强,基于对自身权利的保护及人民监督权的行使,人民群众通过多种方式与腐败行为作斗争,如通过党纪部门、监察机构、反腐败机构的举报、上访,通过网络、媒体发表监督言论等。二是在反腐的内容上,由保障权力行使演进到保障权利与权力两方面内容。改革开放初期,反腐主要为维护政党自身执政地位的稳定,正如1980年中共中央纪律检查委员会书记陈云同志所言,"执政党的党风是有关党的生死存亡的问题"①。而伴随改革进程的深入,随着国家与社会加入反腐行列,国家一方面为维护统治稳定,另一方面要为维护民众权利而反腐;而民众的反腐主要为维护自身权利,所以反腐的进行与人权保障就存在了紧密的关联,要求党和国家通过各种途径打击腐败,维护人民合法权益。

第五,市场经济条件下基于市场机制、法制建设的不健全,也会影响到人权保障的实现。我国正处于社会主义初级阶段,市场经济发展所需各种配套措施难以完全齐备,由此影响到人权的实现。市场经济是以追求物质利益为主要目标的,它极大激发了人们对经济利益的向往,在物质利益刺激下,难免滋生拜金主义,诱使各种铤而走险现象发生,如果市场监管机制、法制机制欠缺,就导致了侵害人权现象的频发,如"厦门PX事件"、"山西黑砖窑事件"、"三鹿有毒奶粉事件"等,都对人民的基本权利带来了侵害。

3. 全球性经济危机对人权实现带来了挑战

从世界范围来看,2008年的经济危机,不仅导致全球经济衰退,而且也带来了人权状况的急剧恶化,首当其冲的就是公民经济权利的实现问题。联合国人权理事会在2009年2月20日召开了一次特别会议,专门讨论全球经济和金融危机对人权的影响,人权理事会主席马丁·乌霍莫伊比(Martin Uhomoibhi)指出,在当前这场经济和金融危机中人权将受到极大挑战,确保人权得到保障是应对全球经济和金融危机策略的根本基础。2009年5月28日,国际人权非政府组织大赦国际发布了其年度报告,指出全球性经济危机是一场正在爆发的人权危机,社会、经济和政治问题共同制造了侵犯人权的定时炸弹。移民和难民的生存问题,妇女和儿童权益保护问题等都应受到广泛关注。经济危机对发展中国家影响最大,其经济、社会、文化权利和发展权均受到影响,发展中国家相对薄弱的经济,社会保障体系不健全,社会贫困现象严

---

① 王关兴主编:《中国共产党反腐倡廉史》,上海人民出版社2001年版,第344页。

重,而在危机到来后,西方贸易保护加强,积极向外转嫁责任和风险压力,这些都决定发展中国家将受到最为不利的影响。以全球饥饿人口为例,2009年全球饥饿人口比2008年增加了约1亿多人。而世界饥饿人口几乎都集中在发展中国家和地区,其中亚太地区约有6.42亿,撒哈拉以南非洲地区约为2.65亿。根据最保守的估计,即使不将粮食价格上涨因素考虑在内,全球共有14亿人生活在极端贫困之中,有五分之一的人的生活缺乏基本保障,有失人的尊严。[①] 再如妇女权利保障也将受到更大冲击,因经济下滑可能给她们带来的潜在社会后果包括失业、收入减少、在家庭和工作中的责任增加等。全球性经济危机也对我国经济发展带来了一定的冲击,影响到我国人民人权的实现,最典型的就是在经济危机影响下我国也出现了一定的失业增加、收入降低、社会保障不足等,这些都需要我们从经济发展的视角出发深入探析经济与人权的关系,通过经济发展来推动全球人权状况的改善和人权之发展。

(二) 马克思主义人权理论中国化的政治问题分析

人权与政治存在密切关联,从政治视角分析马克思主义人权理论中国化,也存在阻碍其发展的因素。

1. 人权是否具有政治性

对于人权是否具有政治性,学者存在不同认识。著名人权学者李步云教授曾对此作过专门论述,指出"人权的政治性是指人权这种社会关系和社会现象同政治存在着某种必然联系,它的存在及其实现必然受政治的决定和影响的性质"[②]。对于人权是否具有政治性,李教授认为要作具体分析,他将人权分为三类,即人身人格权、政治权利与自由,还有经济、社会和文化权利,认为只有第二类与政治有密切联系,其他两类与政治之间的关系并不直接和密切,其主要受社会三大文明的发展程度所影响和制约。这种分析是从人权内容与政治的联系出发所作的探讨,然而从人权的历史及人权的整体来看,人权的产生、发展都与政治密切相关,表现出强烈的政治属性。资产阶级在

---

① 参见中国人权研究会:《和谐发展与人权》,五洲传播出版社2010年版,第28、31页。
② 李步云:《论人权》,社会科学文献出版社2010年版,第138页。

革命时提出人权口号正是为实现其政治目的,西方启蒙思想家所提出的"天赋人权"理论也主要是由"三权分立"、"社会契约"等政治思想组成的,革命胜利后资产阶级借人权名义制定的《人权法案》、《独立宣言》等都是以法的形式确立了资产阶级的政治统治。尽管目前西方资本主义国家着重强调人权的道德、法律属性,强调人权作为普世价值应为全世界所遵守,然而这种做法正是以人权的道德属性掩盖了西方进行政治扩张的真实意图。与之形成鲜明对比的是,我国却从不否认人权本身的政治特性,立足政治视角提出了许多人权观点,比如在人权主体上始终强调全国人民的人权,提出人权是国家主权范围内的事,政治体制改革的目标是建立人民当家作主的民主政治等,所以笔者认为人权具有鲜明的政治性。

2. 当前我国政治发展中阻碍人权实现的因素分析

当前我国政治文明建设中存在一定的不和谐因素,阻碍了人权保障的充分实现。

(1) 等级特权思想的存在是政治文明建设中的一大障碍

基于中国千百年的封建社会传统,决定了等级特权思想在中国社会具有根深蒂固的影响。对此,在"文革"结束后不久邓小平就尖锐地指出,当时出现了一个值得关注的问题,即"人民群众当中主要议论之一,就是反对干部特殊化",他说:"人民群众(包括党员、干部)普遍地对特殊化现象不满意。比如说,有的人为了自己方便,可以做出各种违反规章制度的事情。这使我们脱离群众、脱离干部,把风气搞坏了。"[①] 从邓小平讲这些话起到现在已经过去 30 多年了,我们在克服干部等级特权问题上的进展究竟怎样呢?党的十七届四中全会严厉且富有现实针对性地指出,有些领导干部"严重脱离群众、脱离实际,言行不一、弄虚作假,个人主义严重,甚至对群众疾苦漠不关心,对群众利益麻木不仁,置群众生命安全于不顾";有的"贪图安逸,奢侈浪费,甚至沉溺于灯红酒绿、吃喝玩乐、生活腐化,享乐主义严重"等等。这其中自然包含着特殊化、特权化现象,特权等级思想不仅损害了政治

---

① 转引自《学习时报》编辑部:《社会主义政治文明论》,浙江人民出版社 2003 年版,第 10 页。

文明建设和党的领导，而且这种对权力的滥用损害了人民利益，是对广大人民权益的侵害。对这种等级特权制的本质，邓小平指出："我们今天所反对的特权，就是政治上经济上在法律之外的权利。搞特权，这是封建主义影响尚未肃清的表现。"① 社会主义制度的建立使等级特权制存在的基础被铲除，然而，由于我国封建传统存在的长期性及资产阶级民主革命的不彻底性，封建专制主义影响仍旧存在，封建专制传统就包括我们所说的等级特权现象。

当前在建设社会主义政治文明过程中，等级特权现象的重要表现就是"官本位"思想盛行。"官本位"与官僚主义现象存在密切关联，对此江泽民在中共十五届五中全会上的讲话中，在批评官僚主义时指出："官僚主义，在很大程度上源于我国封建社会形成的'官本位'意识。所谓'官本位'，就是'以官为本'，一切为了做官，有了官位，就什么东西都有了，'一人得道，鸡犬升天'。""官本位"意识主要是历史上长期集权官僚化的产物，是人民主体地位的对立物，在当前党政系统中存在的形形色色的官本位作风造成了官民对立、干群矛盾，从根本上颠倒了官民关系，不是官为民谋福祉，而是民为官服务。现代社会生活中的大量事实证明，以"官本位"为表现形式的等级特权现象严重破坏着现代民主政治体制及人权保障，在一些领导机关内部，由于对主要领导干部的监督机制不健全，使某些领导个人权力凌驾于集体权力之上，为了个人或小集体的利益而不惜损害广大人民利益，这种政治上的个人集权主义巩固、强化了本已存在的"官本位"思想，而"官本位"的强化使等级特权思想的蔓延更盛。同时等级特权思想的存在也为政治腐败提供了诱因，等级特权的重要表现是严重的社会不平等，表现为人们的社会地位、物质条件等因素的差别，这种不平等带给人们心理上的不平衡，产生攀比心态，为了实现更高级别，享有更大的权力和物质利益，许多人经不住诱惑而贪污腐化，造成对集体权利、人民人权的侵害。

（2）基层群众自治中存在的诸多问题影响到基层民主权利实现

在党的十七大报告中明确提出将基层群众自治制度与人民代表大会制度、

---

① 转引自《学习时报》编辑部：《社会主义政治文明论》，浙江人民出版社2003年版，第11页。

中国共产党领导的多党合作和政治协商制度、民族区域自治制度相并列,作为中国民主政治制度的重要内容,它以城市居民自治与农村村民自治为核心,对推动基层群众民主权利实现有重要作用,已日渐成为中国民主政治发展的一大特色。其意义体现在能够广泛动员人民群众参与社会公共事务管理,结合自身利益需求进行意愿表达,与其他民主政治制度相协调,实现了直接民主与间接民主的对接,有利于人民参政议政,充分行使民主选举、民主监督、民主决策、民主管理;通过基层群众的自我管理、协调,有利于实现与基层管理机关的管理活动相统一,更好地化解基层社会矛盾,维护社会和谐;基层群众自治也适应了我国地域广、人口众多、经济社会发展不平衡的基本国情,有利于中国渐进式民主改革需求及人权保障的稳步推进。

当前基层群众自治中存在的阻碍民主权利实现的因素包括:

第一,基层党政管理部门对基层群众自治认识不清,仍然采取过去的管理方式,对基层群众自治领域存在过分干预现象。如乡镇党委政府随意罢免村委会委员的领导职务、剥夺选民资格现象频发;在涉及农村土地开发、基层群众公共设施建设、重大利益分配等问题时将基层群众自治管理权限过分集中于上级组织,严重影响了基层民众自治权的实现。而一旦基层群众自治权受到侵害后,有些人会选择运用法律、新闻救助、信访等合法手段维护自己权利;有些人则采取一些过激的方式,如集体上访来维权从而引发群体性事件的发生;而更多的人在自己民主权利受到侵害时,认为政治权利与经济权利、人身权利相比是相对次要的权利,认为与自己切身利益关系不大而放弃了权利的维护,采取了忍让的处理方式,行政权力过分干预基层自治问题的存在已影响了民主权利的正常实现。

第二,基层群众自治中的功利化、实用化倾向损害了基层民主权利的实现。这在基层民主选举中表现最为明显,不少人通过贿赂选民、拉票等不正当方式获取领导职位及特殊荣誉,在实现目的后又利用手中权力谋取私人利益,损害了基层民众利益,也使基层民主发展背离了制度设计初衷。如在许多地区举行的优秀人物评选中,有些候选人通过广泛发动亲友甚至动用特殊技术手段进行网络、短信投票以获取较高支持率,损害了选举的公正性。在许多农村地区举行的村委会换届选举中有些候选人以请客送礼等方式拉拢亲友、控制选举,有些选民对自己的民主权利不珍视,把行使民主权利当儿戏,容易被眼前的蝇头小利所收买,为少数贿选分子提供机会,由此导致基层民主出现了实用、泛化倾向,严重影响了基层社会稳定,而许多人在当选村官后又利用手中权力大肆侵占群众利益,走上了犯罪的道路。

第三,基层民众民主权利滥用问题突出。有些基层民众对其所享有的民主权利存在不正确认识,不顾现有法律与政策的限制滥用权利,这既损害了自身利益,也影响了他人权利的实现。权利滥用的表现形式有很多,例如当前许多人利用网络等传媒工具随意恶搞、攻击他人,揭露别人隐私,发表不负责的言论,损害了他人的正当权利,由此形成"网络舆论暴力"。许多人还随意宣泄对政府的不满,对国家领导、公共政策评头论足,更有甚者发表一些煽动、蛊惑性言论影响了社会稳定及基层群众自治的健康发展,如 2011 年日本大地震后,有人就在网络上散布抢购食盐的虚假信息,引发社会恐慌。再如基于当前社会转型期矛盾的多元化、政府管理的不到位及中国传统消极政治文化的影响,许多公民在维护自己的权利时采取了一些制度外的维权方式、方法,如越级上访、攻击政府部门、在公共场所静坐等极端化处理方法,从而引发社会生活的混乱,反而不利于权利的维护。

(3) 公民政治参与的不足影响了民主权利的充分实现

政治参与是指"公民或公民团体在遵循宪法和法律所规定的公民民主权利的前提下,通过自主、理性的方式并按照一定的程序或秩序去直接或间接地影响政府决策和政治生活的政治行为"①。基层群众自治要求公民积极参与政治生活,政治参与是实现公民民主权利的重要方式,对人权实现及民主政治建设有重要意义,因而党的十七大报告指出要从各层次、各领域扩大公民有序政治参与。公民政治参与是社会主义市场经济发展的必然要求,经济发展带动了国民素质的提高及权利意识的增强,不同利益群体日益需要通过政治参与表达其权利要求,维护其利益诉求;通过政治参与可使公民表达对政府的意愿,加强对公权力的监督,实现政治民主;而且畅通有序的政治参与可及时疏通、化解民意诉求,维护政治系统的合法、稳定,防止体制外的不

---

① 王浦劬:《政治学基础》,北京大学出版社 1993 年版,第 207 页。

正当诉求对政治稳定的冲击。

当前伴随公民人权意识、民主意识的提高,政治参与日益积极有序,对国家、社会发展提出了许多好的建议,对基层社会和谐起到了积极作用。当然政治参与中也存在一定问题,影响到民主权利的实现。一是基于我国经济社会发展的差异性、国民素质的不同,导致政治参与的差异性较大。发达地区比落后地区政治参与度要高,受教育程度高、经济条件优越、社会地位高的群体比低收入、低学历群体参与程度高。较少政治参与的社会群体必然不利于维护自身权利。二是政治参与制度建设不够健全。尽管目前民主政治发展取得了重大进展,建立了基层群众自治制度、人民代表大会制度、多党合作和政治协商制度等,但关于政治参与到底通过何种程序实施,民意如何与政府管理层实现直接对接而省去不必要的中间环节,政治参与意见如何得到有序反馈等,这些都是有待探索的问题。三是基于我国整体民主政治发展水平不高,民众权利意识不强,加之中国传统政治文化中要求人们对公权力绝对服从、依附,形成了典型的"臣属文化"。所谓君为臣纲,君叫臣死,臣不得不死,这种传统政治文化导致民主思想的先天发育不足。这些负面因素作用于政治参与,导致政治参与的主动性不高,许多人的政治参与意识不强。在现有的政治参与中,多数是在被动号召状态下的参与,因而许多人并非将政治参与作为行使民主权利的体现,参与所涉及的领域也多是低层次的,对国家、社会发展的高层次问题参与较少。基于这些问题的存在使我国政治参与虽表面繁荣,但实际效果不佳,并未真正发挥政治参与的应有功效。

(4) 法治贯彻不彻底影响到人权的实现

现代民主政治的基础是法治,执政党要有效运作国家政权,保障人民人权,必须实行依法治国,加强法治对人权的保障作用。不严格推行法治将走向"人治式"治理,其结果必然损害人民人权。当前法治建设中存在的侵害人权问题突出表现在:

第一,某些地方或部门仍然实行唯权力至上的思维定势,将"依法治国"自觉不自觉地演变成依权力管理、支配国家事务,导致人权保障制度建设与实践发展还存在一定的距离。虽然中央文件反复强调治国的主体除党和政府外,还包括民主党派、社会团体、企业和公众等社会性主体,但基于依法治国实施的不够彻底及社会和法律监督机制的不健全，"依法治国"的管理模式在一些人那里就演变为命令加控制的执政模式，在执法和司法过程中仍然存在以权代法、权大于法、有法不依的现象，有些人权保障的法治原则，如法律面前人人平等、罪行法定、无罪推定等贯彻还不够彻底，因而虽已有了初具规模的人权立法，现有人权保障法律体系建设也并非滞后，但在实际操作过程中因受到各种因素影响而贯彻不彻底。在这种法治发展方式下一些侵害国家和人民利益事件的发生就不难理解了，如城市房屋拆迁、城管执法等过程中侵害人权现象的发生就是权力至上思维作用的结果。

第二，由于法治推行的不彻底，致使公权力对民事生活的干预较多，进而损害了私人权利。市场经济体制建立十多年以来，私权主体的平等理念已深入人心，市场机制对民间社会的调控作用正日益显现，人民对自身权利的维护也越来越强，在这种情况下，一些地方政府和部门在依法治理的名义下干预本应由市民社会自治和市场机制自行解决的事务，导致一些侵害人民利益的社会事件发生，"云南孟连胶农事件"、"上海杨佳刺杀警察"等事件的发生都反映了地方党政部门没有摆正自己的位置，唯权独尊，在法治的名义下过分干预市民社会，没有严格遵循依法行政、依法执法理念，运用公权力来强制解决市民社会纠纷，侵害公民个人乃至集体权利，这些现象的发生只能说明这些地方政府和部门法治观念淡薄，通过实现下级对上级的绝对服从和老百姓对政府绝对服从的执政方式来树立权威，这只能损害民主政治的建设，恶化党和政府与人民群众的关系，使党和政府执政的合法性丧失。

第三，某些人权保障立法还不完善。有些涉及人权保护的法律法规仍未制定出台，比如广受关注的新闻法、社会保障法、反歧视法等至今仍未制定，现有的人权实践飞速发展，人民对人权保障提出了新的要求，而立法的迟滞将直接影响到人权的实现。现有的人权立法也存在立法水平不高、对人权保障不够到位的问题，与中国签署的相关国际公约相比，现有法律规定对许多人权的保障是不足的，比如我国宪法至今都未规定经济自决权、组织和参加工会权等，而这些权利在中国参加的相关国际公约中是明确予以规定的。

第四，人权保障的法律监督不足。人权保障制度建设需要健全的监督体制，改革开放30多年以来社会主义法制建设取得了较大发展，但权力腐败、官本位的存在使许多法律的执行大打折扣，我们也意识到必须加强对权力行使的有效监督、制约才能完善法律执行，因而我们陆续制定了一系列加强监督的规范性文件，完善了人民代表大会制度、民主党派参政议政制度、舆论监督制度等。现有监督主要包括社会监督与国家监督两部分，社会监督在公民民主意识不断发展的状况下有了一定的进步，但社会监督还存在参与度不高，监督渠道不够广泛等问题，需要进一步加大社会监督的力度。而国家监督是法律监督的核心，由国家机构实施，具体又包括对立法、行政、司法活动的监督三部分。但现有的国家监督体制存在问题较多，主要表现在监督体制本身的不足及由此导致的监督效力不佳，直接影响到对公权力的监督约束。具体而言：

立法监督是对有权制定规范性文件的国家机关就其制定、修改、废止规范性文件的合法性所进行的监督，在这类监督中，全国人大及常委会是实施立法监督的重要机关，有权监督国务院及各省、自治区、直辖市国家权力机关的立法活动，然而全国人大常委会本身就是最高国家立法机关，他们面临繁重的立法任务，这让他们所担负的监督立法职能实施不足，而全国人大常委的立法活动要有全国人大来监督，但每年只召开一次的全国人大也决定了其对全国人大常委的监督存在不足。在监督的具体操作程序上，法律规定全国人大及常委会对立法活动具有否决、撤销权，但这些权力如何具体行使，应由全国人大常委会哪一部门行使等都未作出明确说明，导致立法监督运行不畅。

司法监督主要针对国家公安机关、审判、检察机关司法活动合法性进行的监督，这种监督包括司法系统内部上下级、同级之间的监督，国家立法机关的监督，检察院、法院、公安机关的相互监督等。在司法监督中检察机关地位较为特殊，它既是宪法规定的国家监督机关，同时它又执行法律赋予的司法职能，从而成为司法监督的对象，而对检察机关本身的监督无疑存在严重漏洞。再如公安机关既是行政机关，又在办理刑事案件过程中行使司法职能，与人民检察院、人民法院形成相互配合与相互制约的平等关系，这种刑事诉讼架构也导致了监督的结构性缺陷。

行政监督主要针对各级行政机关行政执法活动合法性所进行的监督。这种监督包括全国人大及地方人大对同级行政机关的监督，行政机关内部上级对下级的监督、审计与监察机关的监督，人民检察院的监督等。对人大监督而言，地方人大对行政官员的任免权还未完全落实，使其监督受到一定程度的制约。检察机关由于受地方政府的牵制较多，对行政执法活动的外部监督未能充分发挥功效，这些因素决定了行政监督主要依靠行政机构内部的自我监督，这种监督显然是不充分的。这些问题的存在都要求我们完善人权保障的监督体制建设，实现宪法所确立的人权保障原则落到实处。

（三）马克思主义人权理论中国化的文化（主要是意识形态）问题分析

立足文化建设分析马克思主义人权理论中国化是一个重要的研究视角，这种研究主要是从文化的核心——"意识形态"视角出发所作的探讨。

1. 关于文化的核心——"意识形态"的概念探讨

前面谈到狭义的文化是指精神文化，针对人们的精神生产能力及精神产品，笔者所指的文化正是狭义的文化。文化根据是否反映经济形态、政治制度，可分为"意识形态"与非意识形态。意识形态与经济和政治联系密切，带有鲜明的政治色彩和阶级性，如政治、法律、哲学、宗教等，非意识形态与政治、经济没有直接联系，不具有阶级性，如语言、自然科学等。

关于"意识形态"这个词最早是怎样提出的，有很多说法。据考证"意识形态"一词最早出现于18世纪末或19世纪初拿破仑时期的法国，其开创者是法国启蒙学者、经济学家、哲学家德·特拉西。1797年，特拉西在其撰写的四卷本巨著《意识形态原理》中最早提出了"意识形态"一词，并把它引入西方哲学史。当时特拉西认为，意识形态是一个肯定性的概念，主要指"观念的科学"，即观念学、概念学或意识学，其目的是为了把意识形态与经院哲学、宗教神学的种种谬误区分开，以便于研究认识的起源、认识的界限及认识的可靠性，进而去改造社会。[①] 近现代以来，自特拉西提出"意识形

---

① 参见王永贵：《经济全球化与社会主义意识形态建设研究》，人民出版社2005年版，第7页。

态"这一术语后,西方对意识形态问题进行了比较系统的阐述,许多人从社会学、政治学、经济学甚至否定和贬义的角度上来解构意识形态。

按照马克思和恩格斯在《德意志意识形态》这部论著中的观点:"意识在任何时候都只能是被意识到了的存在,而人们的存在就是他们的现实生活过程。如果在全部意识形态中,人们和他们的关系就像在照相机中一样是倒立成像的,那么这种现象也是从人们生活的历史过程中产生的……不是意识决定生活,而是生活决定意识。"① 同时马克思也指出:"一个阶级是社会上占统治地位的物质力量,同时也是社会上占统治地位的精神力量……占统治地位的思想不过是占统治地位的物质关系在观念上的表现,不过是以思想的形式表现出来的占统治地位的物质关系。"② 在《〈政治经济学批判〉序言》中,马克思还列举了意识形态的门类,即"随着经济基础的变更,……人们借以意识到这个冲突并力求把它克服的那些法律的、政治的、宗教的、艺术的或哲学的,简言之,意识形态的形式"③。

我国学者多数接受马克思主义关于意识形态的观点,从思想上层建筑的角度去界定意识形态。较有代表性的观点如宋惠昌教授的界定:"作为社会哲学基本范畴的意识形态,也就是思想体系,是一定社会或阶级的思想体系。具体一些说,意识形态是社会的思想上层建筑,是一定社会或一定社会阶级、集团基于自身根本利益对现存社会关系自觉反应而形成的理论体系。"④

笔者认为,界定意识形态可从以下几方面着手:第一,意识形态属于上层建筑的范畴,具体而言属于观念上层建筑,与政治上层建筑相对应。第二,意识形态要受经济基础的决定和制约,有什么样的经济基础,就会产生什么样的思想上层建筑。第三,意识形态是一个宏大的思想系统,具有不同的构成要素,有占主导地位、反映经济基础的意识形态,又有占非主导地位的意识形态。有先进的意识形态,也有落后的意识形态,等等。不同意识形态共存于一个社会的思想体系中,相互间不断发生一定的碰撞与融合。综合这三

---

① 《马克思恩格斯选集》第 1 卷,人民出版社 2012 年版,第 152 页。
② 同上,第 178 页。
③ 《马克思恩格斯选集》第 2 卷,人民出版社 2012 年版,第 3 页。
④ 宋惠昌:《当代意识形态研究》,中共中央党校出版社 1993 年版,第 9 页。

点，意识形态应是受一定经济基础所决定的，反映一定社会不同阶级、集团利益的思想上层建筑，是反映社会各阶级、各社会集团政治纲领、行为准则、价值取向、基本观点等的理论体系。

作为意识形态而言，它具有鲜明的实践性和阶级性，它是对现实存在的反映同时又去指导现实实践，而每种具体的意识形态都与它所反映的具体阶级利益密切相关。意识形态又具有一定的掩蔽性：一方面，意识形态要揭示出它所代表的统治阶级的根本利益并宣传这种利益神圣不可侵犯，具有某种真实性和合理的普遍形式；另一方面，它又要竭尽全力掩蔽这种根本利益，将人们的目光引向别处，掩蔽真相，以维护自己阶级的根本利益。除了这些主要的特性外，意识形态还具有总体性、相对独立性、继承性、相关性、先导性等。

基于意识形态的这些特性，使它不仅具有了一般上层建筑的作用，还具有了一些特殊功能，这决定了它在社会生活中会对实践发生重大影响。在经济方面，成功的意识形态建设会为经济发展创造良好的社会环境和运行机制，减少机会主义行为的发生，降低和节省经济交往成本，增加经济效益。在政治方面，占主导地位的意识形态就要为统治阶级的"合法性"辩护，批驳异己的意识形态，为政治体制、政策合法性辩护；在思想上，某种意识形态会对相应的社会共同体成员产生一种凝聚、统一作用，在保持整个社会集团的意识形态的统一中，意识形态起到了团结统一的"水泥"作用，凝聚了人们的向心力；在价值功能上，它又具有社会活动的价值导向作用，为人们指明了一定的社会理想，为一定的社会或某个政治共同体成员规定了社会活动的价值导向。此外，意识形态还会影响人的社会心理、个人心理以及生活方式，制约人们心理发展的方向和生活方式的养成。

2. 意识形态与文化的关系

意识形态作为文化的组成部分，与文化关系密切，体现在如下几方面：

第一，意识形态是文化的核心。意识形态由于反映占统治地位的阶级、政党的精神文化，对整个社会文化建设具有支配作用，意识形态成为观念文化的核心，是社会文化建设的中心内容。"一定的文化，总是要受一定意识形态的指导与支配，文化与意识形态的关系，在很大程度上，是同心圆的关系，只不过文化的边缘比意识形态宽泛,外延更为开阔。"① 从文化角度讲,在阶级社会由于社会历史条件的局限,文化还具有鲜明的阶级性,不可能代表所有社会成员的共同利益,所以在阶级社会中主要的文化都反映统治阶级的意识形态,意识形态为文化提供了基本的场所,历史上的哲学文化、政治文化、伦理文化等都积聚于社会意识形态之中,人们对文化的接受主要就是意识形态的接受过程。

第二,意识形态对文化主体的形成具有重要的浸染作用。意识形态作为反映现实经济、政治的思想上层建筑,是社会的人浸染其中的思想环境,人都要受到社会意识形态体系的熏陶、影响,社会通过各种途径使人认同社会主导意识形态,由此人才真正进入特定的社会生活,所以作为文化主体的人的生成过程实际又是意识形态浸染的结果。

第三,意识形态是不同文化对抗的核心。现代社会文化冲突的实质都是不同意识形态对抗的结果。"一个社会主导文化是社会的意识形态,承担了意识形态的功能。"② 主导文化渗透于社会生活各个领域,使文化的意识形态功能日渐突出,不同社会的文化认同、价值观念、民主法制观念、精神文明建设等都深深印上意识形态烙印,而不同的意识形态冲突成为文化冲突的本质。伴随全球化进程的加剧,意识形态更为深入地渗透到文化的各个方面,使文化实现了"非领土扩张"。

第四,文化为意识形态发展提供了思想基础。意识形态的形成与发展既不能脱离社会物质关系,也不能与文化传统脱节。文化是同一民族在时代变迁过程中对历史的继承与发展,任何一种新的思想、观念,无论来源于域外或产生于本土,都必须在本国既有的文化传统上加以阐释、运用,实现与文化传统的融合,所以意识形态立基于现有文化传统基础上不断融合、改造既有文化传统,而文化传统也在意识形态发展变化中不断延续。

3. 对人权意识形态的认识

在界定文化、意识形态的基础上,我们需要探讨人权问题是否具有意识

---

① 郑永廷主编:《社会主义意识形态发展研究》,人民出版社2002年版,第130页。
② 王一川:《大众文化导论》,高等教育出版社2004年版,第9页。

形态性。

（1）关于人权意识形态内涵的辨析

人权问题是任何一个国家都无法回避的，从国际间的人权斗争到国内的人权建设，无一不渗透着人们对人权问题的看法、态度。人权文化中也存在非意识形态的成分，比如当今各种人权文化都对人的生命权高度关注，都反对种族灭绝、贩卖奴隶等严重侵害人权的行为，这些认识是基于对人的基本生存权利的保障，随着人权保障理念的发展，已为世界各国所公认，基本不存在人权文化上的冲突。除此之外，大量对人权问题的认识，如人权与主权关系、人权的内容应包括哪些、人权的普遍性与特殊性等都与一国经济基础、政治制度、社会发展状况等存在密切关联，具有鲜明的意识形态性。一个社会对人权问题的主导性认识反映了一个社会或集团根本性的、全局性的利益，与社会的经济、政治、文化等相联系。不同的经济基础、阶级结构决定了不同的人权理论，不同社会的意识形态环境下有着不同的人权价值取向与人权观念，所以一定社会、一定阶级对人权问题的理解、认识在很大程度上都属于意识形态的范畴，中西在人权文化问题上的冲突实质反映的是两种不同意识形态的冲突，这也决定了从文化视角研究人权问题落脚点在于探讨人权的意识形态问题。

资本主义与社会主义基于不同的经济基础、政治制度等社会发展差异，对人权的认识在本质上不可避免地会存在诸多冲突。"不同的思想性是各种意识形态质的区别的基本标志。"① 我国作为社会主义国家，生产资料公有制是我国的经济基础，个人利益与社会利益实现了有机统一，这决定了享有人权的主体是全体社会成员，人权广泛性成为社会主义中国与西方世界在人权问题上的本质区别之一。人权的广泛性不仅指中国公民享受的人权范围是广泛的，而且指享受人权的主体是广泛的，强调人权是占人口绝大多数的"全国人民的人权"。在人权的指导思想上，我们坚持马克思主义人权观，认为人权无论是作为一种要求、一种政治主张，还是作为法定权利，它的产生、实现和发展，都必须以一定社会的经济条件为基础；人权不是天赋的，而是历史地产

---

① 宋惠昌：《当代意识形态研究》，中共中央党校出版社1993年版，第16页。

生的；它往往表现为法律所确认和保障的经济、社会、文化权利及公民权利等；人权依附于国家而产生和发展，它的实现是一个渐进的过程，它受到政治、经济、文化、社会传统等各种条件的制约；人权作为一种法定权利，是权利与义务的统一；人权的作用和目的不仅在于使人获得权利，而且在于使人明确自我解放的目标和获得实现自我解放的手段。只有实现共产主义，解放全人类，人权才能真正彻底地实现。改革开放以来，我们的生产力水平显著提高，广大人民所享有的人权得到进一步改善，人权的实现更加具有现实性，享有人权的水平也在逐步提高。这决定了我们国家人权意识形态的建设与人权现实是高度一致的，我们所坚持的马克思主义人权意识形态的指引是正确的。

西方资本主义社会对人权概念的理解以早期资产阶级启蒙学者提出的"天赋人权"学说为基础，对此大家都已熟知，基于"天赋人权"，人人享有与生俱来的生命、自由、平等、财产等基本权利，为了弥补文明社会以前自然状态的缺陷，人们之间才订立契约把一部分自然权利交给政府、国家，由国家、政府来确保人民平等、自由等权利的实现。天赋人权的理论基础是自然法和人性论，个人始终处于社会的中心地位，个人权利永恒、绝对，任何个人、政府、社会都不可侵犯、剥夺他人人权。对西方资本主义人权意识形态，马克思早已作了批判，他在《论犹太人问题》当中指出在资本主义社会，"不同于公民权的人权，无非是市民社会的成员的权利，就是说，无非是利己的人的权利、同其他人并同共同体分离开来的人的权利"[1]。他通过分析资产阶级的所谓自由、私有财产、平等和安全等基本权利后指出在资本主义社会，"任何一种所谓的人权都没有超出利己的人，没有超出作为市民社会成员的人，……在这些权利中，人绝对不是类存在物，相反，类生活本身，即社会，显现为诸个体的外部框架，显现为他们原有的独立性的限制。把他们连接起来的唯一纽带是自然的必然性，是需要和私人利益，是对他们的财产和他们的利己的人身的保护"[2]。由此可见，资本主义社会的人权是被资本主义制度

---

[1] 《马克思恩格斯文集》第 1 卷，人民出版社 2009 年版，第 40 页。
[2] 同上，第 42 页。

严重异化的产物，建立在生产资料私有制基础上的人权具有极端的利己性，必然与公共利益存在矛盾、冲突，在资本主义条件下人的解放不可能真正实现，人权只能是统治阶级的特权。这决定了西方人权意识形态具有极大的虚伪性和欺骗性，西方社会所宣扬的"人权"根基是极为薄弱的。

（2）关于人权意识形态的属性

从意识形态视角看待人权问题，有如下几点属性值得关注。

第一，关于人权意识形态的阶级性。马克思、恩格斯指出："占统治地位的思想不过是占统治地位的物质关系在观念上的表现……因而，这就是那些使某一个阶级成为统治阶级的关系在观念上的表现，因而这也就是这个阶级的统治的思想。"① 维护统治阶级利益是意识形态与生俱来的"天职"，这种维护可以是通过掩饰统治阶级特殊的阶级利益，将其张扬为全社会的共同利益，资产阶级就总是将他们的人权观说成是普世的，每个人都享有平等、自由的权利，实际掩饰了资产阶级人权不平等的阶级基础；这种维护也可以是通过教化的方式，借助于柔性的道德、教育等手段，向社会灌输统治阶级思想体系，使全社会遵守统治阶级制定的行为准则，维护阶级利益。我国作为社会主义国家，生产资料公有制是我国的经济基础，人民当家作主，个人利益与社会利益实现了有机统一，享有人权的主体是占人口绝对多数的广大劳动人民，所以在我国占主导地位的人权意识形态维护的是广大人民的利益，其掩蔽作用是不存在的，我们更强调对人权的教化，通过各种途径宣传马克思主义人权理论，引导社会成员树立正确的人权理念。

第二，关于人权意识形态的相对独立性。包括意识形态在内的社会意识都具有相对独立性，这种相对独立性是理解人权问题的一个重要方面。首先，根据社会意识对社会存在具有反作用的原理，先进的人权意识必然对人权建设起到积极的促进作用。正因为我们始终坚持马克思主义人权观，以保障人民人权为根本，将人民的生存权、发展权放在首位，才能在一个生产力发展极为落后、人口众多的国家解决了人民的基本人权。其次，社会意识与社会存在发展具有不同步性，社会意识有时会落后于社会存在的变化，有时会超

---

① 《马克思恩格斯选集》第1卷，人民出版社2012年版，第178页。

越社会存在，所以就导致了社会意识发展的不平衡性。恩格斯说过，"经济上落后的国家在哲学上仍然能够演奏第一小提琴……"① 资本主义高度发达的经济发展水平并非意味着他们的人权意识形态一定是发达的，在资本主义社会一方面经济发展带来的等级分化现象越来越严重，另一方面是他们极力宣扬的带有极大局限性的自由、平等、人权，所以资本主义人权意识形态具有极大虚假性。我国的生产力发展水平虽落后于发达资本主义国家，但在人权问题上坚持先进意识形态指引，由此带动了人权实践的巨大发展，与资本主义人权形成了鲜明对比。

第三，关于人权意识形态与其他意识形态的相关性。社会意识在各自发展过程中与其他意识形式之间是相互影响的。"政治、法、哲学、宗教、文学、艺术等等的发展是以经济发展为基础的。但是，它们又都互相作用并对经济基础发生作用。"② 对于人权问题也是如此，民主化政治的发展彰显了人民当家作主的地位，使广大人民群众切实享受到了政治权利；法律意识的普及提升了人们的人权保障意识，立法的完善使人们的人权得到更为充分的保护；哲学上人学研究的兴盛为人权的倡导提供了更为坚实的人文基础，等等。而人权问题本身的学科交叉性决定了人权研究的发展对其他学科也会起到推动作用。同时人权意识也受到其他国家、民族人权观念的影响，世界历史的发展早已使不同形式的意识形态交流成为普遍，如西方发达国家注重法治的传统对我们的人权保障就具有很好的借鉴意义。所以强化人权意识形态建设必须注重吸收其他社会意识、其他国家和民族的先进理念来完善自身建设。

第四，关于人权意识形态的继承性。任何一种意识形态都以继承前人积累的宝贵精神财富为前提，中国人权意识形态建设也存在继承中国几千年文明精华的问题。尽管中国传统社会并未产生人权理念，存在很多对人的权利的压制，但不可否认中国传统中也存在一些有利于当今人权意识形态建设的精华。如中国有"贱讼"的观念，这显然不利于人权的保障，但注重调解、讲究和谐息讼的方式却对人权建设有积极意义；还有和谐的理念、反抗暴政

---

① 《马克思恩格斯选集》第 4 卷，人民出版社 2012 年版，第 612 页。
② 同上，第 649 页。

的传统、大同的精神等,这些都是值得肯认的,完全可以用于当今人权意识形态的构建,这体现了先进的阶级意识与中国民族意识的一种融合。

(3) 人权意识形态的功能

人权意识形态的首要功能在于确认人权的政治合法性。所谓"合法性",是以"对某种政治共同体、某种权力结构或某种政治秩序的认同意识为基础,使它得到社会上大多数人的普遍承认、普遍支持、普遍尊重,而具有的一种合法权威性"①。作为统治者为了保持统治的稳定,如果仅依靠纯粹的暴力是不可能长久的,都要从意识形态上论证它所主张的人权问题的合法性,从而取得社会大多数人的认同,最典型的就是资本主义对人权问题的处理。资产阶级在反抗封建统治中,为了争取人民支持获得统治地位,运用"天赋人权"理论把资本主义描绘成人人平等的自由世界,并且在资本主义政权确立后,又通过立法的方式对人权加以确认,法国的《人权和公民权宣言》,美国的《权利法案》等都对资本主义人权作了详尽规定,人权的合法性论证对资本主义夺取政权并维护其几百年的稳定发展起到了重要作用,对资本主义制度的反抗者起到了不小的欺骗、蒙蔽作用。对我国人权建设而言,也要从意识形态层面论证社会主义人权的政治合法性,为人权发展作出理论上的铺垫。我国自改革开放以来加大了对人权的宣传研究,从讳言人权到在党和政府文件中明确予以确认,并将人权问题写入了宪法和经济社会发展规划,理论上也加大了对社会主义人权的研究,充分论证了社会主义人权的真实性和优越性,同时对资本主义人权的虚伪性、历史局限性进行了揭露,对西方国家所进行的人权攻击通过有力的事实予以回应,牢固树立起马克思主义人权理论的指导地位。

其次,人权意识形态有助于统一认识,指明人权发展方向。马克思主义人权理论为人的解放发展指明了道路,其关于人权的最终发展目标是实现每个人的自由、全面发展,这为我国人权建设提供了行动纲领、社会理想,近代中国历史就是一部在马克思主义指引下党和人民争取和实现人权的斗争史。同时马克思主义关于人的发展三阶段的论述,使我们充分认识到生产力的发

---

① 宋惠昌:《当代意识形态研究》,中共中央党校出版社1993年版,第23页。

展是实现人权的根本,为了保证人权的享有必须大力发展生产力。改革开放以来从邓小平、江泽民再到胡锦涛,党的三代领导集体都始终坚持发展的主线,使我们用几十年的时间就走完了资本主义上百年走过的道路,这为人的自由全面发展提供了坚实的基础,马克思主义人权理论已成为当今引领我国社会发展的一面思想旗帜。

最后,人权意识形态在当今社会具有明显的外交功能。在全球化的背景之下,人权问题在民族国家和国家集团之间的交往中占据重要地位,一国在人权问题上的对外政策实际是国内占统治地位的人权意识形态在国际关系上的反映,它会直接影响到对外政策,引发国际间人权问题的斗争。当今世界资本主义和社会主义在人权问题上的对立体现的就是两种存在根本分歧的意识形态的斗争,英美国家就经常利用意识形态的掩蔽性包装其对外政策,以人道主义、人权等意识形态工具干涉别国内政,侵犯他国权益。

4. 当前阻碍我国人权建设的文化因素分析

人权问题是当今社会探讨的最热门的话题之一,正如中国政法大学江平教授在2008年"市场化三十年论坛"中所说的那样,"马克思的核心是两个解放:一个是解放生产力,一个是解放人自己。其实西方的所有理论也基本差不多。这就是说,除了'发展',还有一个'人权'问题。发展是硬道理,'人权'其实是一个更加硬的道理。从某种意义上,'发展'和'人权'这两个硬道理中'人权'应该比发展更'硬'一些!我们不能以'发展'来限制'人权',不能以'发展'来削弱对人的关怀。"人权问题是任何一个国家都无法回避的,当前影响我国人权建设的文化因素主要来自于反映西方意识形态的人权文化的侵袭,基于社会制度、历史传统等因素的差异,西方人权文化不可避免地对我国人权文化产生多方面影响,此外中国封建文化也对我国人权文化构建产生了一定影响。

(1) 西方人权文化的侵蚀

这种侵蚀主要表现为体现西方意识形态的文化大量涌入我国,对我国人权文化建设产生了强烈冲击。

第一,"普世价值"思潮的冲击。近几年来,西方人权理论以各种形式干扰中国的人权意识形态建设,他们将其所理解的"人权"表述为一种"普世价值"，借口"人权高于主权"、"人权无国界"对中国人权问题横加指责，关于"普世价值"的争论成为中西方社会讨论的热点。西方一直致力于推动"自由、民主、人权"这些普世价值观念，使"普世价值"思潮在我国泛起。这种人权领域的意识形态干涉从20世纪90年代就开始实施，形式不断翻新，进入新世纪后关于"普世价值"的干预甚嚣。2005年10月，境内外敌对势力和个别自由派知识分子就以民主的所谓"普世价值"为理论武器，攻击否定我国的社会主义民主政治建设。他们还假借人权的普遍性来谈人权也是一种普世价值，借以指责中国的人权状况，许多人甚至引用国家领导人的某段讲话说明我国政府和我们党也是认可"普世价值"的。对于什么叫"普世价值"？根据中国人民大学周新城教授的理解，应该包括两个方面：一是这种价值观念适用于所有的人，不管哪个阶级、哪个个人，都赞成并实践这种价值，即它具有普遍适用性；二是这种价值观念适用于任何社会，不管哪种社会经济形态，都存在并适用这种价值，即它具有永恒性。按照这种理解，西方所提的价值观念是普世的，那么中国早就应该是赞成并实践了的，怎么会"自外于"这种价值观念呢？反过来说，既然拥有13亿人的中国不赞成或没有实行他们所说的"普世价值"，这种价值观念怎么能说是"普世"的呢？显然他们所说的"普世价值"并不真正是"普世"的，而是一部分人的价值观念。① 他们之所以热衷于传播"普世价值"，根本目的是想干预我国的民主政治建设，终结共产党的领导，把中国纳入资本主义文明的轨道。

我们应当清醒地认识到，宣扬"普世价值"这种意识形态是西方社会统治阶级思想的体现，是以一种"软实力"的方式来干预别国的工具，其突出表现就是以美国为首的西方国家，大力推行的建立在所谓人道理想上的人权观，他们竭力宣扬人权价值观的单一性和实践标准的多重性，把这种单一价值的实现过程看成是超越历史、国界、种族的必然现象，否认各国、各民族的实际，这样必然导致他们不能平等地对待各国、各民族，以他们的人权标准随意指责别国，还经常以"人权状况"制裁甚至侵略他国，而对自己不光彩的人权记录却避而不谈，这实际仍是"人权高于主权"这种拙劣意识形态

---

① 参见周新城：《关于"普世价值"的随想》，载《马克思主义研究》，2008年第9期。

论调的翻版，是为确立以美国为首的西方国家霸权统治而服务的。

如果我们运用马克思主义立场、观点和方法来分析，就会发现人权问题是没有普世性的，马克思主义人权理论反对抽象的人权，认为人权是历史地产生的，它的产生、实现和发展，都必须以一定社会的经济条件为基础，它要依附于国家而产生和发展，它的实现是一个渐进的过程，并受到政治、经济、文化、社会等各种条件的制约。在马克思主义者眼中，人权从来都是具体的。西方之所以宣扬普世价值，本质上还是以美国为首的西方国家所主张的"新帝国主义"策略的体现，目的是要在全球范围内先发制人，以"人权高于主权"为旗帜，打着正义、民主的旗号，干涉、侵犯别国，把美国的价值观推广到全世界，实现美国的单级稳定。

从以美国为首的西方社会打出人权问题的"普世性"借机干预他国民主政治的过程看，这充分印证了当今时代意识形态的外交功能，一国对外政策充分反映了该国占统治地位的意识形态，充分体现了美国极力利用意识形态的掩蔽性来干涉别国、侵犯别国的用意。所以"普世价值"问题不是一个纯学术问题，而是一个意识形态领域斗争的前沿问题。对美国等西方国家宣扬的"普世价值"我们要有一个清晰的认识，不能被所谓"普世价值"的人类性话语所迷惑。正如中国社会科学院侯惠勤教授所指出的，"社会主义意识形态当然不能排除人类性话语，不能孤立、抽象和无条件地使用阶级性话语，而必须根据历史发展的具体实际，把阶级性话语和人类性话语统一起来。另一方面，社会主义意识形态更不能拒斥阶级性话语，孤立、抽象和无条件地使用人类性话语。适应新的历史条件的变化，我们必须重视人类性话语的使用，但这是策略层面的、有条件的应变，而不是根本理论的混淆和战略性改变。只有保持理论上的自觉，才能拥有思想上的领导权。"①

第二，其他西方社会思潮的冲击。除了"普世价值"的侵蚀外，西方一些社会思潮也在影响着马克思主义人权理论的指导地位，影响着我国的人权意识形态建设。这种影响表现在冲击我国人权意识形态领域马克思主义人权

---

① 侯惠勤：《"普世价值"的理论误区和实践陷阱》，载《马克思主义研究》，2008年第9期。

理论的指导地位,对这些社会思潮的侵蚀要运用马克思主义理论积极应对。而当前的现状正如有些学者所言,"从马克思主义理论本身看,以新自由主义为代表的当代西方意识形态确实内在地包含一些符合人类社会发展的理论价值,在一定程度上成为当今世界的主流意识形态,而马克思主义还无力从理论上给予它们釜底抽薪式的颠覆和否定。"① 这就需要我们加强对影响我国人权建设的西方政治思潮的分析研判。

其一,新自由主义思潮的冲击。新自由主义最初仅仅是一种经济学理论,主张私有化、贸易自由化、产品市场化,其理论体系经过近百年的发展,内容庞杂,基本观点都包括肯定自由,都力求揭示自由与非自由的界限,揭示自己与他人、个人与国家、权利与义务、放任与约束的互动关系,在政治理论方面强调三个否定,即否定公有制、社会主义、国际干预,在战略和政策方面极力鼓吹以超级大国为主导的全球经济、政治、文化一体化,即全球资本主义化、西方化和美国化等。② 然而自20世纪80年代以来其迎合了资本主义对外扩张的需要,逐渐被政治化、意识形态化,成为资本主义意识形态的表现形式,其标准就是"华盛顿共识",1990年美国经济研究所召集在华盛顿召开了一个讨论80年代中后期以来拉美经济调整、改革的会议,会上以新自由主义理论为基础达成了"华盛顿共识"。认为各国不论经济发展水平如何,只要实行完全的贸易、金融自由化、国际化,取消各种贸易壁垒和政策限制,就会带来经济繁荣。

新自由主义对我国冲击较大,从20世纪80年代中后期开始在我国大规模的传播和讨论,许多人尤其是一些青年学者"奉新自由主义为灵丹妙药,主张用新自由主义的一套来指导中国的改革开放"③。新自由主义对我国的冲击不仅在经济领域,而且冲击我国的政治、文化、意识形态建设,"西方国家的某些政治势力,并不是把新自由主义单纯看做一个经济学派,而首先把它

---

① 袁铎:《重建马克思主义话语权》,载《长白学刊》,2006年第3期。
② 参见吴志敏、郭文亮:《探析冲击我国主流意识形态的西方思潮》,载《学术界》,2010年第5期。
③ 何秉孟:《新自由主义评析》,社会科学文献出版社2004年版,第3页。

作为一种适应其政治需要的意识形态"①。西方世界向广大发展中国家不遗余力地推销新自由主义意识形态、"一方面瓦解和毁灭第三世界民族文化的根基,一方面用精神鸦片毒化第三世界国家的社会和人们的灵魂"②。其根本目的是"用西方的特别是美国的经济模式、政治体制和价值观念统治全球,构建一个美国和西方'稳定获利'的全球模式"③。

新自由主义对人权建设的危害主要体现在其推崇个人至上的观点,"把自我放在社会之上,用自我价值超越社会价值,进而达到宣扬以个人为中心、个人至上的目的"④。这与我们所主张的集体人权是相违背的。许多人因受其误导淡化集体观念,崇尚极端个人主义,拜金享乐思想盛行,为了个人利益不惜牺牲国家、集体利益,这是一种将个人人权无限放大而无视只有在国家、集体发展前提下才能使个人权利得以实现的事实。极端个人主义与我国社会主义人权观是根本抵触的,如不有效遏制将损害社会主义人权建设根基,造成人权理论的混乱。

其二,"意识形态终结论"的冲击。"二战"后,由于前苏联针对党内外一切反对力量进行了大规模恐怖清洗,极大动摇了一部分知识分子对社会主义的信仰,而西方资本主义国家在"二战"后成功进行社会调整,使资本主义进入一个繁荣发展时期,工人处境得以改善,阶级矛盾得以缓和,在此背景下西方右翼知识分子提出了"意识形态终结论"。最早由法国社会主义党人阿尔伯特·卡莫斯在批评法国社会主义党的理论主张时所提出,认为意识形态是种欺骗,已宣告终结。此后,法国的雷蒙·阿隆、加缪,美国的李普塞特、丹尼尔·贝尔等发起了"意识形态终结论"的论战,他们都认为社会主义意识形态已寿终正寝。李普塞特在其著作《政治人——政治的社会基础》中指出,意识形态终结"并不是说所有意识形态的思维,或者不再有任何政

---

① 何秉孟:《新自由主义评析》,社会科学文献出版社 2004 年版,第 50 页。
② 卫建林:《新自由主义与第三世界》,载《红旗文稿》,2006 年第 12 期。
③ 韩源:《全球化背景下维护我国文化安全的战略思考》,载《毛泽东邓小平理论研究》,2004 年第 4 期。
④ 张骥:《"四个如何认识"与思想政治工作创新研究》,河北教育出版社 2004 年版,第 60 页。

治分歧或意识形态分歧。'意识形态终结'这个短语，按照它的提出者和支持者的看法，只是意味着：第一，所谓一般的意识形态已不足以指导民众运动……第二，在先进资本主义国家，剧烈的意识形态冲突和政治冲突正在日渐枯萎"①。进入20世纪八九十年代，以福山、亨廷顿等为代表将"意识形态终结论"推向了高潮，弗朗西斯·福山在《历史的终结》等著作中就提出，苏东剧变证明社会主义、共产主义已不是人类社会发展的最高社会形态，西方的自由民主和市场经济将在全球普及，自由民主将成为人类意识形态进步的终点和人类统治最终形态，这被视为"历史的终结"。

纵观西方"意识形态终结论"的观点，他们并非认为所有意识形态都已终结，只是认为马克思主义意识形态已经终结，而将西方所谓民主、自由列为人类社会发展方向。西方在"意识形态终结论"的掩盖下向我国大肆推销人权、民主、自由等"普世价值"，表面看来不带有意识形态性，而实质上他们所提出的人权观点正是西方资本主义意识形态的体现。我们所理解的人权与西方人权观所反映的是两种不同意识形态主导下的人权观念，西方的"意识形态终结论"只是攻击马克思主义意识形态的一种方式，在这种掩盖下传播西方的意识形态，同化、西化我国对人权问题的认识。对此，基于建国后我国意识形态斗争过程中的复杂经历，导致有些人希望远离意识形态的是非争斗，进行纯粹学理的问题探索，因而对"意识形态终结论"产生了强烈的心理认同，由此就易于接受西方提出的民主、自由、人权主张，导致立场的丧失，陷入西方圈套。虽然在人权问题上不能泛意识形态化，但终结意识形态，离开主流意识形态的指导，必定会丧失原则、方向，陷入混乱。

其三，民主化思潮的冲击。全球化的发展使保障自由、人权的民主制度得以普及化，有学者提出"就政治意义而言，全球化在政治上可以说是民主化的同义词"②。塞缪尔·亨廷顿在其著作《第三波——20世纪后期民主化浪潮》一书中，以西方资本主义民主作为判断标准，将世界民主化潮流划分为

---

① 〔美〕西摩·马丁·李普塞特：《政治人——政治的社会基础》，张绍宗译，上海人民出版社1997年版，第491页。
② 刘军宁：《全球化与民主政治》，载《当代世界与社会主义》，1998年第3期。

三个阶段，1829—1926 年为第一阶段，世界上有 30 个国家创立了民主制度，后来随着墨索里尼在意大利的上台，标志第一次潮流结束。"二战"后，随着民族独立运动的兴起迎来第二次民主化浪潮，第三次浪潮肇始于 20 世纪 70 年代，基于美国为首的西方国家的大力推动，这次浪潮影响深远，遍及欧洲、拉美、非洲、东亚，许多国家都走上了所谓民主化的道路。这种民主化浪潮由美国等西方国家主导，以民主、人权为口号，将经济扩张、军事打击、文化侵蚀融合在一起，在全世界范围内推广西方式的民主与人权。这种民主化思潮成为西方国际霸权战略的重要依据，即以民主为口号强制其他国家接受其民主改造，对不符合其民主化要求的则被冠以反人权、独裁的帽子，然后进行政治、经济甚至军事打击，实现对西方全球秩序的控制，对于一些难以改造的国家则给其贴上恐怖主义的标签，对其实施全面打压，直至完成全面改造。民主化思潮对我国影响较大，许多人认为只有实施西方式的民主，坚持三权分立和多党制，才能实现充分的人权，认为"就以中国政治的现代化进程而言，中国要实现民主政治……就必须引进西方的自由主义政治思想，这几乎是一切致力于解决中国现代政治问题的思想家们的共识"[①]。

第三，关于西方人权文化渗透的方式。西方人权文化渗透的方式一直以来呈现出多样化态势，其更加注重在社会交往中传输西方人权观。当前世界各国的文化交流日益普遍化，大量民间交往如旅游、民间互访、非政府组织交往日渐增多，通过这些交往为人们灌输西方人权理念，导致很多人盲目崇拜西方人权模式，不自觉地在内心打上西方人权文化的印记。再如学术交流，近年来西方世界日益看重对我国的学术交流，通过到国外访学、攻读学位、开展学术研讨会、讲座等活动，对学术人才灌输西方人权观，国外一些学者也大肆向我国兜售西方的人权价值观，倡导西方的民主、自由，这些学说在青年学生、青年学者中易产生共鸣，得到了很多人的追随，而这些渗透方式中最主要的方式是通过传媒工具将西方文化带入我国。

对于西方媒体的冲击。正如马克思、恩格斯指出的："资产阶级，由于开拓了世界市场，使一切国家的生产和消费都成为世界性的了。……过去那种

---

① 胡伟希：《传统与自由之间》，载《中国图书商报》，2000 年 1 月 11 日。

地方的和民族的自给自足和闭关自守状态，被各民族的各方面的互相往来和各方面的互相依赖所代替了。物质的生产是如此，精神的生产也是如此。"①传播媒介对社会现实的报道分析影响着人们对现实世界中事物的认识。媒体对某些新闻事实进行选择形成媒介议题，然后进行加工制作向公众呈现，构成人们对现实社会认识的重要来源。西方国家凭借其雄厚的财力与科技实力，控制了世界范围内传媒的领导权与话语权，他们大量向第三世界倾销其传媒产品，形成单向流通的传媒帝国主义。在传媒报道中绝大多数都是关于发达国家的正面报道，就人权领域而言，多数宣扬西方世界对人权的尊重和保护，西方国家人民正享受着优越的物质和精神生活，而来自发展中国家的报道则要通过层层过滤，甚至歪曲、篡改后才能出现在国际新闻中。对与西方世界对立的国家发生的新闻事件，在国际报道中更多的是负面新闻，宣扬这些国家对人权的漠视。以美国为代表的西方文化，通过报纸、互联网、电影、广播、电视等平台控制了世界传媒主渠道，这些文化产品除了娱乐功能外，还具有传播西方文化的作用，长期受这种文化的渲染就会在内心自觉接受西方世界文化、价值观，直接影响到一个国家、民族的文化安全。

改革开放以来基于中国经济发展及综合国力的增强，对原有世界格局带来了冲击，使西方发达资本主义国家感到恐慌，为遏制中国，西方通过媒体渠道，片面报道某些中国社会事件，歪曲、丑化中国形象，宣扬中国不讲人权，使西方国家人民对中国的认识始终停留在媒体报道层面，无视中国人权事业取得巨大发展的实际。随着苏联解体，中国被推到两制斗争的最前沿，基于美国国际战略的需要，关于中国人权的负面报道一直是占多数的。而全球化进程加剧产生的对商业竞争、利益的需求，也使西方媒体乐于报道负面新闻吸引公众眼球。此外，随着中国产品对海外市场的冲击，对许多西方国家带来竞争压力，普通民众中有许多人对中国产生戒备甚至敌意，为了迎合大众，在人权报道这种敏感领域更是会加入许多西方世界主观认识的成分，这些都对我国人权文化稳定带来威胁。

如 2008 年西藏拉萨打砸抢烧暴力事件发生后，在德国发行量很大的《德

---

① 《马克思恩格斯选集》第 1 卷，人民出版社 2012 年版，第 404 页。

国画报》3月28日居然还在无耻截图,歪曲报道这一暴力事件。根据中国网民找到并上传的原照片,《德国画报》在报道时截图故意去掉尼泊尔警察的画面,硬说事情发生在西藏。他们指责中国侵害人权,故意抹黑中国,破坏北京奥运会。2008年北京奥运会期间,被视为"德国的新闻教科书"的《明镜》周刊公开发布许多歪曲事实的言论,对于3月14日的拉萨,它认定那些心地纯净的喇嘛们被武警们攻击,他们不过是在要求宗教自由;4月7号出版的《明镜》周刊封面,是以铁丝网编成的奥运五环配以中国党代会的图片,封面导语赫然写着:"看看中国政府是如何压制人民和背叛奥运会的。"[①] 诸如此类的报道还很多,大都是在恶意攻击中国的人权问题。

近些年来,在西方传媒对人权文化的冲击中,网络对人权文化安全的冲击更为明显。据中国互联网络信息中心调查显示,截至2012年6月底,中国网民规模达到5.38亿,突破了5亿关口,中国成为世界网民数最多的国家。网络的发展对人权的实现有一定的积极作用,有助于人权文化的培育。网络改变了人们原有的固定化生活,扩大了人们自由选择的空间,可随时随地通过网络办公、学习、交流等;网络也拓宽了人权的范围,使权利行使更为便利,人们可以在网上自由对公共事务及社会事件发表自己的看法,从多角度了解社会信息,这些都为人们行使言论自由、知情权提供了便利;同时借助网络强大的传播力量,也便于国家运用网络进行人权文化传播与信息传递,帮助人们分辨国内外发生的形形色色人权事件,有助于个人科学人权观的确立。

然而,网络发展对我国人权文化的构建也提出了严峻挑战:

其一,客观而论我国当前对人权问题的宣传、教育一直处于较为薄弱的状态,虽然对于人权的理论研究空前兴盛,但在学校教育方面,仅在少数大学开设过一定的人权课和讲座,普及度不高,中小学对人权教育还未专门化,在面向社会人员的在职培训中也只限于部分特殊行业针对自身工作需要开展过一定的人权教育。目前人们获取人权知识还主要来自于电视、报纸、广播,

---

① 张骥主编:《中国文化安全与意识形态战略》,中国社会科学出版社2010年版,第139页。

尤其是网络上的信息。基于现实社会获取人权知识的有限性,而网络世界聚集了多元人权文化与价值观,信息量大,方便人们了解,网民将按照自己的理解、喜好对各类信息进行甄别,选择自己认为正确的人权认识转化为自己的内心确认,指导自己的外部实践,而不是被动等待教育者的灌输,这对于人权文化的传播是一个挑战。同时以往我们传播人权文化,不论是学校教育、培训、广播、电视等都是有形的,范围、时间有限,国家可对其进行管理控制,而网络的存在使信息传播不受时间、空间范围的限制,有极大的随意性,信息的传递、交流完全自由,这使国家的控制力大为降低。哈佛大学法学院的劳伦斯·莱辛教授指出:"边界把人民圈在里面,政府管理更方便。但信息世界打破了这种局面,逃避管理变得更容易了。"[1] 尽管管理者将大量包含主流人权文化的内容放在互联网上,但网民有自主选择的自由,不一定会去点击这些信息,这使得预期的人权文化传播可控性不强。

其二,互联网在全球展开了全方位、宽领域的拓展,日益演化成为一种对社会大范围、深层次的文化传播活动,美国等西方国家依据其拥有的绝对信息、技术优势,在网络传播中占据绝对主导地位。他们在网络上随意散布中国人权的负面消息,而对本国人权却极为吹捧,传播西方的人权理念,导致很多人对西方人权、民主十分向往,而对本土文化逐渐疏远。西方人权文化由于具有鲜明的资产阶级性及西方文明特征,它在现实社会中的传播往往受发展中国家社会制度、意识形态等因素的制约,传播中会遇到抵制、发生冲突,而网络的运用为人们创造了一个没有国界的世界,世界范围内的信息资源实现了共享,使西方人权文化可冲破各种障碍极为便利地传播。同时美国控制国际网络核心技术,利用网络向全世界传播自身人权文化易如反掌,网络的运用使西方人权文化传播呈现出国际化的趋势。世界上三分之二的信息来源于只占世界人口 1/7 的发达国家,世界媒体传播的国际新闻有 80% 来自西方主要通讯社。西方发达国家流向发展中国家的信息量是发展中国家流

---

[1] Lawrence Lessig, *Code and Other Law of Cyberspace*, New York: Basic Books, 1999, p. 207.

向发达国家的 100 倍。这决定了发达国家与发展中国家之间巨大的信息逆差。①

其三，网络对"个人"的关注使个人真正成为自我的主体，其所有行为完全听从于自我意识的支配。在网络上个人的行为完全由自己的自由意志所支配，成为真正的主体，这种对个人价值的过度张扬使个人主义思想膨胀，必然损害集体人权的建设，使个人容易忽视集体、国家的利益。同时网络上的个人主义、无政府主义、自由主义也得以肆无忌惮的传播，他们反对政府、法制对个人的约束，主张建立真正自由的王国，使我们长期以来确立的人权观念受到了严重冲击。

其四，网络的发展保证任何人都可作为文化的发布者与接收者，大家主体地位都是平等的，取消了等级、层次观念，"在大众传播史上，第一次你将体验不必是由大资本的个人才能接触广大的视听群。因特网把所有的人都变成了出版发行人，这是革命性的变革"②。这种平权性的网络文化特点决定了国家对网络的管理、控制难度大，美国等西方国家也正是利用这一特点，以平等、民主的面目向我国网民推销他们的文化与价值观。

其五，网络的存在拓宽了人民交往的空间，使信息接收渠道多元化，通过网络传输使人们足不出户就便知天下事，西方大量的社会文化信息都可在网上查阅浏览，这种信息传输把地处不同地域的人们连接起来，形成一体化网络，与过去相比西方国家只要耗费较小的成本就可将自己的价值观、人权态度传递给众多受众，而且网络传播及时高效，不受时间、地点限制，可以迅速将西方关于人权的最新政策、理论、决议传播到全球，大大提高了文化传输的有效性。

（2）封建文化对中国人权建设的阻碍

除了西方人权文化的侵袭外，中国封建文化也对当今人权文化建设产生了冲击。虽然中国传统文化中存在有益于当今人权建设的因素，但中国传统

---

① 参见张骥主编：《中国文化安全与意识形态战略》，中国社会科学出版社 2010 年版，第 261 页。
② 〔美〕约翰·布洛克曼：《未来英雄——33 位网络时代精英预言未来文明的物质》，海南出版社 1998 年版，第 108 页。

封建专制社会并未产生"人权"观念，究其原因，有学者提出，人权的内在精神有三，即"人道精神、法治精神和大同精神"①。中国古代社会包含丰富的人道精神和大同精神，如仁者爱人、君轻民贵、天下为公、均贫富等贵贱等，缺少的主要是法治精神。中国历史上不曾出现人权观念，关键的原因在于，按照中国传统，推行人道，追求大同，不是借重个人的权利，而是借重个人的义务；不是借助法治，而是借助德治。这种分析是十分中肯的，而如果从马克思主义观点出发进行分析，落脚点就在于由落后的生产力所决定的封建制文化是为了满足封建专制统治需要的，它必然会对人的权利采取压制的态度；同时其在中华民族经历了 2000 多年的发展，打上了深深的民族性烙印，这种受落后生产力所决定的文化民族性中的封闭、落后因素也极大阻碍了人权的出现，封建传统文化中阻碍人权实现的因素体现在如下几方面：

其一，中国传统封建社会强调义务本位。侯外庐先生指出，"如果用恩格斯'家族、私产（有）、国家'三项作为人类文明路径的指标，那么中国氏族公社的解体和进入文明社会的方式与西方国家不同。西方是从家族制、私产再到国家，国家代替了家族；中国是由家族到国家，国家混合在家族里。"②由于缺乏私产阶段，个人权利意识没有萌发，而家国的一体化却造就了个人义务本位的盛行。同时在社会上依赖礼的社会规范约束于社会成员的内心，礼是一种内在化的法，强调每个人对社会、对他人应尽的义务，以此塑造每个人完整的道德人格。主张"克己复礼"，其中的复礼就是要恢复家长制和等级专制，实质是要个人克制自己的需求，去服务于落后的社会伦理制度，极大压抑了人的个性。而后世对于礼的解释又逐步演化成封建伦理制度、政治体制，即所谓的纲常伦理，实质在于维护封建专制和剥削阶级的特权，维护人与人之间不平等的等级关系，这与现代人权观念是格格不入的。所以礼治、德治成为中国古代社会重要的社会政治原则，而没有产生西方式注重权利的政治原则。

---

① 夏勇：《人权概念起源》，中国政法大学出版社 2001 年版，第 186 页。
② 转引自童建军、马丽：《文化传统的预制性与人权的接受性》，载《哲学动态》，2009 年第 12 期。

其二，在封建社会文化中，缺乏对个人权利主体的弘扬。中国传统文化强调家庭、社会本位，个人没有独立地位，对于个人更多强调其对家庭、社会所应尽的义务，强调个人对群体的依附，所以我国历史文化传统中没有对个人应享有的政治权利的规定。儒家文化认为人在出生后就必须依赖父母、他人，离不开群体的支撑，这是人之为人的天性，任何人只有依托社会、他人才能生存、发展，个体只是复杂的社会关系中的点，不具有独立存在的意义、价值，个人的利益是次要的，群体才是主要的。个人要在社会中存在和发展，必须维系与个人相关的种种社会关系，履行好个人对群体的义务，要律己、慎独，在自己内心树立起克己、修德的道德根基，个体必须通过道德内省、外在努力而成就功德，超凡入圣。这种对人的关注是内省的、利他的，对主体的确认更多的是从义务主体角度而言，并不宣扬通过人的权利争斗、索取来获得人权。在这种道德体制要求下对个人更多强调的是我应当做什么、我要尽何义务，与人权模式下对权利的主张是相违背的。

其三，中国封建传统文化采取愚民政策，禁锢人的思想，导致民众整体思想境界不高，这也阻碍了人权理念的萌发。孔子曾说过"民可使由之，不可使知之"，这为漫长的封建历史发展过程中统治者推行愚民政策提供了依据。从汉代董仲舒的"罢黜百家、独尊儒术"到后来的科举制，都要求人们严格遵循儒家典籍，皓首穷经，思想僵化，严重脱离社会实践，使中国古代知识分子思想受到严重禁锢，因而中国古代知识分子根本无法担当推动社会发展之重任。在这样的文化环境下，广大民众从出生时起就被封建文化所愚弄，每个人从进入社会的那一刻起就要严格遵循所谓的纲常伦理，对不遵循约束者就以文字狱棒杀，人民已被严重驯化，根本谈不上对权利的主张。这种文化发展到一定程度就内化为人的思维方式，在人的内心自觉接受等级文化和人身依附，思想发展重引证而非创新，导致中国知识分子奴性十足，难以独立思考问题，从来都没有形成一种独立的力量，只能依附于某一政治势力。在这种文化环境下人们思考的都是如何向国家、社会尽义务，如何服从现有的统治，根本谈不上对个人权利的主张。直到近代五四新文化运动，引入西方文明，民众思想才得以受到启迪，权利意识才逐渐得以萌发。

因而中国传统文化中的主流观念是对人的权利的压制，反对人权的彰显。

但中国传统社会中的礼治、德治并未避免人与自然、人与社会以及人与人的矛盾冲突，社会仍然存在诸多对抗，人权的享有者只能是占社会人口少数的统治者，原因就在于只强调人的义务而对人的权利漠视，导致权利与义务关系是严重失衡的；同时强调德治、礼治而无法治的严格约束，这样的规制在很多情况下是软弱无力的。一方面是人的权利观念的匮乏，另一方面是法治保障的缺失，导致人权在中国传统文化里没有滋生的土壤。

基于中国长期的封建统治，封建文化对中国社会的影响是深远的，不可能在短期内完全去除，当今封建文化中阻碍人权实现的因素仍然在影响着我国的人权建设，对此，邓小平指出："我们进行了二十八年的新民主主义革命，推翻封建主义的反动统治和封建土地所有制，是成功、彻底的。但是，肃清思想政治方面的封建主义影响这个任务，因为我们对它的重要性估计不足，以后很快转入社会主义革命，所以没有能够完成。"[①] 在社会生活中官本位意识、宗法等级观念、特权意识等在人们头脑中根深蒂固，许多人尤其是一些掌握公权力者仍然固守封建传统观念，对个人人权极度漠视，以权力压制权利，这与人权建设的主导思想是相违背的，这些都是封建文化对当今人权建设影响的体现。正如江泽民所指出的："我国是一个封建社会历史很长的国家，封建主义和其他剥削阶级影响将长期存在，总要通过各种形式表现出来。"[②] 我们应充分认识封建文化对人权建设的消极影响，采取措施消除这种侵害。

（四）马克思主义人权理论中国化的全球化问题分析

我们生活在全球化的时代，同时这个时代也是一个权利的时代，作为权利主要部分的人权与全球化相结合带来了人权全球化的现象。人权是否真正存在全球化？人权的全球化意味着什么？在人权全球化过程中存在哪些阻碍马克思主义人权理论中国化发展的因素？这些问题都要求我们站在马克思主

[①] 《邓小平文选》第2卷，人民出版社1994年版，第335页。
[②] 《毛泽东邓小平江泽民论世界观人生观价值观》，人民出版社1997年版，第494—495页。

义视野下对其进行认真的分析。

1. "世界历史"与"全球化"理论探源

欲了解全球化，必须首先溯源到马克思的"世界历史"理论。按照马克思的观点，世界历史形成的根本原因在于生产力的发展引起分工的扩大和发展，从而导致了交往的普遍发展。交往和交换的扩大，商业的繁荣，使世界市场得以出现，各个国家、民族都卷入到普遍竞争中，这既促进了大工业的发展，又使各个国家、民族的依赖程度大幅提高，由此产生世界历史。这一过程与资本主义生产方式的确立和发展密切关联，世界历史的形成使整个世界成为相互联系的整体，相对于相互分裂的民族和地域而言，世界历史形成了相互依存和影响的统一的历史，"它使未开化和半开化的国家从属于文明的国家，使农民的民族从属于资产阶级的民族，使东方从属于西方"①。

我们这个时代最重要的特征就是全球化，但对于全球化究竟是西方意识形态指导下人为构建的产物还是一种客观存在的产物，人们一直存在争论，前种观点认为全球化是西方新自由主义者刻意编造的意识形态神话，并根据这种神话构建相应的国际制度，如世贸组织、国际货币基金组织等，目的在于使整个世界都纳入西方的陷阱。"这种全球化对于大多数国家来说是一个被迫的过程，……这是它们无法摆脱的一个过程。对于美国来说，这却是他的政治精英和经济精英有意识推动并维持的过程。"② 这种认识是通过揭露全球化的本质——全球化意识形态的存在来为批驳、反对全球化提供支持，这种认识旨在向人民传达全球化是意识形态自觉作用的结果，用全球视野隐藏遭受批判的西方价值，为西方资本主义在全球扩张提供掩护。而认同全球化客观性的观点是从全球化产生的条件出发所作的推断，主要依据在于资本主义商品经济发展的内在属性决定其必然向全球扩张，商品经济以合理配置资源、追求效益最大化为本质，必然会打破地域限制，跨越国家，实现在全球的推广；伴随交往的普遍性，交通与通讯实现全球覆盖，为人们交往打破时空限

---

① 《马克思恩格斯选集》第 1 卷，人民出版社 2012 年版，第 405 页。
② 〔德〕汉斯-彼得·马丁、哈拉尔特·舒曼：《全球化陷阱》，张世鹏等译，中央编译出版社 1998 年版，第 11 页。

制提供了便利；整个世界形成密切联系的"地球村"，这使经济发展成果能以最快的速度作用于人们的生活，整个世界形成相互依存、影响的整体。基于这种客观性分析才衍生出对全球化的诸多客观性认识，持客观性认识的学者占据多数。

虽然目前对全球化没有一个可以为人们普遍认可的定义，但人们普遍认为"广义的全球化可以追溯到资本主义萌芽产生之时，至今仍在继续的世界各国的相互联系和相互影响日益拓展和加深的过程；狭义的全球化特指20世纪70年代第三次科技产业革命以来，特别是80年代西方世界普遍奉行新自由主义政策以来，世界经济政治关系向着一体化方向变化的趋势"[①]。"全球化"的概念正式形成于20世纪80年代中期，但80年代以来这个概念在经济学、哲学、社会学、政治学、文化学等学科领域中得到了普遍的应用，并逐步演变为一个描述人类社会发展现状和未来发展趋势的基本概念。在当代"世界历史"的进程大大加快，然而"世界历史"与"全球化"不同的地方在于，在世界历史阶段历史活动的主体是相互独立的民族国家，世界开始形成相互影响和依存的状况，但"全球化"则是指世界各国的历史变成不可分割的整体，社会的经济、政治、文化等各项活动日益朝着跨国化方向发展，所以"全球化"是"世界历史"发展的更高阶段。

全球化在我们这个时代的重要地位决定了承认全球化的客观性是正确认识全球化的前提。虽然全球化本身具有客观性，但全球化理论认识却是主观的，处于不同社会制度、发展阶段的国家、民族、阶级（层）、个人由于所处的不同环境而对全球化产生不同认识、评价。当今全球化由于被西方世界所主导，从主观看全球化的话语体系、理论内容、原则等都体现出西方的意识形态认识，表现为市场万能、自由主义、国家虚无等观念，这些都遭到广大发展中国家的强烈反对。从客观看，西方世界掌握全球化游戏规则与利益配置格局，主宰了世界不公平、不合理的经济、政治格局，这些都决定全球化也可能出现泛意识形态化、泛西方化的危险，这也正是许多人反对全球化的

---

① 丰子义、杨学功：《马克思世界历史理论与全球化》，人民出版社2002年版，第170页。

症结所在，这些都需要我们从主客观两方面全面认识全球化，防范西方的全球化陷阱，积极利用全球化带来的发展机遇，回避其缺陷，利用全球化实现自身最大限度的发展。

2. 对"人权全球化"问题的初步理解

人权概念产生后的相当长时间内，都表现为国家对公民有权从事某种行为的认可，反映了国家与个人的关系，属于各国内部事务。随着商品经济的发展，人们的交往普遍化，人权问题跨越国界，成为国际社会普遍关注的问题。最早规定保护人权的国际法文件之一——1660年波兰和瑞典签署的和平条约就规定了对于迁移到瑞典的波兰人的宗教信仰、自由、财产等各种权利的法律保护。[①] 1815年《维也纳条约》规定了荷兰与比利时的合并，同时也保障了有关人民的宗教自由与其他个人自由，这可以说是以国际条约保障人权的开始。[②] 人权全球化的发展始于"二战"期间，1941年美国总统罗斯福在致国会的咨文中提出了著名的四大自由，即"言论自由、宗教自由、免于恐惧的自由和免以匮乏的自由"，并将其作为建立战后新世界的指标。1944年10月21日，罗斯福在对外演说中说，"吾人将肩负起完全责任，运用全部影响，并以全力协助与鼓励世界所有渴望和平自由之民族"[③]。自此，美国作为人权的象征得到饱受战争的人们的拥戴。这种人道主义随着美国追求世界霸主地位而成为称霸的工具，后来的杜鲁门主义、马歇尔计划都是以人权、民主外衣向世界推广的，到了20世纪70年代卡特政府终于形成系统的人权外交战略，1979年12月6日，卡特签署《总统人权公告》，宣布"我们再次表明我们致力于我们自己的自由和促进世界各地的人权"[④]。一时间卡特政府"人权外交"成为美国与苏联抗衡的理论工具。里根入主白宫后逐步又将人权外交强硬化，提出"人权无国界论"，1988年12月8日联合国召开《世界人

---

① 参见中国社会科学院法学研究所：《当代人权》，中国社会科学出版社1992年版，第77页。
② 参见孙哲：《新人权论》，河南人民出版社1992年版，第280页。
③ 法学教材编辑部：《国际关系史资料选编》（下册），武汉大学出版社1983年版，第71页。
④ 董云虎、刘武萍编：《世界人权约法总览》，四川人民出版社1991年版，第291页。

权宣言》通过 40 周年纪念大会,一些西方国家代表将"人权无国界论"归纳为:"我们保护普遍人权义务是没有国界的。这是跨越国界的义务,它超越欧洲的国界,也超越全世界的国界";"哪里的人权受到侵犯,就维护哪里的人权。"① 美国开始公开以人权为旗号干涉别国。苏东剧变后,西方国家将战略重点放在国际秩序的构建上,1989 年 7 月第 15 届西方七国首脑会议将重点从经济转到了政治协调上来,美国及欧洲共同体"已拟妥一项在东欧促进政治及经济改革的新议程","具有更强烈的意识形态色彩"。② 到 1991 年,他们的宗旨变为"我们谋求在共同的价值观念的基础上建立伙伴关系,加强国际秩序。我们的目标是加强民主、人权、法治和健全的经济管理"③。西方发达国家以建立国际新秩序为名将其价值观念、意识形态、社会发展模式等推广到全球。当前的国际人权秩序更多地体现西方世界利益,广大发展中国家明显处于劣势。

对于人权这种跨越国界的发展如何理解?按照马克思的"世界历史"理论,人的发展有赖于交往的普遍发展,通过世界历史性的交往,参与交往的民族、国家实现了生产力的巨大增长和高度发展,这为人的自由和发展提供了充足的条件。正如马克思所说,"人们每次都不是在他们关于人的理想所决定和所容许的范围之内,而是在现有的生产力所决定和所容许的范围之内取得自由的。"④ "世界历史"使人们摆脱了"狭隘地域性",成为"世界历史性"的个人,使人们能充分利用人类文明成果来发展自己。通过这种普遍交往,人与人全面依存,使人与人相互补充、促进。正如恩格斯指出的:"社会的经济进步一旦把摆脱封建桎梏和通过消除封建不平等来确立权利平等的要求提上日程,这种要求就必定迅速地扩大其范围。……由于人们不再生活在像罗马帝国那样的世界帝国中,而是生活在那些相互平等地交往并且处在差不多相同的资产阶级发展阶段的独立国家所组成的体系中,所以这种要求就

---

① 转引自孙哲:《新人权论》,河南人民出版社 1992 年版,第 283 页。
② 孙哲:《"超越遏制"战略与美苏关系发展之探析》,载《复旦学报(社会科学版)》,1990 年第 5 期。
③ 万光:《世界需要怎样的国际新秩序》,载《瞭望(海外版)》,1991 年 9 月 16 日。
④ 《马克思恩格斯全集》第 3 卷,人民出版社 1960 年版,第 507 页。

很自然地获得了普遍的、超出个别国家范围的性质,而自由和平等也很自然地被宣布为人权。"① 当然不可否认世界历史的形成也使人的社会联系越来越复杂,人所受的制约也越来越多,人的发展出现片面、固定化的倾向,这对人权的实现是不利的,对此马克思指出只有诉诸共产主义才能实现全面的人权,而世界历史的发展又为共产主义提供了必要条件,最终将有助于人的自由和全面发展的实现。

在当今全球化时代,世界历史的联系将更为密切,衍生出的问题是人权是否也存在全球化问题?对此,西方与非西方国家存在不同的理解。在西方国家看来,人权全球化意味着人权问题不再仅属于一国主权范围内的事务,只要发生了侵犯、压制人权的现象,国际社会就有权干预,这一认识也成为20世纪90年代以来西方新干涉主义思潮的代表性思想。最典型的就是美国国务院在1999年人权报告中明确提出了"民主和人权全球化"主张,其以宣扬"人权高于主权"、"普世人权观"为核心推行新干涉主义,妄图以美式民主与人权来建立并领导国际新秩序。对于非西方国家而言,他们认为政治全球化缺乏现实基础和可能条件,所以反对把全球化无限制地扩大到政治领域尤其是人权领域,反对发达国家将其人权制度、意识形态推广给其他国家。他们认为西方国家的新干涉主义逻辑是十分荒谬的,人权在本质上属于国家主权和内政事务,人权全球化不能成为外部人权干预的合理依据,二战后人权国际化、全球化实践的发展恰恰是为了防止外部势力对本国人民尊严、权利的侵犯。

对人权全球化的不同理解反映了东西方之间社会制度、人权观念、历史传统等的差异。如何正确认识人权全球化?笔者形成以下几点认识:

第一,从人权全球化的产生来看,它的兴起与资本主义在全世界范围的传播存在密切关联。人权观念在近代欧洲得以滋生和发展,伴随资本主义扩张,人权、民主、自由等价值理念也必然传播到世界各地。虽然人权本身包含进步的价值理念,但在西方殖民扩展的过程中,他们并不试图给殖民地带来真正的人权,掩藏于人权背后的是西方的政治、经济、文化扩张,而基于

---

① 《马克思恩格斯选集》第3卷,人民出版社2012年版,第483页。

人权本身的先进性，一旦为落后国家所接受，很快就成为各国反对西方殖民统治的政治武器。"二战"的发生严重践踏了人类尊严和基本生存权利，为防止暴行的再次发生，保障人权的世界性潮流应运而生，人权保障不再仅仅是各国国内事务，而且被引入国际政治和国际法领域。人权全球化的发展成为国际社会的必然选择，在联合国与国际社会共同努力下，人权终于超越西方狭隘视域成为各国的共同追求。

第二，关于人权全球化的内涵。人权的全球化在一定意义上是存在的，但它并不是西方所谓的"人权全球化"，西方的人权全球化是西方世界推行新干涉主义的工具，其背后隐藏的是西方国家独霸全球的大国资本利益。我们所说的"人权全球化"是一种状态，是人权观念在国际社会的普及，成为全人类追求的共同目标，同时它也是一个过程，指人权观念超越西方视域，在全世界范围内得以广泛传播的实践历程。人权全球化是在坚持人权属国家主权、内政范畴的基础上，国际社会对人权的共同保障；在人权建设上强调通过国与国之间的共同努力，来共同推动世界人权的发展以及人权理论、观念的国际交流与融合。

第三，人权全球化的发展状况。经过半个多世纪的历程，人权全球化取得了较大发展，国际人权的制度化、规范化程度有所增强，尤其自联合国将20世纪90年代宣布为"人权十年"后，世界各国人权问题日益受到联合国的督促、关注。"但是，人权从国家、区域乃至全球的扩张并不理所当然地意味着它无可指责地代表着人类社会在保障人权方面的进步和发展方向。"[①] 在现实人权实践中，还存在许多人权理念的交锋、冲突，如保障人权标准的普遍性与相对性问题，经济权利与政治权利、个人人权与集体人权的先后问题等都是人权全球化过程中存在较大争议的问题。此外，西方国家还经常以人权为掩盖推行霸权主义，这些都是人权全球化的现实写照。应予强调的是，全球化不是西方化，而是西方化的终结，我们不能因人权发端于西方而拒斥人权的全球化。人权全球化既对人权发展带来挑战，也提供了机遇，这种挑战主要来自全球化发展对人权实现造成的差异。吉登斯谈到"全球化"时曾

---

① 王运祥、刘杰：《联合国与人权保障国际化》，中山大学出版社2002年版，第38页。

指出，正在发生的社会转型影响到世界上的每一个国家甚至个人。现代文明的发展不仅导致了对自然环境的破坏，更使得整个世界的发展呈现出两极分化的格局，第三世界国家正日益受到贫困、疾病、战争的威胁，这意味着人权的实现受自然环境及全球发展差距的影响较大，处于贫困、落后国家的人们其生存、发展权等基本人权难以得到有效保障。而发达国家人们的基本人权能得到更好的保障，他们更关注于追求更高层次、更高级别的人权，这也成为他们经常指责落后国家人权问题的缘由。但全球化的到来也为人权的发展提供了机遇，最典型的就是为了解决全球性人权问题，许多国际性人权组织纷纷成立，如联合国人权委员会、国际红十字会等，虽然这些组织能力有限，不可能解决全球所有的人权问题，但其设立初衷毕竟是为全球人权问题而建立，所起的作用也越来越大。

第四，关于人权全球化之应然。全球化是取代工业文明的一种新的文化模式，它理应以承认不同人权文化的差别为前提，体现的应是各种人权文化的融合，而非人权的同质化。人权全球化应注意避免人权普遍主义和特殊主义绝对化的倾向，夸大人权普遍主义会导致以"普世价值"等为理论前提而在现实世界中推行人权干涉，将特定的人权观念作为普世化的理念，借助人权推行霸权主义。"它表现为由西方——主要是美国——所倡导的这样一种企图，即强迫其他大陆的民族和文化接受西方关于文明、民主和人权的理想和观念。"① 夸大特殊主义又容易导致人权交流上的封闭及人权保护的偏执，如何处理普遍主义与特殊主义的矛盾成为我们必须妥善解决的问题。罗伯森指出，"在我的视角中，从我所说的首要意义上理解的全球化是一个相对自主的过程。其主要动态包含着普遍性的特殊化和特殊性的普遍化这一双重性过程。"② 全球化是在承认人类多元文化基础上对全球统一模式的追求，新的人权全球化进程应是包含差别的统一，保持人权同质化与异质化的张力是人权全球化进程中的核心。

---

① 〔德〕赫尔穆特·施密特：《全球化与道德重建》，柴方国译，社会科学文献出版社2001年版，第65—66页。
② 〔美〕罗伯森：《全球化——社会理论和全球文化》，梁光严译，上海人民出版社2000年版，第255页。

3. 中国在人权全球化过程中所面临的主要挑战

中国在人权全球化过程中所面临的主要挑战来自于以美国为首的西方社会所实施的"人权外交"的攻击。所谓"人权外交",是指以美国为代表的西方国家出于其政治目的和霸权主义的需要,奉行的以"人权"作为建立和发展国际关系准则的外交政策。"人权外交的中心思想是,以人权作为美国外交政策的基石,将对别国人权状况的判断作为是否与其维持良好关系的重要标准,并尽力向别国推行美国的意识形态和社会政治制度。人权外交的实质是借口人权问题干涉别国内政。"[1] 这种人权外交的内容包括将他们的人权观作为普遍适用的,其他国家、地区根据本国历史、文化、社会特定环境实施了不同于西方式的人权,就不能算是人权、民主,甚至被列入集权、专制国家的序列。对此,就要从舆论上对这些国家进行攻击,丑化其国家形象,通过各种渠道向民众灌输西方人权观,经济上制裁、政治上孤立,甚至动用军事力量进行武力侵犯,并且他们一直宣称开展人权外交是为了推动落后国家人权状况的改善,使其达到西方国家的水平。这种人权外交战略根源于西方盛行的文化优越主义,"这种文化使其在人种、民族上持有优越感,必然产生以己之人权标准要求他者,这已成为世界范围内人权保护领域最大的危险"[2]。

出于美苏对抗的需要,1978 年卡特政府开始实施人权外交,苏东解体之前美国人权外交主要针对苏联及东欧社会主义国家,1989 年中国政治风波促成美国对华人权外交战略正式形成,冷战结束后美国人权外交的重点就转移到了中国。1991 年克兰斯顿参议员向参议院外交委员会提交了题为"关于中国违反人权问题"的第 19 号共同决议案。该决议案首次引用国务院人权报告,攻击中国的人权状况。起初美国的人权外交是与最惠国待遇挂钩的,但由于这种策略损害到美国的经济利益,所以美对华政策转移到利用人权问题从外交上向中国发起进攻,通过接触战略瓦解中国,以实现西化、分化之目的。在克林顿担任美国总统期间,推行了新的人权战略,内容包括"美国企业要与美国政府一道推动中国人权,增加针对中国的人权国际广播,加强与

---

[1] 《西方国家的人权外交是在什么背景下产生的》,载《人民日报》,2006 年 4 月 5 日。
[2] 徐显明:《对人权的普遍性与人权文化之解析》,载《法学评论》,1999 年第 6 期。

其他国家的联合来围攻中国人权,支持中国的非政府组织对抗中国政府的人权建设"等。美国前总统克林顿曾指出:"怎样才能有效地促进人权?……同中国人接触并直接同他们进行真诚的对话,显然是实现实际意义的最好办法。"[①] 于是,美国在人权战略掩盖下肆意指责中国内部事务,如死刑、宗教自由、西藏问题、劳教问题等,宣扬美国的人权观,在人权问题上搞双重标准,对美国国内严重侵害人权的问题闭口不谈,恶意攻击中国人权,企图颠覆社会主义制度。2001年小布什就任总统后,更加注重发挥人权、民主理念在"颜色革命"中的作用,对华人权外交重点集中在两个方面:是在其"国别人权报告"中大幅增加对中国人权问题的指责,重点集中于中国的宗教、民族事务方面;二是在联合国人权委员会上提出反华提案,干涉中国人权问题。奥巴马当选美国总统后,虽然人权因素在对华策略中所占比重有所下降,但美国对华人权外交的立场仍未改变,这从美国国务院向国会提交的《2009年国别人权报告》中就可见一斑。该报告仍然运用美国传统思维指责中国人权问题,指出"中国人权2009年状况依然糟糕甚至恶化,新疆西藏出事、人权活动家遭逮捕、公益律师被打压、互联网管制,以及20周年、50周年(西藏)和60周年的纪念日都使局势紧张。公民的宗教信仰和出行自由受到限制,监所存在严重侵害被羁押人人权问题等"。对此,中国政府在2010年3月21日发布《2009年美国的人权纪录》,指出"2010年3月11日美国国务院发表《2009年国别人权报告》,再次以'世界人权法官'自居,对包括中国在内的世界190多个国家和地区的人权状况进行指责,而对自身十分糟糕的人权纪录熟视无睹、回避掩饰"。

人权外交是以美国为首的西方政府主导下的公开外交干涉,人权已成为西方价值、文化的挡箭牌,在人权旗帜下,西方的价值观被披上了华丽的外衣,中国的内政问题都可以人权为名义进行随意指责甚至干涉。美国推行的人权外交有自身的标准,即所谓"遵守国际准则";实行政治多元化;人民有

---

① 《克林顿1998年6月11日在美国地理学会上关于21世纪中美关系的讲话》,载《参考消息》,1998年6月13日。

参政议政、自由选择政府的权利；司法独立。① 而且针对不同的国家有不同的标准，这就是1981年里根提交国会的"人权备忘录"中所提到的双重标准问题，即"对'左翼'集团和不同政治制度的国家采取强制政策，不断谴责它们的人权状况没有得到明显改善；对右翼亲美集团的国家则采取姑息态度，在考虑对它们的具体政策时，常常为这些国家辩护说，它们的人权状况已经有了很大的改善，而对其政权严重侵犯人权的行为，却漠然视之，甚至对这些政权加以扶植"②。

人权外交主要内容体现在思想上，通过提出"人权高于主权"、"人权无国界论"、"主权过时论"等宣扬超阶级的人权观，将自己标榜为"人权卫士"，并将自己的人权认识强加于人；在经济上将人权问题与贸易政策、经济援助挂钩，以其双重人权标准作为判断是否提供经济帮助的标准；在政治上，利用社会主义国家发展过程中的失误，丑化、诋毁社会主义。"人权外交"的手段很多，常用的有以下几种：一是扶持他国非政府团体、组织及反政府力量进行和平渗透，早在1982年里根总统发表《促进世界民主化运动》的演说后，美国国会就于1984年成立了"全国争取民主基金会"，由美国商会、劳联、产联等社会经济、政治团体组成，专门从事促进世界"人权"、"民主"运动，在政府直接支持下，在全世界建立世界性的活动网络，如美国长期支持达赖集团、法轮功邪教组织等分裂、反动势力，以保障人权实现为口号，严重干扰了我国的政治社会稳定。二是利用联合国所属人权组织、国际多边组织为美国人权指责提供帮助，比如联合国人权机构、国际人权联盟、大赦国际等就经常被美国利用来帮助其推广美国人权政策，造谣生事，为人权渗透提供舆论声势。如"大赦国际"在北京奥运前夕在德国总部发起"人权金手链"活动污蔑中国人权，他们要求每名参加北京奥运会的德国奥运选手在比赛场内外戴着这种手链。同时，他们也向去北京的奥运旅游者赠送此款手链。这种手链上印着英文"金色为了人权"及中文"人权"字样，严重影响

---

① 参见李林：《走向人权的探索》，法律出版社2010年版，第481页。
② 周琪：《中美对美国人权外交的不同看法及其根源》，载《太平洋学报》，1999年第1期。

中国形象。三是由政府出面以提供军事、经济支援、商业优惠、科技合作为条件，向社会主义国家施加压力，对符合其意志的国家提供有限的援助，而对违背其意志的国家则以人权状况不良为由实施经济制裁、贸易禁运、削减技术合作等。四是直接由美国国会推动人权外交的进行，美国国会作为最高立法机关参与美国对外政策的制定，虽不代表政府正式立场，但它通过行使立法权通过各种法案为政府人权外交提供依据，还经常举行听证会等对有关法案进行论证，为人权外交打造舆论。最典型的就是美国国会年年批准《中国人权法案》，2009年美国国会还发布了涉华人权报告，除了指责中国的所谓"宗教问题"、"言论自由"、"劳工权利"、"司法改革"以及"西藏问题"外，还首次涉及所谓"新疆问题"，以先入为主的观念和道听途说的消息污蔑中国人权。

美国对华实施人权外交根源在于中美两国不同的社会制度、历史传统、指导思想等的差异，决定了两国在人权问题上存在较大的分歧。这些分歧成为美国推动人权外交的理论依据，如中国认为国家主权是人权存在的前提，没有主权就没有人权，反动以人权为借口干涉别国内政，而美国则宣扬人权高于一切，人权无国界，为了在世界范围内实现人权一国有权干预他国的"人权状况"，包括使用武力；在人权的普遍性与特殊性方面，中国坚持人权是普遍性与特殊性的统一，基于各国国情的不同各国有权选择符合本国的人权政策，只有这样才能真正保障人权，而美国则强调自己的模式具有普适性，要求别国按自己模式发展，抹杀各国的特性；在人权内容方面，中国认为经济、社会、文化权利是公民及政治权利实现之基础，鉴于发展中国家的现实，强调生存权、发展权是首要人权，而美国则片面认为经济、社会、文化权利没有统一标准，只存在社会福利权利，只讲公民权及政治权利，轻视甚至质疑经济、社会、文化权利。人权认识上的差异还有很多，这些差异决定了中美在人权问题上存在较大分歧，产生了矛盾与冲突。同时美国作为资本主义人权发展的代表，加之其雄厚的综合国力，在冷战结束后成为唯一的超级大国。为了推行霸权主义，一些顽固坚持冷战思维的美国当权者及美国人仇视社会主义与共产主义，认为人权与社会主义制度是水火不容的，在这种思维支配下美国妄图以人权为借口称霸世界，使人权全球化成为西方世界的一元化。

人权外交自20世纪90年代以来已成为干扰我国人权领域乃至内政的挑战之一,针对这种攻击,我们针锋相对地作出了许多正面回应,多次挫败西方的人权干涉阴谋。正如江泽民所言:"以美国为首的一些西方国家在国际人权领域搞强权政治,借人权向别国,特别是发展中国家施加政治压力,严重干扰了国际人权领域活动的正常进行。其目的是要推行他们的价值观念,剥夺各国人民按照自己国情选择社会制度和发展道路的权利。"[①] 西方的人权外交是西方国家人权观念的本质反映,已成为向社会主义及广大发展中国家实施干预、侵略的工具之一,加强对人权外交的应对对推动中国人权发展,保障人权全球化朝着正确方向发展具有重要意义。

二、努力推进马克思主义人权理论中国化的进一步发展

改革开放以来马克思主义人权理论中国化取得了巨大进展,然而当今这一进程也正面临诸多问题,道路并非一帆风顺,面对未来我国的人权建设,要继续贯彻落实马克思主义人权理论中国化最新理论成果,坚定不移地走中国特色社会主义人权道路。为此,需注意处理好下述一些基本问题,为我国未来人权理论与实践的发展铺平道路。

(一) 正确对待马克思主义人权理论

恩格斯说过,马克思主义理论"不是供给我们牛奶的奶牛,而是需要认真、热情为它工作的科学"[②]。毛泽东也曾经明确指出:"对于马克思主义的理论,要能够精通它、应用它,精通的目的全在于应用。如果你能应用马克思列宁主义的观点,说明一个两个实际问题,那就要受到称赞,就算有了几分成绩。被你说明的东西越多,越普遍,越深刻,你的成绩就越大。"[③] 这些

---

① 《江泽民论有中国特色社会主义(专题摘要)》,中央文献出版社2002年版,第534页。
② 《马克思恩格斯全集》第16卷,人民出版社1964年版,第235页。
③ 《毛泽东选集》第3卷,人民出版社1991年版,第815页。

都说明我们学习马克思主义要真正领会其精神实质,运用它科学分析社会现实,解决实际问题,并在实践中进一步发展马克思主义人权理论。新中国成立后,长期以来我们将人权视为资产阶级的特权,认为社会主义不讲人权,重要的原因在于我们认为马克思主义是不讲人权的,人权与马克思主义相违背。这就反映过去我们并没有正确对待马克思主义人权理论。改革开放后在解放思想、实事求是思想路线重新确立后,我们对待马克思主义的态度才有了根本转变。正确对待马克思主义人权理论,要求我们做到以下几点:

第一,首先要认真学习马克思主义人权理论。邓小平在 1985 年党的全国代表会议上说:"我们现在要建设有中国特色的社会主义,时代和任务不同了,要学习的新知识确实很多,这就要求我们努力针对新的实际,掌握马克思主义基本理论。因为只有这样,才能提高我们运用它的基本原则和基本方法,来积极探索解决新的政治经济社会文化基本问题的本领,既把我们的事业和马克思主义理论本身推向前进,也防止一些同志,特别是一些新上来的中青年同志在日益复杂的斗争中迷失方向。"① 为此,邓小平多次强调领导干部要从繁忙工作中抽出时间来学习马克思主义基本原理,增强工作中的创造性、原则性、系统性,同时反对将马克思主义教条化、神秘化,强调要看到马克思主义所包含的朴实、通俗的道理。当前实现马克思主义人权理论中国化也要求我们要认真学习马克思主义人权理论,做到活学活用,这是一个首要前提。马克思主义经典著作中包含着丰富的人权理论,马克思在许多著作中都谈到资本主义社会是一种人的异化达到极致的社会,劳动力成为商品,无产阶级遭到异己的物质力量或精神力量的奴役,人的个性不能全面发展,只能片面甚至畸形发展。因而,只有随着生产力的发展,进入共产主义社会和产品经济时代,消除私有制和社会分工,在实现人的共同的社会生产能力成为他们的社会财富的基础上,人的自由个性以及全面发展才能得到完全实现。马克思主义理论从本质上讲就是关于人的解放和发展的学说,其终极目的就是为了达到人权的充分实现,实现每个人的自由而全面发展,因而深入研究马克思主义人权理论对我国人权建设具有重要意义。

---

① 《邓小平文选》第 3 卷,人民出版社 1993 年版,第 146—147 页。

第二，要做到坚持马克思主义人权理论的一元主导，坚持马克思主义人权理论对中国人权建设的普遍指导意义。马克思主义人权理论中国化不是实现人权指导思想的多元，指导思想的多元化实质是取消马克思主义的指导地位，我们首先要警惕为了突出人权建设的特殊性而忽视马克思主义对人权的普遍指导意义，为此要处理好以下几个问题：

一是厘清马克思主义创始人人权理论与中国化马克思主义人权理论的关系。两者是源与流的关系。毛泽东曾对马克思主义与马克思主义中国化过程中的理论成果的关系比喻为源与流、总店与分店、主干与枝叶的关系。邓小平也谈到，"我们搞改革开放，把工作重心放在经济建设上，没有丢马克思，没有丢列宁，也没有丢毛泽东。老祖宗不能丢啊！"①

二要搞清楚哪些是应予坚持的马克思主义人权理论。马克思主义人权理论中也有层次划分，马克思主义关于人权问题的基本立场、观点，包括关于人权产生、发展的规律，人权本身的基本特性，人权问题的未来指向等，马克思主义研究人权的方法是唯物、辩证、历史的方法，这是马克思主义人权理论的精髓和核心，是放之四海而皆准的普遍真理，这些不论过去、现在和将来都是普遍适用的，在中国化的过程中应坚持这些普遍真理并具体化为中国人权建设的指导方针。除此之外，对马克思主义人权理论中的某些具体论断或个别原理，是针对当时人权问题的具体实际而提出的，是对某些特殊问题的回答，不能做到放之四海而皆准，有些随时代发展已过时，这些在中国化过程中要敢于抛弃。

第三，要不断发展马克思主义人权理论，实现理论的中国化。邓小平指出："不以新的思想、观点去继承、发展马克思主义，不是真正的马克思主义者……墨守成规的观点只能导致落后，甚至失败。"② 2001年江泽民在"七一"讲话中指出，"马克思主义具有与时俱进的理论品质"。马克思主义之所以是科学是因为它总是随着时代、实践的发展而发展。中国有自己独特的人权发展状况，必须根据马克思主义人权理论结合新的人权实践，不断实现理

---

① 《邓小平文选》第3卷，人民出版社1993年版，第369页。
② 同上，第292页。

论创新。在我国现有的生产力发展水平基础上，中国人口多、底子薄的实际决定中国人权状况与世界发达国家相比存在一定差距，但中国社会主义制度决定中国不能照搬西方的人权发展道路，而马克思主义人权理论也仅仅是为我们提供了理论指导，并非所有人权理论都适合中国，这些都要求我们应根据国情制定适应我们的方针政策，那就是马克思主义指导下的具有中国特色的人权建设道路，改革开放 30 多年所取得的辉煌成就已充分证明了这一点。而在马克思主义人权理论中国化过程中所形成的理论成果就是对中国人权实践发展中形成的理论成果的概括与总结，是对马克思主义的新发展，使马克思主义在中国焕发了更为强大的生命力，这种创新所形成的中国化马克思主义人权理论已成为马克思主义理论体系的重要组成部分。当前对马克思主义人权理论中国化而言，就是要高举中国特色社会主义伟大旗帜，运用科学发展的观点，结合中国实际不断创新马克思主义人权理论，实现中国人权事业的快速、健康发展。

（二）发展社会主义市场经济促进人权发展

马克思主义人权理论认为，人权具有鲜明的物质制约性、发展性。人权就是生产力发展到一定阶段上的产物，它直接体现着一定社会的物质文化发展水平。马克思在《德意志意识形态》这部著作中谈到，"只有在现实的世界中并使用现实的手段才能实现真正的解放；没有蒸汽机和珍妮走锭精纺机就不能消灭奴隶制；没有改良的农业就不能消灭农奴制；当人们还不能使自己的吃喝住穿在质和量方面得到充分保证的时候，人们就根本不能获得解放。'解放'是一种历史活动，不是思想活动，'解放'是由历史的关系，是由工业状况、商业状况、农业状况、交往状况促成的……"[①] 所以没有生产力的高度发展，人类就不能获得解放，生产力的发展为人的全面而自由的发展，从而为人权的充分实现提供了现实的前提。

生产资料公有制主体地位的确立为我国人权主体地位的平等性奠定了坚实的基础，享有人权的主体是全体劳动人民，然而只有在生产力高度发展的

---

① 《马克思恩格斯选集》第 1 卷，人民出版社 2012 年版，第 154 页。

基础上才能实现人权的大发展。改革开放以来我国从上到下一致认识到，没有发达的社会主义经济，就不能为中国人民人权的实现奠定基础。正如邓小平指出的："坚持社会主义，首先要摆脱贫困落后状态，大力发展生产力。"[①]为此提出了让一部分人先富起来，先富带动后富，最终实现共同富裕的策略目标，一场轰轰烈烈的经济体制改革和经济建设高潮开始了。1978年开始的经济体制改革改变了过去高度集中的、以行政手段为主的计划经济体制，实行以市场调控为主的经济体制，企业体制改革、农村经济改革等稳步推进，以公有制为主体、多种经济成分共同发展的新格局已经建成，改革取得丰硕成果，全体国民正享受改革所带来的成果。当然改革也造成了一些负面效应，阻碍了人权的充分实现，如前文谈到的收入差距扩大问题，再如经济效益与人民权益保障的矛盾造成的人权问题，市场经济发展中法治建设滞后带来的人权保障问题等。为此，我们要认识到市场也不是万能的，它在使经济效益达到最大化的同时无法解决众多的社会问题，它不能向低收入者提供社会保障、不能消除失业、解决环境污染等，市场只讲价值不顾及弱者的缺陷决定了在市场经济发展过程中必然会直接或间接涉及诸多人权问题，市场在激发人们创造经济效益的积极性的同时也要严格遵循市场竞争法则，弱者必须被淘汰，看到这些要求我们应当深化经济体制改革促进人权的发展。

第一，要坚持社会主义市场经济保障人权的有效途径。市场经济行为本质上是一种民主的、平等的行为，是人权实现的最好体现。社会主义市场经济是生产力与生产关系发展的辩证统一，尽管其具有二重性，但我们应充分利用市场经济积极的一面，大力发展生产力，增强经济活力，提高人民生活水平，为人权实现奠定坚实的物质基础。在此基础上，要坚持社会主义市场经济的特性，这种特性即在所有制结构上坚持以公有制为主体，在分配制度上坚持以按劳分配为主体，兼顾效率与公平，逐步实现共同富裕。尽管目前出现了收入差距拉大现象，但这是改革过程中的暂时现象，是由于我国生产力发展水平低下及发展的不平衡性所决定的，随着生产力发展水平的提高，这种状况终将得到改变。只有坚持社会主义市场经济的这种特性，才能从根

[①] 《邓小平文选》第3卷，人民出版社1993年版，第224页。

本上克服市场经济消极影响,市场经济对人权的保障作用才能真正发挥出来,如果离开了公有制和按劳分配的主体地位,尽管在一定历史时期可以促进生产力发展,但最终难免两极分化,那将是对人权的极大侵害。

第二,要加强国家对社会主义市场经济的调控和管理,尤其要加强对社会主义市场经济的政策、法律等方面的调控,消除市场经济二重性所带来的人权保障问题,维护社会公平正义。美国经济学家萨缪尔森说:"理想的市场经济是指所有物品和劳务都按照市场价格自愿地以货币形式进行交换。然而,随着市场经济的运行,有些市场主体就会形成实力上的优势,市场竞争主体就会由起点平等变为终点的不平等,处于优势地位的经营主体会利用其雄厚实力进行不公平竞争,甚至形成市场垄断,市场资源也会出现不合理的集中,各种损害人权实现的市场行为就会相继出现。在现实世界中,还没有一种经济能够完全依照'看不见的手'的原则而顺利进行。""市场和政府这两个部分都是必不可缺的。没有政府和没有市场的经济都是一个巴掌拍不响的经济。"① 要积极推进政府经济职能转变,政府要清醒地认识自身的干预和调控能力,把握好"为与不为"的界限,为人权实现奠定良好的经济基础。所以对政府而言在市场能够做到资源有效配置的地方,政府就应完全放开,而对市场机制不能正常发挥作用的地方,政府就要实施有效管理,如制止不正当竞争行为,培养公平竞争环境,加大对基础教育、卫生保健、农业等基础设施的投入等,真正管好政府该管的事。具体而言:

一要健全市场机制。社会主义人权保障需要公平的利益调整机制,只有国家能担负起社会调控角色,市场本身的缺陷必须由国家来管理,如果社会公正受到破坏,必然导致矛盾激化,使人权受损害,毕竟人不是仅需要经济生活,经济发展的同时人们也要求社会的公平、人权的保障,要求消除各种权利差异。当前针对市场经济发展所带来的一系列社会问题,国家应担负起责任,要保证社会生产的协调发展,保障弱势群体合法权益,为人权保障提供公平合理的社会环境,同时要尽量减少公权力对市场经济的不正当干预,

---

① 〔美〕保罗·A.萨缪尔森:《宏观经济学》(第16版),萧琛等译,华夏出版社1999年版,第27页。

防止权力侵害权利,加强对公权力的监督约束,打击腐败,净化市场环境。

二要制定完善的、切实可行的、适应市场经济要求的法律法规,保障公民合法权益不受侵害。由于市场经济本身的盲目自发性,任何国家都要制定颁布大量经济立法以加强对经济活动的宏观调控。我国处于经济转型期,原有的计划经济体制并未完全改变,新的法治化市场秩序尚未完全形成,在这种状况下完善经济立法尤为必要。当前劳动者权益受侵害问题、劣质假冒产品侵权等问题严重影响了人权的实现,这与我们的法律规范不健全有密切联系,因此应加快市场经济条件下法治建设步伐,运用健全的法治来保障人权的实现。

三要实现市场经济治理模式由政府主导型向政府服务型模式转换。"所谓服务,就意味着要以社会的发展为主体;政府不是规制社会的运作,而是通过制度、政策等的供给,为社会的发展提供保障。"[①] 在市场经济条件下,政府要从高高在上的"管理者"的角色转变为经济发展的"服务者",在法律、政策限度范围内允许市场主体最大限度发挥自己的潜能,为市场主体的经营创造各种可能的条件,政府制定法律、政策主要应从确认权利角度出发,为市场主体合法权益的实现提供有效途径和保障,这种服务型治理可最大限度增强政府的被信任度,使政府与市场主体的关系更为和谐地发展。

四要充分发挥宏观调控手段协调市场主体间的相互关系,保障市场经济的良性运作。政府的宏观调控要尽量向市场竞争中的弱者倾斜,为他们提供优惠的经营条件,使他们得以尽快发展,实现他们的市场权利和经营利益,防止市场竞争中的强势群体控制市场发展,让市场走向控制在国家和社会大众手中,维护整个市场的平等竞争环境,实现市场行为按民主的方式健康发展。

五要加强依法行政,规范执法。现代市场经济是法治经济,明确落实政府行为的法律责任,做到执法必严、违法必究,这直接关系到市场交易秩序能否得到治理,以及公民个人和集体合法权益能否得到实现。依法行政首先要在立法中赋予政府必要的行政执法手段、处罚权力,确立行政执法的程序,

---

① 复旦大学人权研究中心:《复旦人权研究》,复旦大学出版社2004年版,第58页。

明确每一个行政机关的职责范围,从根本上解决相互推诿的现象。同时要加强对行政机关滥用权力的监督制约,逐步完善行政机关内部监督制约机制建设,强化行政许可、行政复议、行政强制等制度建设,还要加强司法机关对行政机关的监督制约,进一步完善国家赔偿制度等司法制度建设,确保因公权力滥用使相对人人身、财产权利遭受的损害能及时得到有效救济。

六要减少政府对市场行为的干预。权力寻租等腐败行为之所以频发与政府对部分市场资源的干预有密切关联,行政垄断与纯粹市场化运作的差价就是腐败行为存在的空间。处于经济转型期的中国,由于市场发展的不成熟,政府权力设置存在某些不合理性,而某些市场经营主体为了实现利益最大化就想方设法通过寻租行为寻求政府保护,某些掌权者为了自身利益也竭力干预市场运作,由此导致的腐败行为干扰了市场正常运行,损害了其他经营者利益。因而,要尽量减少政府干预的范围,在市场能够自发调节的领域政府绝不干预,在市场不能正常运作的领域,即便需要政府的干预,也要设置严格的规章制度,保障政策有效实施,消除公权力不当运作的空间,将权力寻租的可能性限制在最小的范围内,这不仅有利于监督成本的降低,而且有利于对腐败行为的打击。

第三,对于社会主义市场经济发展过程中所出现的收入差距过分拉大现象,我们应采取积极的对策。

一是要维护好现有的市场竞争环境。我们要承认社会整体经济发展水平是在逐步提高的,即便是今天的低收入群体与改革开放以前的贫困状况是不可同日而语的。在计划经济时代人们追求的是生活起点和生活结果的绝对平等、平均,这种绝对平均导致的就是绝对的贫困。到了市场经济时代,随着市场竞争的引入,政府统一确保的生活状态结束,每个人凭借自己的能力形成了不同的生活水准,一部分人得以先富起来,社会出现了贫富差距,虽然有些人还怀念计划年代的简单生活机制,但人们普遍渴望通过公平竞争过上富裕生活,因此能力优先,多劳多得的经济不平等理念已经为人们所接受。在目前的市场经济条件下,国家要维护好现有的市场竞争秩序,在市场竞争中严格贯彻由劳动效率和能力决定劳动所得,在多得与少得之间实现实质平等;为劳动者的公平竞争提供平等条件、机会,劳动者只要具备相应条件就可参与劳动竞争，享有分配社会资源的权利，满足人权实现的基本公正标准，同时对于多奉献者其回报自然就多，劳动结果不平等的出现是符合市场竞争规律的，对于在现有的市场经济体制框架内通过合法手段致富的绝大多数高收入群体而言，国家应一视同仁保护其通过合法手段取得的财产。

二是要加强社会保障体制建设。目前基于贫富差距拉大问题国家首先要加强社会保障体制建设，社会保障权是为世界各国所普遍认可的、对弱势群体提供帮助的一项基本人权。《世界人权宣言》第二十五条规定："人人有权享受为维持他本人和家属的健康和福利所需的生活水准，包括食物、衣着、住房、医疗和必要的社会服务；在遭到失业、疾病、残废、守寡、衰老或在其他不能控制的情况下丧失谋生能力时，有权享受保障。"按照人权保障的基本原则，市场竞争的胜者能发展，而劣者也要维持基本的生存发展权利。近年来，我国政府高度重视社会保障，截至2012年末，全国参加城镇基本养老保险人数30379万人，参加城镇基本医疗保险的人数53589万人，年末参加失业保险的人数为15225万人。全年2142.5万城市居民得到政府最低生活保障，5340.9万农村居民得到政府最低生活保障。[①] 继续加大对弱势群体的社会保障，扶持中小企业发展，促进弱势群体就业建设，提高低收入群体工资水平，加大政府投入，加强社会福利制度建设，进一步扩大社会保障的覆盖程度和标准等，这些举措将是我们今后调整收入差距、保障人权实现的重要发展方向。

三是要坚持对人权的平等保障。新中国成立以来的历史经验告诉我们，只有坚持对人权的平等保障，才能最大限度实现人民人权。要处理好平等保障人权与对弱势群体保护之间的关系：一方面要加大对弱势群体的扶持力度，使其与其他群体一样有平等的发展机会，维护其基本的经济、社会、政治、文化权利；另一方面对弱势群体的扶持以维护其基本人权享有为限度，不能过度保护，防止对这类特殊群体的保护演化为一种特权。

四是要不断完善社会主义分配制度。分配制度建设是社会再生产的重要

---

① 参见中华人民共和国国家统计局：《2012年国民经济和社会发展统计公报》，载《中国统计》，2013年第3期。

环节,分配是否合理直接关系经济的发展及人权的保障,社会主义市场经济条件下调节收入差距问题需要我们确立合理的分配制度,对此要坚持效率优先原则,如果收入的分配以牺牲效率为前提,这种分配制度将对经济发展丧失作用。从根本上说,社会主义市场经济就是一种效率经济,促进生产力的发展不仅是社会主义市场经济的根本要求,也是社会主义的根本任务。在坚持效率基础上要体现公平,朝着共同富裕方向努力,社会主义制度优越于资本主义制度的地方不仅在于它极大地解放和发展了生产力,还在于它进一步实现了社会公平。公平并不是我们过去所理解的平均,而是指平等、公正,尤其是机会的平等。在社会主义市场经济发展过程中,基于个人努力、历史条件、机遇等因素的影响,在整个社会生产力发展水平还不高的情况下必然会出现收入分配差距问题,国家要采取措施对收入进行调节。首先要理顺工资体制和工资关系,对不合理的高工资级别与数量要予以遏制,取消不合理的工资外收入,逐步提高最低工资制度标准;其次要改革税收体制建设,使劳动收入二次分配得以规范化。针对税收调节的单一化状况,要建立覆盖全局的、多税种的税收调节模式,逐步建立以个人所得税为主体,包含社会保障税、财产税、消费税等其他税种为补充的,覆盖全民收入运行全过程的税收调节体系,增加对高收入、高消费群体的征收力度,使社会富裕阶层承担更多的人权保障责任。

第四,不断推进市场经济条件下的反腐败工作。具体而言:

一是将推动经济社会发展与推进反腐败斗争并举。改革开放以来中国经济体制改革深入推进,经济建设取得长足发展,中国共产党和中国政府在推动经济发展的同时始终高度重视反腐败工作,将反腐败作为一项战略性工作予以实施,因而虽然改革进程不断加快,但腐败现象并未发展到难以控制的程度,这是我们在长期反腐败斗争中积累的重要经验。

二是坚持将国家建设、政党建设与反腐工作相结合。反腐工作是一项长期艰巨的复杂工程,并非单纯处理腐败分子,而是要将反腐纳入国家和政党建设中。加强国家宪政建设,培育公民权利意识,提高民众对腐败行为的监督力度;健全国家反腐体系建设,将反腐败工作作为国家的一项重要制度由相关部门严格执行;完善各项规章制度建设,使腐败无可乘之机;推进政党自身制度建设，加强党员干部自律等。

三是加大对腐败行为的惩处力度，目前权力寻租等腐败行为之所以愈演愈烈，与机会成本较低有密切关联，因而要加大对腐败行为打击力度，提高腐败行为的查处概率及处罚标准，对整个公职群体起到震慑作用，使其不敢轻易从事腐败活动；利用舆论为腐败行为制造精神压力，增加腐败行为的精神成本，利用大众传媒工具的独特功效营造反腐的舆论氛围，提高腐败行为的精神代价。此外，还可探索提高公职人员待遇，高薪养廉，解决其后顾之忧，从源头抑制腐败行为的发生等。

（三）发展社会主义民主政治，促进人权发展

关于民主问题，马克思主义认为民主是无产阶级夺取政权后管理国家的方式，是新社会的基本政治形式。对此，恩格斯曾指出："共和国是无产阶级将来进行统治的现成的政治形式。"① "如果说有什么是毋庸置疑的，那就是，我们的党和工人阶级只有在民主共和国这种形式下，才能取得统治。"② 民主意味着人民当家作主，人权意味着实现平等、自由。人权与民主既是一致的，又存在区别。在某种程度上，人权是目的，民主是人权实现的手段和保障。托马斯·弗莱纳指出，"民主必须受到人权的检验，民主是人权的表现。"③ 奥特费利德·赫费也认为，"民主本身就具有正义的意义，民主属于人权。"④ 我国是社会主义国家，实行人民当家作主的原则，这保证了广大人民成为人权享有的主体，然而社会主义民主并不是自然地产生出来的，不能说建立了无产阶级专政，在政治上就会达到民主。过去正是由于我们没有处理好民主与专政的关系，将许多民主的主体错误地列为专政对象，才导致人民的人权受到践踏，所以民主问题在中国是需要不断发展的，只有大力发展社会

---

① 《马克思恩格斯选集》第 4 卷，人民出版社 2012 年版，第 652 页。
② 同上，第 294 页。
③ 〔瑞士〕托马斯·弗莱纳：《人权是什么》，谢鹏程译，中国社会科学出版社 1999 年版，第 99—100 页。
④ 〔德〕奥特费利德·赫费：《政治的正义性：法和国家的批判哲学之基础》，庞学铨、李张林译，上海译文出版社 2005 年版，第 324 页。

民主政治才能实现民主对人权实现的保障作用。

　　人权是民主政治的核心，从人权的产生、发展来看，其只有在民主政治的环境中，通过立法将科学的人权理论转化为国家的法律形态才能得以实现，所以其逻辑演进模式为民主的议政体制产生民主立法，由立法确立起真正的人权制度，这与专制体制形成鲜明对比。在民主政治下人权的主体、内容、保障机制等也会随着民主政治的发展而不断得到完善，使更多的人参与到政治中来，提高人的价值、尊严，实现更高层次的人权。就社会主义民主政治而言，其不同于资本主义民主的地方在于从根本上保证了人民当家作主，其发展的任何一个环节都是以维护、保障人权为目的的，社会主义民主政治的发展始终将人民利益放在首位，通过逐步发展和完善人权体制，保障人民的各项民主政治权利，给予人民更多的人权和利益，不断得到人民拥护，凝聚全民族力量，捍卫民族独立、国家主权。在此前提下，当具备相应的社会经济、文化条件时将人们应当享有的民主政治权利转化为法定权利。同时社会主义民主政治建设的不断加强对逐步提高国家机关及其工作人员的素质，加强工作中的自律，保证合理行使公共权力，使司法活动有效开展，化解社会矛盾，实现社会和谐发展都有积极的作用。

　　社会主义民主政治对人权的促进作用体现在：一是发展社会主义民主政治是服务社会主义经济建设的需要。民主政治作为上层建筑，只有充分发扬民主，集思广益，才能正确认识社会主义初级阶段经济发展的客观规律，推动市场经济的发展和改革开放顺利进行，逐步实现共同富裕，为人权实现奠定良好的经济基础。二是发展社会主义民主政治对发展社会主义文化意义重大，国家政权作为文化和社会事务的管理者，只有按照科学发展观的要求，才能推动经济、社会、文化的全面、协调发展，建立覆盖城乡的社会保障体系，发展教育事业，建设先进文化，培养造就社会主义合格的建设者和接班人，为实现人的全面发展打下良好基础。三是社会主义民主政治各种制度设计都为保障人权，如人民代表大会制度就是为了人民群众参与国家和社会事务的管理，更好地维护人民利益，多党合作和政治协商制度是为民主党派真正行使民主权利，民族区域自治是为少数民族自主权的充分享有，等等。社会主义民主政治的确立保障了我国人民人权享有的广泛性、平等性、真实性。

四是社会主义民主政治要求实施宪政,宪政的三个基本原则包括民主原则、法治原则、人权原则,民主是方式、法治是保障,而人权则是宪政的落脚点,能否尊重和保障人权是宪政的最高原则,是宪政的根本判断标准。2004年我国将"国家尊重和保障人权"写入宪法体现的正是宪政对人权的保障。

针对当前政治发展中存在的阻碍人权实现的问题,要求我们进一步加强社会主义民主政治建设,促进人权发展。

1. 以发展生产力为基础,推动物质文明、政治文明、精神文明协调发展

社会主义政治文明的实现必须以社会生产力的发展为基础,马克思主义认为,"物质生活的生产方式制约着整个社会生活、政治生活和精神生活的过程。"① 邓小平曾强调指出,"经济工作是当前最大的政治,经济问题是压倒一切的政治。"② 改革开放以来我们始终把发展经济作为各项工作的重心,在发展经济的同时,才能保证政治文明、精神文明的协调发展。

2. 要注意吸收中国传统政治文明及人类政治文明的有益成果

中国具有悠久的文明历史,中国传统中的许多政治文明理念对世界都产生了重要影响,像"和为贵"、"君子和而不同,小人同而不和"、"天下为公"、"老吾老以及人之老,幼吾幼以及人之幼"等都体现了我国政治文明的特色,体现了对人的发展的关怀,是人本精神的体现,而对于我国政治历史发展中的糟粕,如等级特权、官本位思想等是需要坚决予以摒弃的。同时对人类政治文明发展的成果也应积极借鉴,如民主制度、权力制衡机制、监督机制等,许多对于我国政治文明建设及人权发展是大有裨益的。

3. 不断加强和改进党的领导,坚持科学执政、民主执政、依法执政

党的领导是推动政治文明建设的根本,只有坚持党的领导才能保证政治文明建设的方向。党的领导是历史的选择,改革开放以来党的各项工作始终

---

① 《马克思恩格斯选集》第2卷,人民出版社2012年版,第2页。
② 《邓小平文选》第2卷,人民出版社1994年版,第365页。

以维护最广大人民的根本利益为指向，从"三个有利于"判断标准到"三个代表"重要思想，再到以人为本的科学发展观的提出，都在强调党的各项工作都要以维护人民利益为根本。在新的历史时期，党要严格按照国家法律和党章的要求，加强党的建设，坚持党要管党，从严治党，对违反党的纪律的行为严格处理，不断提高党的执政能力和执政水平，更好地为人民谋利益。

科学执政、民主执政、依法执政是民主、法治、人权三项宪政原则落实于党的领导、执政方式上的基本要求。尊重、保障人权是各国执政者治国理政的基本原则，反映了人类社会发展的客观规律。坚持科学执政就是要掌握执政规律，按照科学的理念、制度、方法执政，自觉尊重和保障人权，不断深化对执政理论的研究，改革、完善保障人权的执政方法。

坚持民主执政就是坚持党的全心全意为人民服务的宗旨，坚持人民当家作主，尊重和保障人权。具体而言，一要坚持党的执政权取之于民、用之于民，根据我国宪法规定，国家的一切权力属于人民，人民是国家和社会的主人。党的执政权力来源于人民的授予，人权构成一切公共权力的基础与目的，党的执政必须服务于尊重、保障人权的宗旨，坚持人民民主，确保权为民所用、利为民所谋。二是通过民主执政推动执政建设，完善社会主义民主政治的发展。只有以民主执政方式才能规范国家权力运行，规范党的执政与国家政权运行的关系，对于党行使执政权力主要是通过制定代表人民利益的路线、方针、政策，并按照法定程序转化为国家意志，而不能由党包揽国家权力，取代国家机关直接行使立法、行政、司法等国家权力，只有这样才能确保党的意志、国家权力、人民利益的统一。从执政内容上讲，党的执政就是要领导人民行使国家权力，实现人民当家作主，所以就要通过不断完善党领导下的人民代表大会制度、多党合作和政治协商制度、民族区域自治制度等具体制度建设，推动民主的制度化、规范化，保障人民享有充分的民主权利。

坚持依法执政就是把党的一切活动纳入法治化轨道，不断推进党的各项活动的法律化、制度化，尊重和保障人权，这是法治国家对执政党的宪政要求。具体而言，一要健全党执政的法治基础，使党的执政行为逐步规范化。宪法是规范党执政的主要法律依据，然而目前宪法对党执政的规定比较原则，现行宪法仅规定党必须遵守宪法和法律，而对于党在国家整个权力体系中的地位、作用，党的执政与国家权力行使的关系，执政的内容、权限、对执政的监督以及党的政策与国家法律冲突时的处理等诸多问题都没有明确规定。只有通过完善相关的法律法规来规范党的执政行为，才能使党的执政具备法治基础，将党的领导纳入制度化、规范化运转轨道，增强党执政行为的透明度，将党的权力纳入社会监督之下，从法治角度确保立党为公、执政为民，防止权力的滥用。二是党的执政活动要树立法治意识，摒弃等级特权思想的干扰，要按照宪法、法律来规范党的领导活动，提高党员领导干部执政的法律意识，带领人民遵守、执行现行法律，在法律范围内活动，不能谋求法律外的任何特权，更不能凌驾于法律之上，不仅自己要带头守法，还要推进国家机关依法行使权力，保障人民利益。

4. 改革完善监督制度

通过加强监督制度建设保障权力在阳光下运行，保证人民所赋予的执政权力始终用于尊重、保障人权。执政党能否为人民群众所支持和拥护关键在于能否为人民群众谋利益。党的十七大报告指出："完善制约和监督机制，保证人民赋予的权力始终用来为人民谋利益。确保权力正确行使，必须让权力在阳光下运行。要坚持用制度管权、管事、管人，建立健全决策权、执政权、监督权既相互制约又相互协调的权力结构和运行机制。"这就初步勾勒出了中国的权力监督制约框架。历史实践一再表明，不受监督的权力必然导致腐败，由于我国政治体制改革还处在初始阶段，权力过度集中问题还没有彻底解决，加之中国传统中"官本位"、"权力至上"观念的影响，导致权力腐败现象的发生，所以强化对权力的监督对人权实现意义重大，具体而言：

一要加强和改善党的监督机制建设。基于我国政治发展特色决定党的监督在整个国家监督体系中占有重要地位。党的监督作用的发挥要体现在国家重大方针决策的制定上、重大干部的任免使用上、对党员的日常教育等方面，而非直接干预立法、行政、司法活动的进行。在当前人大制度建设不够完善的情况下，党的监督更应通过完善各类监督制度建设发挥其应有的功效。

二要科学配置权力。不受监督的权力必然会导致腐败，对立法权、行政权、司法权的合理配置是人权保障法律体制合理运转的重要因素。就立法权——人民代表大会制度而言，要不断控制代表资格，提高代表素质，保障代表真正发挥参政、议政的作用;强化人民代表大会的立法监督,完善立法监督的否决制、撤销制、备案制,使立法监督得以明确实施;完善立法机关对司法机关进行监督的程序,使立法机关真正发挥司法监督的功效,而非仅是摆设。对司法监督而言,不断探索司法系统内部的相互监督、制约机制建设,使司法权的行使得到应有的制约;进一步提升人民法院的司法独立性,使司法机关摆脱对行政机关的物质依赖,赋予最高人民法院违宪审查权,监督立法机关、行政机关行为,完善立法、行政、司法的相互监督。

三要重视发挥舆论监督和人民群众监督的作用。对权力监督的有效方式除了加强体制内的制约监督及国家权力机关的监督外,最有效的方式在于以人权原则限制、制约权力行使,由人民群众主动维护自身权利。所以不断发挥舆论监督与人民群众监督的作用,完善我们的权力监督制约机制,让权力在阳光下运行,有效防止权力越位、滥用权力损害公民权利现象,保证权力的行使真正服务于人民利益的维护。

对于舆论监督毛泽东曾指出,"凡典型的官僚主义,命令主义和违法乱纪的事例,应在报纸上广为揭发。"① 舆论监督被称为与立法权、行政权、司法权并重的第四种权力,它虽不是国家权力,但它体现了广大人民群众对国家权力的监督,带有明显的社会权力性质。对此,我国宪法第三十五条明确规定:"中华人民共和国公民有言论、出版、集会、结社、游行、示威的自由。"该条主要对公民的言论自由权利作了规定,第四十五条又规定:"公民对于任何国家机关和国家工作人员享有提出批评建议的权利。"这两条相结合确立了公民对公权力的舆论监督权。当前要充分完善监督渠道,畅通民意,强调新闻媒介的人民性,将坚持正确舆论导向与发扬舆论监督作用相结合,发挥舆论监督功效。

对于群众监督,要发挥人民群众对国家机关及党的各级组织执行国家公权力状况的监督、检查。人民群众通过各种途径管理国家和社会事务、经济与文化事务,并通过选举出的各级国家工作人员代行国家权力,对公权力执行者进行监督是人民群众的权利和职责。实践证明,通过群众监督的广泛性、

---

① 《毛泽东选集》第五卷,人民出版社 1977 年版,第 72 页。

公开性，有利于抑制腐败，规范权力行使，因而要畅通各种群众监督渠道与机制，动员社会各方面力量参与监督。

5. 加强基层群众自治建设

基于基层群众自治对公民民主权利实现的重要意义及当前存在诸多影响基层群众自治的问题，需从以下方面进行完善：

第一，加强民主制度建设，提高基层民主发展水平。在完善现有民主政治制度基础上，不断推进基层民主规范化发展，加强民主制度宣传和民主意识教育，防止公权力过分干预基层民主自治，也使基层民众自觉维护、利用好自己的民主权利，防止基层民主泛化；加大对基层民主的监督、检查，引导基层民众依法行使民主选举、民主监督、民主决策、民主管理等权利。

第二，拓宽民意表达渠道。积极利用、引导民众科学、理性表达其利益诉求，保障公民合法、合理地行使知情权、表达权、参与权、监督权等民主权利。充分发挥行业协会、工会等社会组织及人民团体的桥梁作用，在基层政府管理机构与人民群众之间架设沟通的平台，通过加强社团、社会组织建设使其充分表达民意、维护民众权利；领导干部要了解社情民意，既需要深入实际进行调研，又要实现民众意见能"上得来"，要完善领导干部接待群众制度，人大代表、政协委员、党员干部联系群众制度等，使领导干部及时掌握民众诉求。

第三，针对公民民主权利滥用的问题，要通过规范权利行使维护权利的和谐。当前权利的滥用与权利享有状况不完备、权利享有水平不高存在密切关联，因而，首先要在发展社会主义市场经济基础上不断提高人权享有、实现水平；要从立法上对权利行使进行完善，使权利的行使更具可操作性，对不适应现实需要的立法要及时修改完善；在完善相关人权保障法规基础上加强对权利滥用行为的法律规制，严格执行现有法律对公民基本权利的保障，对损害他人基本权利的行为要通过法律途径追究其法律责任；注重权利文化的培育，提高公民的思想文化素养和权利意识，使全体公民正确行使权利。

6. 进一步扩大公民有序的政治参与

公民的政治参与是公民民主权利行使的重要形式，对实现决策的科学化、民主化，提升人们的政治认同感，规范权力运行具有重要意义。党的十七大报告指出，应"从各个层次、各个领域扩大公民有序政治参与，最广泛地动员和组织人民依法管理国家事务和社会事务、管理经济和文化事业"。

为进一步推动公民政治参与的发展，首先，要提高公民的民主化认识程度与水平。在社会主义民主政治发展中人是最重要的因素，必须使公民形成对民主政治与权利保障关系的正确认识才能使公民充分利用民主政治发展的成果维护自身权益。要加强对公民民主知识的传播，让公民了解现行的民主政治制度，掌握通过何种途径进行民主政治参与，自己享有何种民主权利，承担何种义务，自己的意见如何进入管理者视域等，通过民主知识的传播提升人民的基本民主素养，形成对自身权利的正确认识和保护，增强民主参与的积极性、主动性。

其次，要努力营造公民有序政治参与的氛围，拓宽民主参与的方式，完善参与渠道建设。当前现有政治参与渠道包括人民代表大会制度、中国共产党领导的多党合作和政治协商制度、信访制度等，针对现有参与渠道要完善参与制度建设，如对人民代表大会制度而言，要不断探索代表如何更好反映人民利益，人民代表大会如何更好地行使立法、监督、决策职能等；要充分发挥统一战线的作用，广泛听取党外民主人士意见，确保社会各方面意见都能得到充分表达；对信访制度而言，要充分完善信访案件办理、信息反馈建设，既保障公民信访权的行使又防止部分公民滥用信访权谋取不正当利益等。在此基础上不断开辟新的政治参与渠道，如完善协商对话机制建设，加强公私权主体之间就重大社会问题的定期对话、协商，通过民主恳谈会、咨询会、听证会等形式加强沟通；提升人民群众利用网络进行政治参与的积极性、主动性，利用网络等载体让人民群众充分表达意见、集思广益，保障人民的知情权、参与权、监督权，使党和政府能更好地倾听民意、了解民生；加强传媒体系建设，为政治参与提供信息、沟通支持等，确保社会主义民主政治能够始终健康有序地发展。

7. 深入推进依法治国基本方略，强化法治对人权实现的保障作用

"法治的真谛是人权，人权加法治等于民主"①。根据《牛津法律大辞典》的解释，法治是指"所有的权威机构，立法、行政、司法等机构都要服从某些反映正义、道德、公平和合理的法律原则，然后形成一种对所有人都有利的社会秩序，让每个人都在这个秩序中去保护和实现自己的人权"②。人权精神是法治的灵魂依托，在一个人权精神未获必要启蒙的社会里，就不可能有法治的滥觞，法治也极有可能变为专制。同时法治是人权精神的物化表现，确保人权得以实现。一国人权的法治保障包括了宪法宣告、行政救助、司法救济等，这是一个法治社会人权保障的基本表现。一个没有法治的社会不可能有人权。"文革"期间，我国的司法体系被彻底摧毁，以党代法，才导致人权被肆意践踏，这些教训足以让我们铭记。改革开放后，法治建设逐步推进。1996年2月8日，江泽民在《坚持依法治国》的讲话中提出了"依法治国"的基本要求，指出"依法治国"是发展社会主义市场经济的客观要求，是社会文明进步的重要标志，是国家长治久安的重要保障，加强法治建设保障人权的对策体现在：

第一，不断加强人权立法。当前我国社会已经走上了法治化的轨道，社会主义法律体系逐步发展完善，一大批保障人权的法律法规颁布实施。我国立法对人民人权的保障是极为明显的，它包括三个方面的含义："一是立法权由人民自己行使；二是立法要以维护人民的根本利益为宗旨；三是立法机关的构成和立法程序民主化，使立法真正体现人民的意志。"③ 因此，我国法律是由人民制定的，法律反映的是人民共同体的利益，并非维护个别人的利益，法律所规定的人权属于每一个尊重社会整体意志的人。

当然我国立法对人权的保障并非已达到完满状态，在有些方面仍需加强，要逐步形成健全的人权保障体制，因为人权理论的发展推动了人权实践的进

---

① 徐显明：《人权研究》（第1卷），山东人民出版社2001年版，第1页。
② 〔英〕戴维·M.沃克：《牛津法律大辞典》，北京社会与科学发展研究所组织翻译，光明日报出版社1988年版，第790页。
③ 于宪：《立法学》，东北财经大学出版社1994年版，第61页。

行，丰富了人们对人权的客观需求，这种客观需求需要通过一定程序上升为人权立法，使人权保护的实践发展有明确的法律依据。首先，要加大对公民个人权利与社会权利的保障范围，如增加公民参与社会管理的权利，让更多的基层民众参与国家权力工作，加强公民对政府行为的批评、建议、评价权，根据实际发展需要进一步扩大公民所应享有的私权类型等，这种改革要立足于整个国家人权保障法律体系的完善。其次，要加强公民权利受侵害后的救济权利建设，公民与国家公权力享有者相比始终处于弱势地位，在双方的互动关系中，公民始终处于被动处置的一方，面对强大的公权力，公民个人的救济权时常显现得非常乏力，因而要加大救济权建设，如根据实践发展需要在刑事附带民事诉讼中尽快规定精神损害赔偿，提高行政和刑事赔偿的标准，加大对违法犯罪人员的财产惩罚力度等，使现有的立法规定更加体现人权保障原则。

第二，针对立法与实践相脱节的问题，即人权立法中规定的内容在实践中得不到贯彻落实的问题，我们首先要提高人权立法本身的科学性，要从中国实际出发，以解决中国人权发展中的现实问题为根本，使人权立法真正符合中国人权发展的客观需要，体现立法的科学性与客观性，增强立法本身的可执行性。其次，要避免立法的盲目性，条件成熟的要尽快制定相应法律，不具备相应条件的要暂缓，制定人权立法规划，分阶段逐步推进，使立法真正反映现实需求。最后，加大对人权法律执行问题的监督、检查，提升立法的执行效力，设置相应的监督制约机制，对不严格执法的个人或单位给予相应的惩处，使法律真正得以贯彻实施。

第三，将法治理念深入人心，而非仅停留在纸面。真正的法治不能仅局限于条文的颁布，也不仅是依法办事，真正的法治是政治文明中衍生出的生活态度和方式，是一种公正、民主的政治文明秩序，它不是纯粹的法律问题或单纯的治国方式，而是一种政治文明的表现。所以"依法治国"理念的推行首先要求公权力执行者真正改变权力至上的观念，树立法律至上理念，依照法律管理国家事务、社会事务和经济文化事业，任何组织和个人都不能享有超越宪法和法律的特权，将权力的运作严格限定在法律的规范约束下，运用法律切实保障人民权利。其次，在法治建设中要真正做到执政为民，在法治运作的各个环节都应认真保障最广大人民的权利,具体而言法治的第一环节——"立法"过程中,要深入总结人民群众对权利的需求,将其总结上升为法律高度,通过法律确认人民基本权利;在执法中严格依法办事,确保人民权益不受侵害;在司法过程中,及时运用司法手段对人民受侵害权利进行补救。此外,还要引导人民自觉遵守法律,通过守法获取个人应当享有的权利,强化法律监督以保障公权力的合法行使,从而保障人权。总之,整个国家的法律活动都要以维护人民利益及权利实现为根本,使我们国家的法律观转变到以人为本的权利本位之上。

第四,加强宪法教育,帮助人们树立正确的人权法治理念。宪法教育就是通过宪法知识的传播,帮助人民树立人民主权、基本人权、法治、权力制约等基本理念,培育民众宪法意识,树立对宪政信仰的教育。

加强宪法教育是建设社会主义法治国家的基本要求,也是保障人权的需要。宪法是一国法律体系中的母法,是其他法律的根基,规定了一国的基本制度,公民的基本权利和义务,规定了国家机构的基本权力、职责义务,确立了国家公权力主体与公民之间的基本权利义务关系,宪法就是以权利制约权力的基本法。正如宪法学者周叶中教授所言,宪政的核心就在于限制国家权力、保障人权,具体表现在"一是国家权力是人民通过宪法授予的,不得行使宪法没有授予的和禁止行使的权力;二是国家权力不得侵犯宪法所规定的公民权利,而且有义务保障公民基本权利的实现"[①]。宪法是推行法治与人权保障的总纲,1999年我国将"依法治国"写入了宪法,法治成为国家治理的基本方略,2004年国家又将"尊重和保障人权"写入宪法,都表明我们国家对法治与人权的尊重和保障,所以推动宪法教育既是推动法治的必然要求,也是保障人权的需要。

宪法教育的内容应以宪法为依据,依托宪政精神,牢固确立四大核心内容。一是权利教育,让受教育者了解自己所享有的基本权利,通过正确行使自身权利、尊重他人权利,做一名合格的公民;二是权力教育,让受教育者明确一切国家权力都以保障人民权利为根本,防止国家权力滥用,确保国家

---

① 周叶中主编:《宪法》,高等教育出版社2000年版,第180页。

权力有效行使;三是民主教育,宪法规定了人民主权原则,将民主以根本大法形式体现出来,通过宪法教育使受教育者明确国家权力属于人民的原则,确立民主理念,明确人民行使国家权力的形式与途径等;四是法治教育,通过宪法教育明确宪法是一国的根本大法,任何国家机关、组织或个人都不得违背宪法,一切规范性文件都不得与宪法相抵触,国家的各项活动都必须依法进行,牢固树立社会主义法治理念。

宪法教育的目的,一方面在于让全体民众了解哪些权利是宪法明确予以确认的,让民众形成自觉维护权利的观念,使社会主体间相互尊重他人权利,维护自身权利;另一方面通过宪法教育要让社会公职人员形成对权利的敬畏,当今社会生活中公权力侵害人权的现象时有发生,根源在于中国传统社会中官本位、等级特权思想的长期存在,对人民强调其对社会所应尽的义务而不是强调其所应享有的权利。时至今日,公职人员的等级特权思想在一部分人群中仍旧存在,在这些人思想上没有对人权的敬畏,将人民赋予的权力变为实现自身利益的工具,随意利用手中权力侵害人民人权,在这些人思想上不存在对权利的尊重。通过宪法教育的开展对帮助公职人员树立尊重、保障人权理念,正确行使国家权力具有重要意义。当然宪法教育是一个长期的过程,不可能通过几次讲座、学习就可发挥功效,它需要全体国民长期的努力,将尊重、保障人权的理念真正深入人心,演化为人们自觉遵守的法则。

人权、民主、法治构成了近代人类政治法律思想成长的胎盘,也构成了近现代人类政治法律制度的中心架构。人权是人区别于动物使其成其为人的基本条件,民主与法治是人保有其做人基本条件的条件。如果缺失了民主与法治的保障,人权对人而言仍不过是空中浮云;如果缺失了人权精神的滋养,民主与法治就会迷失方向,失却灵魂。"人权、民主、法治沟通之时,方是民主与法治展开之日,方是人权惠及于人之日。人权、民主与法治同构而成了现代社会的文明基脉。"[①] 所以未来人权事业的发展,必须有健全的民主和法治作为保障,这是人权享有和实现的重要保证。

[①] 齐延平:《人权与法治》,山东人民出版社2003年版,第1页。

（四）加强中国人权文化建设

从文化视角推动中国人权建设，核心就在于要着力构建中国先进的人权文化，以先进文化推动人权的发展。

1. 研究人权文化之必要

"一定的文化是一定社会的政治和经济在观念形态上的反映。"[①] 文化构成了人与社会、自然之间联系的纽带。人权文化作为文化的一种形态，在学理上进行研究之必要体现在：

其一，人权不仅是商品经济发展的产物，也是文化发展的结果，是文化发展积累到一定阶段才出现的。在原始社会物质与意识生产还未直接分离，原始文化主要是基于人们的无知而产生的对自然的崇拜，不可能产生出权利观念，进入阶级社会后，基于社会分工的发展，脑力劳动逐渐被分离出来，产生出了建立在一定阶级经济、政治统治基础上的哲学、宗教、法律、道德等精神文化领域，专门用来为统治阶级利益服务，商品经济的发展和文化上权利观念的启蒙，使人权理论应运而生，也决定了从文化角度确认人权观念之必要。

其二，一定社会的文化状况决定了人的发展及人权实现的可能性。人在与社会的相互作用下展现出特定的文化因素，表现为价值观念、社会伦理等，这些对人权的产生和发展有至关重要的作用。此外，文化作为一种理念，将个人与社会联系起来，单个人变为社会人的过程就是社会向个人进行文化灌输和达到社会人格的过程。这种过程保障个人按照一定的价值观、信仰、伦理参与社会，力图不脱离社会的控制，使社会主体真正具备了文化属性。所以人的发展离不开文化，人的权利、自由的取得与文化的作用密不可分，这些因素决定了从文化视角研究人权是一个不可回避的方面。

其三，人应享有哪些人权，不同国家、民族的理解不同，这除了经济、政治发展状况不同之外，文化传统起到了重要的影响。不同地区、民族由于价值观念、生活习俗、宗教信仰等文化因素的差异，决定了在一些国家中被

---

① 《毛泽东选集》第2卷，人民出版社1991版，第694页。

普遍认可的人权原则在另一些国家中却是不被承认的，这种人权理解上的差异在很大程度上是由文化差异所决定的，人权的解释、保护、促进要根据不同文化、民族、宗教习惯来区别对待。泰国著名文化相对性研究者阿普杜拉·安纳伊姆倡导人权应该遵守文化合理性，他提出人权理论和实践之间的矛盾主要源于缺乏文化合理性。他认为提高权利的文化合理性有助于调动社会中的政治力量，强调发现一种使特定人权在一个社会传统文化中合理化的途径是非常重要的，特别是对于那些被社会认为是不正确的权利。文化相对性有助于形成以跨文化的态度对待人权问题的方法，并且不影响谴责那些反动行为。[1]

其四，当前西方国家加强了对我国和广大发展中国家的文化渗透，宣扬其人权文化及价值观的普世性，美国等西方国家利用其经济优势实现对文化传播信息技术手段的垄断性集中，籍此来推广其意识形态。如美国公司控制着世界电影业50%以上的生产与发行，75%—80%的电视节目的播送以及超过70%的视频广播。美国还控制着世界上50%的通信卫星和75%的互联网。[2]以美国为首的资本主义大肆宣扬其新自由主义文化形态，这已成为他们实现全球霸权策略的一部分，他们借助政治、经济等手段，试图以教条、正统的方式强力推行其文化模式，并将其"普遍化"，否认社会发展的多样性和文化、民族传统、种族等方面的差异，这种文化的渗透导致人们容易忽视本土文化的历史价值，盲从西方人权文化，这是我们在全球化进程中必须面对和着力解决的一个重要问题。

其五，中国国内对人权文化认同的混乱使文化虚无主义盛行。有学者指出，中国当前的文化形态呈现着一种"叠加"特征，多种文化板块相互交错、碰撞，传统价值与现代价值、东方文化与西方文化还远未实现必要的沟通与整合。这种文化叠加的典型后果是："人们往往徘徊于传统虚无主义和文化沙文情结与文化本土主义和'古已有之'情结之间而无所适从。"[3] 这种文化虚

---

[1] 参见中国人权研究会：《东方文化与人权发展》，东方出版社2004年版，第85页。
[2] 同上，第369页。
[3] 中国人权研究会：《东方文化与人权发展》，东方出版社2004年版，第205页。

无主义导致对中国人权实际以及中国传统文化中人权理念挖掘的忽视，直到当代随西方人权文化冲击所引起的人权与主权、人权普遍性与特殊性等争论的兴起，这一问题才日益显现，这种争论体现的主要问题在于人权是否与特定的历史传统、文化密切相关的问题，这也需要我们从文化上作出正确回应。

中国在现代化进程中，人权问题作为西方社会理念的引入，始终与救亡图存、社会变革相联系，由最初的西方坚船利炮对国门的打开引发中国科学技术革命，到后来的变法改制，这些失败都使人们认识到彻底的变革在于变革人心，施行文化革命，于是引入民主与人权观念来启迪人们的心智，从此对于人权的追求成为中国革命和建设的一面旗帜。近代中国革命的发展实际似乎向人们作出了一种预示：文化变革为社会制度的变革提供了先导，解放了人民的思想，推动了社会变革的持续深入发展。在人权建设蓬勃发展的今天，人权文化的建设对人权制度的发展也具有重要之意义，只有整个社会形成尊重、保障人权的文化氛围，社会所确立的人权制度才能得以贯彻执行。

2. 加强我国人权文化建设的对策

基于文化对人权问题的重要影响，在当代中国应着力构建先进文化形态和文化理念，建立符合中国实际的人权文化以推动人权的发展。对人权文化的建设，学者研究不多，人权研究专家齐延平教授曾对此问题作过论述，指出中国的和谐精神既是民族的，又是世界的，将和谐精神导入人权文化，实现二者的互补互济，创建和谐人权，其意在于超越人与人的对抗、人与国家的对立、人与自然的对峙，实现人与人、国家与国家等的和平共处。[①] 这种人权文化实质是在尊重人的尊严、价值基础上的和谐共济，这是符合中国实际的。在此基础上，笔者认为我们所欲构建的中国人权文化应是一个复合体，是在坚持马克思主义理论指导下包含了诸多优秀文化理念精华的文化形态，建构对策包括以下几点：

（1）巩固马克思主义人权理论在人权文化领域的主流意识形态地位

任何意识形态都有其活动的规律，特别是一定社会的意识形态及其体系初步形成以后，就有一个如何发展、扩张和巩固自己的意识形态，完善自身

---

① 齐延平：《和谐人权：中国精神与人权文化的互济》，载《法学家》，2007年第2期。

意识形态体系的问题，这样就产生了"意识形态建设"这样一个重要课题，对于人权问题也是如此。社会主义制度的建立决定了我们在人权发展中必须坚持马克思主义人权理论，它必须被社会多数成员所接受，形成自觉的心理认同，从而成为社会主流意识形态。从国内来看，改革开放30多年以来，我国生产力水平大幅提升，人民所实际享有的人权状况普遍改善，但在人权意识形态的构建方面却问题重重。基于社会转型的全面性、复杂性和深刻性，传统中国社会拒斥人权的观念被彻底打破，人权问题被高度重视，而新的人权价值体系和人权观念却没有建立起来，各种对人权问题的认识相互交汇、相互碰撞，给大众带来了人权意识形态上的认识混乱，不少人感到无所适从，在人权问题的认识上出现混乱、疑惑和偏差，在人权信仰上出现某种危机。许多人一味推崇西方所谓的"人权"理念，对我国人权问题指责颇多。解决这一问题要求我们必须加强我国人权意识形态建设，要巩固马克思主义人权理论在人权意识形态领域的指导地位，为人们确立正确的人权信仰、人权观念和人权价值取向。

从国际上看，以美国为首的西方发达资本主义国家极力利用意识形态的遮蔽性，假借人权问题对我国进行意识形态渗透，企图以他们的世界观、价值观和人权标准来统治世界。美国新闻署曾经露骨地表示："美国应向中国正在成长的年轻一代灌输美国的基本价值观念，这是比传授科学知识更为重要的任务。"他们大肆向中国抛售他们的人权理念，鼓吹他们的民主、自由，肆意指责我们的人权状况，"西藏人权问题"、"言论自由问题"等都成为他们指责我们的工具，而人权等"普世价值"思潮的流行更是在复杂的国际国内条件下出现的一种争夺意识形态主导权的现象。由于一些理论工作者、党员干部和青年学生淡化意识形态，长期忽视马克思主义基本理论的学习和应用，所以在面对国内外出现的复杂社会思潮和社会现象时，不能用马克思主义的基本立场、观点和方法进行分析，人云亦云、随波逐流，导致看不清"普世价值"的真实本质，为西方阴谋起到了推波助澜的作用。这些问题的出现更加提醒我们加强人权意识形态建设的重要性，对此可从以下几方面着手：

第一，要坚持马克思主义人权理论对人权文化建设的指导。我国是一个十几亿人口的大国，对人权问题没有一个统一的指导思想，没有一种主流意识形态的掌控，在人权问题上必定会出现混乱。正如丹尼尔·贝尔所言："每个社会都设法建立一个意义系统，人们通过它们来显示自己与世界的联系。这些意义规定了一套目的，它们或像神话和仪式那样，解释了共同经验的特点，或通过人的魔法或技术力量来改造自然。""在这些领域里丧失意义就造成一种茫然困惑的局面。这种局面令人无法忍受，因而也就迫使人们尽快地去追求新的意义，以免剩下的一切都变成一种虚无主义或空虚感。"① 马克思主义是我们立党立国的根本指导思想，是社会主义意识形态的旗帜和灵魂，人权是关系社会稳定的敏感问题，如果丧失了马克思主义的指导，极易受到其他错误意识形态的干扰，从而损害人权建设，因而在人权文化领域，我们同样要坚持马克思主义。当然确立马克思主义在人权文化领域的指导地位，并不是确立了某种思想的独尊，我们并不排斥人权意识形态多样化发展。只有在全球化进程中吸收一切有利于社会主义意识形态发展的内容、形式，实现多种文明的互补，才能真正强化马克思主义人权意识形态的主导地位。要用一元化的指导思想引领、整合多样化的社会思想，使马克思主义人权观在广大党员干部和人民群众中扎根，使人们树立正确的人权观念，使我国的人权建设始终沿着正确的轨道前进。为此，必须不断加强党对主流人权意识形态的领导和管理，使我国的人权意识形态领域始终为我们所倡导的马克思主义人权理论所占领，防范西方意识形态的侵蚀，在中西这场"没有硝烟的战争"中取得胜利。

第二，要加大对马克思主义人权理论的宣传。任何一种意识形态都具有阶级性，马克思主义人权理论具有鲜明的无产阶级性，同时其具有更强的普适性，因为它比以往任何人权意识形态更具有真实、科学性，体现了广大人民的利益需求。掌握科学的人权意识，对树立正确的人权价值导向极为重要，而正确价值导向的形成，具有引导人们前进的重要功能，所以必须不断向民众宣传科学的人权意识、观念，使社会大众都能了解我国家人权建设的理论与实践。但以往我们的人权意识形态宣传过分强调阶级性，忽视了人的需

---

① 〔美〕丹尼尔·贝尔：《资本主义文化矛盾》，赵一凡等译，生活·读书·新知三联书店1989年版，第197页。

求,削弱了意识形态宣传的功效。胡锦涛总书记在十七大上提出了推动马克思主义大众化的任务,实质就是为了推动马克思主义主流意识形态的构建,使意识形态宣传工作坚持以人为本的原则,改变过去在意识形态上的宣教,将艰深抽象的理论具体化,从政治高度回归生活空间,增强马克思主义的吸引力,提升大众的理论水平,契合党对意识形态的认识要求。这些都要求我们也要对马克思主义人权理论进行内容、形式创新,提升其亲和性、包容性,"要在继承优良传统的基础上,充分运用大众传媒和文化设施,采取容易为群众所接受、所欢迎的方式方法进行"①。主流意识形态的宣传要依靠党政组织、各种社会团体、个人等通过多样化的方式进行,要充分发挥报纸、广播电视、互联网等传播媒介的作用,充分展现我国主流人权意识形态的科学性,增强其影响力、凝聚力,比如我们成功举办的西藏民主改革50年大型展览,通过这种展览成功地向世界展示了西藏人权所取得的巨大发展,有力回应了西方对我国西藏人权的污蔑,巩固了我国主流意识形态的正确性。再如这些年来我国政府发布的《中国人权状况白皮书》,举办的各种宣传我国主流人权理论的网站等都从不同侧面宣传着我国主流的人权意识形态。同时不容否认的是,当前对主流人权意识形态的宣传也存在一定的公式化、概念化、粗糙化、说教式的弊病,使一些宣传方式不易为群众所接受。真理,倘若被拙劣的表达包裹着,也会失去应有的光芒。所以我们要善于正面地、真实地、亲切地表达自己,宣传主流人权意识形态时不妨多些人文关怀,在唱响主旋律时不妨吸取民间话语,在保持权威大气时不妨有些平民风格,摒弃过去那种墨守成规的思维定势、居高临下的说教口吻、生硬呆板的叙述方式,以生动活泼的形式,丰富多彩的内容,引起人们的共鸣,从而切实增强主流人权意识形态的吸引力和影响力,最大限度地在全社会形成对人权问题的共识。

第三,不断实现马克思主义人权意识形态的中国化。当前马克思主义中国化已成为我们的时代课题、历史任务,这当中自然也包含着马克思主义意识形态的中国化,我们要在坚持马克思主义的基础上逐步形成适合中国实际

---

① 《江泽民论建设有中国特色社会主义》(专题摘编),中央文献出版社2002年版,第408页。

的中国化的人权意识形态。马克思主义创始人生活的时代与我国当今时代环境有较大差距,我们要加强对马克思主义人权基本原理的研究,准确阐述经典著作中的基本观点,运用马克思主义论述人权问题的科学世界观、方法论分析中国的人权问题,联系不断变化的国际国内的实际情况,着力进行马克思主义人权理论创新,创制符合中国实际的中国化的马克思主义人权理论,实现马克思主义与时俱进,用发展着的马克思主义指导我国人权建设。改革开放以来通过不断探索,我们已形成了具有中国特色的人权意识形态体系,这一体系是全党和全国人民集体智慧的结晶,包含了以邓小平、江泽民、胡锦涛为核心的领导集体对人权问题的认识,不断丰富、发展这一体系是我们实现马克思主义中国化的必然要求。

(2) 正确对待中国传统封建文化

对于中国人而言,近代在中西文明的交融中,随着"五四"新文化运动以来对西方民主、自由、人权文明的引入,人民一度对西方的人权观念深信不疑,而对中国传统文化予以抛弃。西方人权文化冲击的结果便是使许多人产生了文化虚无主义,认为中国传统文化与人权精神是背道而驰的,只有彻底否定中国传统文化,构筑西方式的人权文化,中国才能实现人权。如前所述,传统文化中存在阻碍人权发展的糟粕,但也有与现代人权理念相契合的因素,所以在构建中国人权文化过程中,要对中国传统封建文化进行批判性地继承与改造。

第一,要尽力发扬封建文化中对人权建设有利的一面,如中国有"贱讼"的观念,这显然不利于人权的保障,但注重调解、讲究和谐息讼的方式却对人权建设有积极意义;再如和谐的理念、反抗暴政的传统、大同的精神等,这些都是值得肯定的精华,完全可以用于当今人权文化的构建,这体现了先进的阶级文化与中国民族文化的一种融合。

第二,要充分认识并着力克服传统文化在当今对中国人权建设的某些消极影响。经过几千年发展而形成的中国传统文化已融入人们的血液,成为中华民族的宝贵财富,深深影响到每一个人,直到今天我们仍然可以到处看到中国传统文化的深刻影响,而将来这种影响也会以不同形式体现出来,这要求我们高度重视传统文化对人权建设的影响。传统文化作为封建主义的产物,必然有封建糟粕存在，强大的封建专制传统在一定程度上阻碍了马克思主义人权理论在中国的传播。在传统政治文化中，集权主义传统历史悠久，人治成为国家政治基本模式，强调义务本位、官本位，人权观念无从产生，这种传统影响直到今天依然存在。政治生活中的官本位、独断专行、贪污腐败等严重损害了人民的合法权益和社会公平正义，这种不良现象严重阻碍马克思主义人权理论在中国的深入，这与传统政治文化的消极影响密切相关。虽然我们在理论上区分传统文化中的精华与糟粕不太困难，但落实到具体的文化建设则不那么容易，理论为群众所掌握需要有一个过程，人们对旧的习惯、文化总有所眷恋，旧的文化价值观的阴影常阻碍人们伸张其权利及主体性。在当今人权文化建设过程中，有些封建文化糟粕伪装成新的形式在社会主义社会继续存在，比如以集体主义名义否认个人的正当权利、利益，在民主集中制伪装下实现家长制等都是严重损害人权的做法，对这些封建文化的弊病应随改革的深入着力克服。要加强对中国传统文化的系统研究，对传统文化进行批判、创造性改造，取其精华、弃其糟粕，这已成为马克思主义人权理论中国化的重要途径。

第三，实现马克思主义人权理论与中国传统文化相融合。首先，要充分认识到马克思主义人权理论与中国传统文化融合的必要性。中国传统文化中的优秀文化遗产，虽然是封建社会的产物，但作为中华民族智慧的结晶，包含了大量科学性的内容，它为中国文化及世界文化的发展作出了重要贡献，对当今文化的发展也具有重要的传承、启发意义。马克思主义人权理论中国化的过程是马克思主义人权理论在中国的创新发展，离不开中国传统文化所提供的丰厚土壤。一定社会的阶级关系、社会生产方式、自然环境、历史传统等因素共同构成了特定社会文化的生长环境，也决定了不同文化间具有不同的特性。"任何一种文化的传播和扩展，都是从一个文化场进入另一个文化场的过程，因而必然要经过新文化场的选择和重构。输入外来文化以更新本土文化，离不开后者作为文化承受主体的能动作用。"① 对于中国人来说，马

---

① 俞红、徐长安：《传统文化：马克思主义中国化的双刃剑》，载《南京政治学院学报》，2009年第5期。

思主义人权理论是一种外来文化,而作为接收者的中国人民是生活在本民族文化中的,只有实现两种文化的结合并从本民族文化中吸取营养,使马克思主义人权理论具有中国风格、中国作风,才能为中国人所接受,并在中国土地上得到发展。

其次,要积极寻找马克思主义人权理论与中国传统文化的结合点。马克思主义人权理论与中国传统文化的结合不仅必要、而且可能,它们都是人类社会发展经验的总结,是人类智慧的结晶。比如古代民本思想,尽管是与封建专制统治相伴生的,但传统民本思想与马克思主义人权理论存在相接相通之处。首先在价值立场上,虽然民本与马克思主义人权理论有本质上的不同,但在维护民族利益、注重民生的立场上是相同的,其重视民众巨大作用的基本精神与马克思主义关于人民群众是历史创造者的思想有某种相通、相融之处,这为中国人民接受马克思主义奠定了文化心理基础,是马克思主义人权理论中国化的重要思想文化基础;此外,民本与马克思主义人权理论都包含了相同的革命精神、反抗精神,从中国历史上历次农民运动及近代以来波澜壮阔的无产阶级革命运动就可见一斑。时至当代经过改造后的民本已成为中国共产党人各项工作的出发点,从邓小平提出的判断各项工作得失的"三个有利于"标准到江泽民"三个代表"重要思想,再到"以人为本"的科学发展观的提出,都是在强调民本对国家和社会发展的重要性,这是将马克思主义与中国传统文化成功结合的典范,对中国人权保障起到了十分积极的作用,所以积极寻找两者的结合点是马克思主义人权理论与中国传统相融合的关键。

(3) 正确对待西方人权文化

首先,应注意吸收西方人权文化中对人权保护的积极因素。虽然当前社会主义与资本主义两种文化在人权领域存在着尖锐的斗争,然而不可否认的是,近代意义上的人权理念最先产生于西方,是西方资本主义发展的产物。法国巴黎大学法学教授、欧洲理事会人权司司长罗伯逊(A. H. Robertson)就曾在《世界上的人权》一书中写到:"当我们考虑到我们所信奉的人权哲学根基时,似乎十分清楚,其主流来自于西欧的自由民主传统——希腊哲学、罗马法、犹太—基督教传统、宗教改革和理性主义时期的人文主义等。"① 早在文艺复兴时期意大利诗人但丁就在其《论世界帝国》中提出了"人权"一词，在古希腊罗马时期就产生了人权理论的萌芽，并以自然法和自然权利思想的形式表现出来。到了近代资产阶级启蒙思想家为反抗封建专制提出了以"天赋人权"为核心的人权理论，后来这些人权主张又上升为资产阶级政治纲领并进一步规定到资产阶级法律当中。西方的人权理论尽管在资产阶级夺取政权后演化成资产阶级的特权，但其中所反映出的平等的理念、对权利的尊重、对自由的追求是历史发展中的一大进步，对人们摆脱封建制的束缚起了极大作用，当今依托资本主义发达的物质文化，西方人权发展在某些方面体现出一定的进步性。对于一个有着2000多年封建传统的中国来说，西方的这些人权文化精华对当今中国人权文化的构建有极大帮助。长期以来，中国社会不讲民主，对个人权利漠视，从思想上禁锢人、压抑人，使人权在传统社会未能生根发芽，这决定了在当今人权建设中更要注重对西方人权文明的吸收借鉴，这些年我们加强了对公民个人信息及合法私有财产权的保护，这与吸收借鉴资本主义人权文化是分不开的。对此种借鉴，列宁指出："应当明确地认识到，只有确切地了解人类全部发展过程所创造的文化，只有对这种文化加以改造，才能建设无产阶级的文化，没有这样的认识，我们就不能完成这项任务。……无产阶级文化应当是人类在资本主义社会、地主社会和官僚社会压迫下创造出来的全部知识合乎规律的发展。"②

其次，要正确应对西方人权意识形态对我国人权文化的侵蚀。西方人权意识形态的渗透仍是当前影响我国人权文化建设的一大障碍，任何意识形态与经济、政治都存在密切联系，一定社会经济基础、政治发展制约着意识形态的性质及发展状况，任何一种意识形态都是为特定经济基础、政治文明发展服务的，其所倡导的核心观念不可能是普世的，都是为服务于特定社会的阶级、利益集团，与国家利益紧密相连。中西方之间的人权冲突已不仅是因人权理解、认识上的差异所致，更多地涉及社会制度、国家利益的根本对立，

---

① 庞森：《当代人权ABC》，四川人民出版社1991年版，第6页。
② 《列宁选集》第4卷，人民出版社2012年版，第285页。

他们意图以人权为突破口,通过对中国人权的歪曲,使中国在道义上处于不利地位,引起中国国内意识形态上的混乱,最终导致中国放弃社会主义,纳入西方战略轨道,所以要充分认识西方社会思潮侵蚀背后所掩盖的资本主义利益需求及其全球扩张意图。

对此,江泽民曾指出,"国内外敌对势力企图和平演变颠覆中国的社会主义制度,剥夺我国人民主宰自己国家命运的权利,使中国变成西方大国的附庸。如果失去了国家主权、民族独立和国家尊严,也就失去了人民民主,并且从根本上失去了人权。"[①] 面对这种情况,我们首先应坚持马克思主义人权意识形态建设,强化马克思主义的指导,运用马克思主义人权理论对西方的意识形态进行有力的揭批,挫败其颠覆意图,同时也要认识到西方人权干预是霸权政治和意识形态冲突在后冷战时代的延续,其间掺杂了很多政治、经济、文化等因素,短期内很难得到妥善解决。而我国的改革开放正处于关键时期,需要稳定的国内环境,这要求我们坚定不移地与广大发展中国家一起,推动国际发展、合作,促进世界多极化,推动多种力量和谐并存,坚决抵制将自己的人权观点、人权标准强加于别国之上的做法,强调在人权问题上相互尊重、共同协商,促进国际社会和谐稳定。

(4) 加强传媒建设促进中国人权文化的传播

全球化时代传媒已成为大众获取信息的主渠道,国外媒体对中国人权问题的报道并非镜面反映,而是根据自己的价值标准,从现实素材中截取自己认为重要的部分进行编辑整理再传递给大众,从而支配国际舆论,所以西方世界对人权的报道直接影响中国的国家形象。我们应从国家利益出发,对西方的不实报道进行针锋相对的回应,维护我国的人权文化安全。比如针对美国、德国、印度等媒体歪曲报道西藏拉萨打砸抢烧事件,污蔑我国人权的行为,我国电视、网络等媒体对他们的歪曲报道进行了回应,并严厉指责其险恶用心,维护了我国的国家权益。另一方面随着冷战的结束,国际关系由对抗逐步走向交流与合作,政治、文化领域的斗争却日渐深入,表现也更为隐蔽。人权作为中西文化斗争的主阵地,涉及各国国际形象、文化安全,所以

---

① 江泽民:《爱国主义和我国知识分子的使命》,载《人民日报》,1990年5月4日。

我国传媒应主动占领国际人权舆论高地，向世界传播中国人权建设取得的成就，让外国民众更多地了解中国，这就要求加强传媒自身建设。必须清醒看到，中国传媒业与世界发达国家相比还存在一定差距，我国传媒产业的总产值仅仅相当于全球传媒总产值的 3%，从传媒业与 GDP 的比值来看，中国传媒产业约占中国 GDP 的 2.2%，而世界发达国家传媒业占本国 GDP 的 5% 左右，加强我国的传媒建设极为重要。①

在对外人权文化传播中，要注重传播效力，树立中国尊重、保障人权的国际形象。在向国外报道中国人权事件时避免教条式说教和灌输，要客观、真实、公正，遵循平衡报道原则，不能只报喜不报忧，树立媒体信誉，这有利于国外民众对中国报道的可信性。在对外报道中要强化时效观念，在人权事件发生后抢夺先机，以先发制人的方式赢得受众。在人权文化传播中注意文化差异，掌握相应的技巧，实现文化表达方式的转换，寻求不同人权文化中的共同点，看到差异，配以恰当的语言、表现形式，以大家都能接受的方式宣传人权文化，增强国外对中国人权文化的认同。

在传媒建设中，尤其要加强网络上的人权文化建设，构建中国人权建设的网络阵地。当前我国的互联网发展还处于初期阶段，还存在很多不完善的地方，互联网对人权问题的正向传播作用还未真正发挥功效，许多人权网站在对外宣传上不够到位，导致很多人都不知悉，许多人权研究方面的专业论文只有在网络上付费才能看到，这些问题的存在说明我们网上人权文化建设较为薄弱。在网络阵地关于人权文化的对抗一直处于愈演愈烈之势，马克思主义人权理论与其他人权理论在网上共同争夺着受众，如果马克思主义在网络中的阵地狭小，民众就不能接受马克思主义的引导。胡锦涛总书记在 2007 年 1 月 23 日进行的第三十八次集体学习时强调："加强网络文化建设和管理，充分发挥互联网在我国社会主义文化建设中的重要作用，有利于扩大宣传思想工作的阵地，有利于扩大社会主义精神文明的辐射力和感染力，有利于增强我国的软实力。我们必须以积极的态度、创新的精神，大力发展和传播健

---

① 参见张骥主编：《中国文化安全与意识形态战略》，中国社会科学出版社 2010 年版，第 149 页。

康向上的网络文化,切实把互联网建设好、利用好、管理好。"①

基于互联网发展的高速性,网络传递信息更为快捷、便利,大量危害我国人权建设的信息正通过网络传递给民众,所以要加强网络上的人权文化资源建设,向世界宣传中国人权建设的成果及社会主义人权观念,澄清国外对人权问题的错误认识。要加强对网络信息资源的管理,对相关信息进行安全过滤,阻止境外恶意攻击信息在我国的传播。要建立文化安全预警机制,运用法律、行政、市场、文化安全等手段,加强政府监管,加大资金投入,设置专业机构、人员对人权文化传播中潜在的危害信息进行搜索、整理,发布预警,将人权文化安全威胁消除在萌芽状态。

(5) 在全社会范围内加强人权教育

目前我们国家对人权问题高度重视,但我们的人权教育却极为薄弱,我国只有为数不多的几所综合性大学举办过与人权有关的学术讲座和相关课程,少数大学法律专业开设过人权法的课程,在绝大多数普通高等院校人权教育尚未列入教学日程,小学、中学更是难以触及这个领域,而在面向社会在职人员的继续教育、培训中,对人权问题的教育培训也鲜有涉及。这种状况与中国政府对人权的高度重视相比严重不适应,社会公众缺乏受教育的机会,导致了许多人对人权没有正确认识,人权意识形态领域必然出现混乱。反观西方发达国家,人权教育是极受重视的,与我国形成了鲜明对比。如在澳大利亚,大学和中小学都有正规的人权教育课程,媒体和社区组织也为人们提供各种学习人权知识的机会,所以许多人都接受过正规或非正规的人权教育。该国还专门设立了人权和机会平等委员会,多年来建立起了优质的可供教育工作者和学生利用的资源。作为一个独立的组织,它积极开展有创造性的项目、研讨、学校访问和会议等,使澳大利亚社会了解人权。② 在美国人权教育也极为兴盛,仅以哈佛大学为例,"在 2004 至 2005 学年,哈佛大学共开设了 261 门与人权有关的课程,这是一个令世界许多大学难以相比的数字。这 261

---

① 胡锦涛:《以创新的精神加强网络文化建设和管理》,载《党建》,2007 年第 3 期。
② 参见〔澳〕玛格丽特·雷诺兹:《澳大利亚人权教育》,载《人权》,2003 年第 6 期。

门课程几乎涉及所有人权内容,给对人权问题感兴趣的学生提供了足够的选择"①。

所以为了加强我国的人权意识形态建设,我们国家要在全社会范围内开展人权方面的教育,教育人们树立正确的人权价值观和人权理念,这种教育理应以马克思主义人权理论作为指导思想,这是开展人权教育的前提,失去了这个方向性的指引,我们的人权教育将失去意义。在此基础上,我们要在全社会各个层面展开人权教育,我国对这方面的研究尚处在初步的理论探讨阶段,这是一项大的教育工程,按照笔者的初步认识,在现有的教育背景下,可以考虑在中小学层面,把人权教育纳入德育课的教学内容中;在高等教育中,可以考虑在现有的法律基础课中加入人权教育专题,面向高校各个专业开展人权教育,并在有条件的高校设立人权研究中心(学院),创建独立的人权学专业,纳入法学学科归属之下,逐步结束相关专业仅针对人权某一方面进行研究的分化状况,形成人权研究的合力。在此基础上,充分利用高等教育机构人权教育的优质资源,使人权教育逐步走向社会,在高等教育机构所承担的社会在职人员相关培训中加入人权教育的内容,如在执法部门的业务培训中专门开设人权教育的专题,帮助他们在执法中树立起保护人权的价值观。这些举措都是在目前我国即有的人权教育资源背景下相对较为可能实现的教育措施,目的是尽可能多地在全社会开展人权教育,为全社会人权意识形态建设奠定良好的基础。

(6)加强国际人权文化的交流

东西人权文化是两种截然不同的文化形态,本应地位平等、共同发展。然而,西方一直将自己对人权的理解作为一种强制推行的普世价值标准,阻碍了中西人权文明的交流。西方人权文化在理论根据上的缺陷使得西方对"普世人权"的推广在世界各地都受到了不同文化的抵制。面对西方人权文化的侵蚀,有些人主张西方的人权文化具有普世性,终将在世界范围内得以全面实现,而有些却对西方人权文化坚决抵制。有人提出折中观点,主张"对中西人权文化冲突采取务实主义的态度,主张张扬人权是因为对人的实际生

---

① 黎尔平:《哈佛大学的人权教育和研究》,载《人权》,2005年第6期。

存状态的关注,源于人权保障的脆弱"①。

人权作为人所应当具有的权利,是否具有普遍适用于一切人的标准,还是在不同的文化、价值观、民主意识中存在不同的人权标准?比如人的生命权是人权重要组成部分,按人权普遍性观点,任意剥夺他人生命被认为是严重侵害人权的行为,而某些民族文化中认为决斗杀人是正当的,按人权相对性理论这种行为没有错误性。人权观念产生于西方,东方文化中并无人权这一概念,所谓人权普世性是按西方人权标准所确立的,对这种人权的普世性很难得到人们的普遍认同。所以只有在尊重文化多样性的基础上进行人权文化交流与对话,才能有助于中西人权冲突的解决。

1966年11月4日,联合国教育、科学及文化组织大会第十四届会议所宣布的《国际文化合作原则宣言》中对各种不同文化的平等性、多样性及交往性作了规定。其第一条宣示:"一、每种文化都具有尊严和价值,必须予以尊重和保存。二、每一个民族都有发展其文化的权利和义务。三、所有文化都是属于全体人类的共同遗产的一部分,它们的种类繁多,彼此互异,并互为影响。"第十一条强调:"各国在它们的文化关系上,应顾及到联合国的各项原则。它们在寻求达成国际合作时,应尊重各国的主权平等,并应避免干涉本质上属于任何国家国内管辖的事件。"对于人权文化也应遵循文化平等、多样性原则,相互尊重各自人权文化,正确处理国际人权问题。泰国人权学者理查德·福尔克认为,"国际人权应该考虑文化的因素,同时将文化传统和规范与国际接受的规范相比较,以消除文化和传统中野蛮、剥削的一面,这就要求从受害者的角度重新审视人权,以确定与国际标准的差距,并区别对待可接受和不可接受的文化规则。从根本上说,这种方法应该不断鼓励对多种文化身份认同的正确认识,同时开展有关适当的国际标准的对话。"②

只有在人权文化上积极开展交流与合作才有利于人权问题的解决。文化交流与合作就意味着必须对文化多样性予以尊重,只有建立在文化相互尊重的基础上,才能承认文化差异所带来的人权发展的不同,并尊重这种人权发

---

① 胡水君:《人权——制度与文化》,载《环球法律评论》,2005年第4期。
② 中国人权研究会:《东方文化与人权发展》,东方出版社2004年版,第86页。

展的特性。同时在相互尊重基础上才能对某些普世的人权观念达成共识,扩大全球人权文化认同,而不是在文化霸权、文化渗透方式下强行推广所谓的"普世价值"。

(五)正确应对"人权全球化"

马克思主义人权理论与中国人权实际相结合,既推动了中国人权事业的发展,也使中国在国际人权事务中起到了更为积极的作用,为推动"人权全球化"朝着健康方向发展,中国付出了极大努力。

其一,中国一贯支持并积极参与国际人权领域的活动。自1971年恢复在联合国的合法席位后就开始参与联合国大会和经社理事会关于人权问题的讨论。1981年中国在联合国经社理事会第一届常会上当选为人权委员会成员国,并连选连任。中国政府积极参与国际社会人权事务,重视国际人权文书,至今已加入包括《公民权利和政治权利国际公约》、《经济、社会及文化权利国际公约》等在内的20多项国际人权公约,并采取一系列措施积极履行公约义务。中国积极参与国际人权文书的起草、制定工作,在《儿童权利国际公约》、《禁止酷刑和其他残忍、不人道或有辱人格的待遇或处罚公约》、《保护民族、种族、语言、宗教上属于少数人的权利宣言》、《关于保护所有人不遭受强迫失踪的具有法律拘束力的规范性文书》、《残疾人权利公约》等的起草、审议和修改工作中,中国作为工作组成员提出的许多建议都被采纳并被加入最后文本,对这些公约的制定起到了积极作用。中国对人权全球化的推动重心放在增进生存权、发展权这类基本人权的实现上,如在《发展权宣言》的起草过程中,中国派代表参加了起草工作的所有会议,许多观点和提法都被该宣言所采纳。中国还积极致力于全球发展权实现问题的磋商,一直是联合国人权委员会发展权问题决议的共同提案国。对违反国际人权公约的行为中国也积极从中斡旋,主持正义,维护广大发展中国家的权利,在柬埔寨问题、阿富汗问题、巴勒斯坦和阿拉伯被占领土问题等的解决上中国作出了许多卓有成效的努力,在国际上树立起了维护人权的良好形象。此外,中国在平等和相互尊重基础上积极开展双边对话和交流,近年来分别与加拿大、欧盟、挪威、德国、澳大利亚、瑞士等举行了人权对话或磋商,主办了一系列人权研讨会（如中非人权研讨会，中国—加拿大—挪威人权研讨会等），这些活动增进了中国与其他国家和国际组织在人权问题上的了解，减少了分歧。

其二，在全球化过程中，中国提出了许多代表国际人权发展方向的新理念。在国际交往中如何正确处理人权问题是我国人权政策的一个重要方面，也是中国针对西方人权干涉进行回应的总结。党的领导集体正确坚持人权普遍性和特殊性，承认人权的实现要靠各个国家的共同努力，同时认为人权与每个国家经济社会发展水平密切联系，要尊重各国人权实际，反对以人权普遍性为借口干涉各国内政，这些新理念构成了中国化马克思主义人权理论的国际观。

其三，顺应经济全球化的潮流，实施改革开放，通过经济发展来提高中国的人权状况。改革开放以来中国经济的巨大发展为中国人民人权的实现奠定了坚实的物质基础，可以说改善了世界五分之一人口的人权状况是中国对人权全球化所作的最大贡献。

面向未来，站在马克思主义立场上分析、应对"人权全球化"是我们必须解决的问题，对"人权全球化"的认识与应对，有如下几点是可以明确的。

第一，抵制西方人权外交攻击，维护中国良好国家形象。国家形象是"国家外部公众和内部公众对国家本身、国家行为、国家各项活动及其成果给予的总的评价和认定，是国家力量和民族精神的表现与象征，是综合国力的集中表现，是一个国家最重要的无形资产"[①]。良好的国家形象可以形成强大的吸引力、凝聚力，对内可增强人民的向心力、民族自信心，对外可增强国家的感召力，强化国际间的交流与合作。良好的国家形象还会增强国家的沟通、渗透能力，在一定程度上有助于化解矛盾，为本国形成稳定安全的国际环境。西方世界利用人权攻击、干涉我国社会主义建设，将中国形象妖魔化，严重损害了中国国家形象，直接关系到我国在国际上的声誉、地位，甚至国家安全，也严重影响中国与世界各国的交流合作以及我国的人权建设。为维护国家利益，我们首先要加强综合国力建设。学者指出，无论我们希望国际社会看到一个什么样的中国形象，构建这个形象的素材必须是来源于现实的

---

① 管文虎：《国家形象论》，电子科学技术大学出版社1999年版，第3页。

中国。"中国社会本身的发展速度、质量、结构以及对未来发展的预期，是构建中国国家形象的基本素材。"① 改革开放以来我国经济、政治、文化、民主法治、社会建设都取得了重大发展，人权的保障水平逐步提高，这些都在向世界表明中国是一个尊重人权的国家。同时要善于利用国内外主流媒体宣传、展示中国形象，不少专家指出："一国的国际形象如何，既取决于国家的综合国力，也包括把这种实力有意地展示出来的能力。"② 充分运用媒体对西方人权攻击进行针锋相对地回应，让更多人了解西方对中国人权指责的真实状况到底是什么。中国作为第三世界及社会主义国家的代表，应积极表达发展中国家、人民的利益要求，积极构建公平、合理的国际人权新秩序，反对西方人权话语霸权，以主动防御去努力创造本国人权安全。

第二，加强中国与西方世界的人权对话。人权问题本属一国内政，之所以成为中西对立的主要问题，根本原因在于以美国为首的西方世界单方坚持的结果。按照国际法的原则，各主权国不应干涉其他国家内部事务，人权不会涉及其他国家利益，不应成为外交课题。但美国作为冷战后唯一的超级大国，将自己视为世界的中心，企图对世界事务都能发挥支配性作用，以实现美国霸权。由此，它将自身利益设定十分宽泛，不仅包括与自己有直接利害关系的事务，还认为人权、民主这类事务与自己利益也息息相关，只有其他国家按照美国模式发展，美国的价值观念才会得到全面推广，美国也才会更加安全，为此凭借其强大实力，通过经济、政治、安全保障等诸多手段来迫使其他国家接受其价值观念。对中国而言，美国原本希望中国通过自发改革接受美国价值观念，这种希望破灭后又采取惩治、孤立方式，后来发现这种做法既损害美国利益又未取得任何结果，于是转到对话方式通过外交手段逐步渗透，使中国逐步过渡到西方模式，这样就不会对其霸主地位构成威胁，美国等西方国家也不再具有强大的竞争对手，世界经济政治架构就不会改变。就美国等西方国家近期人权外交指向来看，其关注的仍是我国的民族问题、宗教信仰、司法问题、言论自由等，就这些方面大做文章，企图引起中国国

---

① 王希：《有关中国国际形象的思考》，载《国际新闻界》，2000年第1期。
② 谢晓娟：《论软权力中的国家形象及其塑造》，载《理论前沿》，2004年第19期。

内动乱，这是符合西方世界长远战略利益的。而中国作为一个发展中国家，社会主义建设、改革正处于初级阶段，经济、政治、社会建设等正处在发展过程中，在改革中国不断扩大个人自由，强化人权观念，加快推进政治体制改革，实施依法治国，民主法治的发展为人权实现提供了重要保证。而美国等西方国家要求中国改善人权的内容不外乎扩大民主、个人自由、宗教自由等，抛开他们人权战略的终极目的不谈，中国政府这些人权保障举措与西方世界对中国改善人权的要求在技术层面、具体制度建设上有重合之处，不妨碍中国与西方国家在这些具有共同点的问题上进行合作。自20世纪90年代以来，中美之间就已断断续续进行了十多次人权对话，中国与欧盟间也进行了20多次人权对话，这些对话的开展对加深沟通、消除分歧具有一定积极意义。同时中国与以美国为首的西方世界有共同的利益要求，在经贸合作、能源战略、文化交流、法治建设等方面有互相依赖的关联，这些决定了人权对话能够长期继续下去。

既然西方世界将中国人权问题作为自己的重大战略利益，而中国本身就重视发展人权，所以人权对话是今后处理人权纷争的主要途径。通过对话、交流让西方世界更多地了解中国人权建设成就，让西方国家尤其是普通民众消除对中国人权问题的误解，通过沟通树立中国尊重、保障人权的良好声誉。在对话的内容上如果仅限于人权问题则比较容易展开，而如果涉及主权问题、政府问题则无法继续下去。"国家主权和政府生存是人权对话的限度，超过这个限度，对话必定破裂。"[①] 所以未来人权对话应建立在平等、相互尊重的基础上，而现实是美国等西方国家依靠其雄厚实力，拥有许多实现目的的手段，这些发达资本主义国家大都以人权作为政治制度的基础，以维护所谓国际人权自居，在人权对话中占据了主导地位。而中国综合国力的提升也是有目共睹的，我们也在逐步改变对话的格局，努力使双方对话真正建立在平等基础上，使人权问题成为对话问题而非对话的前提，在对话中始终坚持马克思主义原则立场，以巩固、发展社会主义制度为目的，通过不断沟通协商维护中国国家利益，为中国发展创造良好的国家环境。

---

① 李云龙：《中美关系中的人权问题》，新华出版社1998年版，第204页。

第三，以"和谐世界"理念推动人权全球化的发展。未来中国人权发展的方向是构建和谐人权，人权专家齐延平教授指出："和谐人权对西方人权历史性超越的实质是超越其对抗性。以和谐精神滋补人权理念，就是要把人权从对立、对抗精神中解放出来，赋予其更为深厚开阔的基础。"① 和谐的基本内涵包括人与自然的和谐、人与人的社会和谐及人自身的身心和谐，对于人权构建而言要通过这三方面的调谐达到人权的基本实现，所以和谐人权观的提出意在将人权理念推广到社会生活的各个方面。具体而言对内要着力于构建和谐社会，对外要推动和谐世界的发展。应将尊重和保障人权作为和谐社会的基本准则，只有尊重人，使全体社会成员各方面的合法权益都能得到维护，才能真正实现全体人民各尽所能、各得其所、和谐相处，尊重保障人权、实现和谐人权已成为社会和谐发展的动力之源。

在全球化背景下，和平与发展成为时代主题，胡锦涛总书记代表中国政府向国际社会提出了构建"和谐世界"的主张。2006年4月22日，胡锦涛总书记在耶鲁大学的演讲中明确指出："中国坚持实施互利共赢的对外开放战略，真诚愿意同各国广泛开展合作，真诚愿意兼收并蓄、博彩各种文明之长，以合作谋和平、以合作促发展，推动建设一个持久和平、共同繁荣的和谐世界。""我们应该积极维护世界多样性，推动不同文明的对话和交融，相互借鉴而不是相互排斥，使人类更加和睦幸福，让世界更加丰富多彩。"② "和谐世界"理念的提出目的就是在尊重各国自主选择社会制度、发展道路的基础上，加强不同文明的交流与合作，消除相互疑虑、隔阂，求同存异，共同发展，构建人人享有人权的和谐世界。

"和谐世界"思想包含丰富的人权新理念，具体体现在：一是善于维护、尊重世界人权文明的多样性，在"和而不同"基础上实现世界和谐。中国传统文化中就具有"和而不同"的文化思想，在当代"和而不同"更加强调在维护事物发展多样性前提下使整个局面达到和谐，使国家、民族间实现和谐相处，代表了一种政治文明多样性理念，是对当代国际关系的理论创新。基

---

① 齐延平：《和谐人权：中国精神与人权文化的互济》，载《法学家》，2007年第2期。
② 《胡锦涛总书记在耶鲁大学的演讲》，载《人民日报》，2006年4月22日。

于世界各国自身经济、政治制度、历史文化传统、社会发展等的不同，在对外人权政策上存在不同的立场、观点，应当相互尊重世界人权文明的多样性，对不同文明持包容、尊重态度，加强不同文明间的沟通、对话，实现各国在人权事务上的和谐共处。二是要善于吸纳世界人权文明的多样性，在吸纳世界文明基础上为我所用，实现世界人权文明的相互融合。中国传统文化中就有"海纳百川"、"修己而不责人"等格言，都包含了求同纳异，吸纳多样文明的道理。马克思主义人权理论正是在批判继承既有人权文明基础上所形成的科学理论体系，改革开放以来党的三代领导集体所形成的中国化马克思主义人权理论也是在充分吸纳古今中外人权文明、批判各种错误思想基础上不断超越自己，开辟了马克思主义人权理论的新境界。在经济全球化、政治格局多极化、文化多元化的今天，人类更应具有更宽广的胸怀，对不同人权文明具备较高的鉴别能力，世界每一种文明都是既有精华又有糟粕，对纷至沓来的异域文明，我们要有所选择地学会吸收借鉴。三是要善于推动世界人权文明的多样化发展。马克思主义认为任何事务的发展都包含着矛盾，矛盾双方对立统一，共同推动事物的不断发展。人类人权文明也是由各具特色的各国人权文明所组成的，这些人权文明相互作用，共同推动世界发展。当今世界面临许多影响人权实现的全球性问题，如裁军、打击恐怖主义、环保、缩小南北差距等，没有各国的合作，不可能实现世界的稳定与发展。当今中国的发展与世界的进步也是密切相关的，中国坚定不移地走和平发展道路，既是为了自身需要，也为维护世界文明多样性发展需要，在"和谐世界"理念指引下，中国不但要充分利用世界和平发展的机遇来发展自身，更要成为维护世界人权发展的重要力量，与其他国家一起推动世界人权的发展。

为推动和谐世界的构建，2006年6月20日，中国外交部副部长杨洁篪在日内瓦举行的联合国人权理事会首届会议上代表中国政府提出建设和谐世界的五点人权新倡议，代表了中国政府对构建和谐世界、保障人权的基本主张。一是享受人权需要和平的环境，理事会应重点关注武装冲突引发的大规模粗暴侵犯人权现象，支持国际社会在预防冲突、重建和平和打击各种形式恐怖主义方面加倍努力；二是享受人权需要可持续的发展，国际社会应支持各国实现发展权，尤其是帮助最不发达国家消除贫困；三是享受人权需要和谐包容的社会，使所有人享受同等尊严；四是享受人权需要建设性对话与合作，以使不同社会制度、发展水平的国家间建立平等互信，以建设性方法处理分歧；五是享受人权需要有效的机制保障，在保留现有机制积极方面的基础上大胆改革，更好地服务于现实需要。

因而，在国际上我们致力于推动和谐世界的建设，既是为维护国家利益，也为社会主义建设营造良好的国际环境，它维护了我们在世界上的应有权利，为争取全世界人民的生存、发展的基本权利作出了积极贡献。

第四，关于人权全球化的终极指向。人权全球化的发展是否会导致东西方在人权问题上的分歧消除？客观而论，东西方之间对人权问题上的认识差异源于社会制度、历史文化传统等的不同，这决定了短期内东西之间人权领域的斗争不会停止。然而，根据马克思主义的观点，世界历史的形成是实现共产主义的必要条件，普遍交往与竞争所带来的生产力大发展为共产主义取代资本主义奠定了坚实的物质基础。同时世界历史的发展也加剧了无产阶级与资产阶级的对立，劳动越来越具有社会性、国际性，而资本却逐渐为少数人所控制，这一世界性的矛盾只有共产主义才能解决，而世界性的无产阶级力量的形成为共产主义的实现奠定了坚实的阶级基础。所以全球化时代的终极指向是共产主义在全世界的实现，这决定了人权冲突将随着人的自由而全面发展在全世界范围的实现而终止。全球范围内将实现统一的人权理念，各种阻碍人的发展和人权实现的异化因素将得到消除。

基于对"人权全球化"的分析、应对，我们可以得出的基本结论是：中国参与推动"人权全球化"的根本宗旨是为中国现代化发展创造良好的国际环境，共同促进世界人权的进步，因为要加强对外人权交流与合作，树立中国作为一个负责任大国的国际人权形象，避免人权全球化过程中的不利因素给中国带来的影响，更为积极、主动地参加国际人权事务，努力消除国际人权斗争中的消极、被动因素，全方位参与推动世界人权发展，努力推动构建公平、合理、有序的国际人权新秩序。

综上，进一步推进马克思主义人权理论中国化发展的举措涉及市场经济、民主政治、人权文化、全球化等诸多方面，只有从各种发展路径多管齐下，才能有力地推动马克思主义人权理论中国化的发展。而这一伟大进程的最终目标将是伴随共产主义在全世界的实现，特权、阶级被彻底消除，物质生活极大丰富，社会生产力高度发展，每一个人都能实现自由而全面的发展，社会各尽所能、按需分配，整个世界实现大同，人权也将真正完全得以实现。

结束语

　　人类对权利的追求永无止境，这决定未来世纪是光明灿烂的"人权世纪"，而通向人权的发展道路必将是坚持马克思主义人权理论基础上将科学人权理论与各国实践相结合所完成的。针对中国而言，改革开放以来的马克思主义人权理论中国化实践为中国开启了人权发展的序幕，我国的人权事业蒸蒸日上、硕果累累。只有继续坚持马克思主义人权理论中国化的道路，才能使我国的人权建设坚持正确方向，人权事业全面发展，始终保证发展的成果不断惠及广大人民群众，让人民享有人权的程度、水平不断提高。只有坚持马克思主义人权理论中国化的道路，才能在国际人权发展中占据有利地位，推动世界人权文明的发展。

　　同时也应清醒地看到当前马克思主义人权理论中国化所面临的复杂的国内外环境，从国际环境看，以美国为首的西方资本主义世界始终不放弃分裂、颠覆社会主义的企图，而人权为他们提供了渗透、干预、扩张的最好工具，他们无视中国人权建设所取得的巨大成就，故意歪曲事实，利用人权问题频频向中国发难，人权领域斗争已成为两制斗争的一个主阵地，西方资本主义人权战略将人权全球化的发展引向西方世界的主导，不利于公平合理的国际人权新秩序的构建。站在马克思主义立场上揭露西方人权阴谋，还人权以本来面目，推动和谐世界构建是我们需要进一步研究与应对的。从国内人权建设而言，马克思主义人权理论中国化也面临一系列挑战，在经济上如何更好地应对市场经济发展带来的阻碍人权实现的不利方面，在民主政治建设上如何更好地克服权力本位、等级特权思想，真正贯彻落实依法治国对人权的保障，文化建设上如何更好地巩固马克思主义人权理论在人权意识形态建设中的指导地位，如何对待西方人权文化、中国传统文化，加强人权文化建设等都是我们今后所必须着力解决的问题。

本书的研究立足于改革开放以来马克思主义人权理论中国化的历史进程，在对这一历史进程进行梳理的基础上重点总结了三个问题：一是改革开放以来马克思主义人权理论中国化的逻辑范式；二是改革开放以来马克思主义人权理论中国化的规律；三是改革开放以来所形成的中国化的马克思主义人权理论成果。这三方面的总结着眼于既有的人权发展历史，着重概括马克思主义人权理论中国化发展道路所体现出的整体状况以及在这一发展过程中所形成的理论成果，这种总结为我们正确看待改革开放以来中国人权事业的发展，继续坚持马克思主义人权理论中国化的道路作出了理论上的梳理。最后立足于当前影响马克思主义人权理论中国化发展的问题，从正确对待马克思主义人权理论、发展社会主义市场经济与民主政治促进人权发展、构建中国先进人权文化、正确应对"人权全球化"等方面对未来马克思主义人权理论中国化的深入持续发展提出了对策建议。

囿于本人理论功底的欠缺，带来了本书写作中的一定不足之处，主要体现在三个方面：第一，对马克思主义人权理论主要内容的梳理还不够全面，尽管对这一问题的理论研究较多，但马克思主义经典著作卷帙浩繁，它们对于人权问题的论述多散见于对其他问题的论述中，没有专门论述人权的著作，短期内无法全面研读经典著作，造成对马克思主义人权理论的认识难免有所疏漏；第二，基于选题角度及资料来源的有限性，本书所借鉴的外文资料较少，导致本书研究视野还不够开阔，这决定了本书对某些问题的论述不够深入、全面；第三，本书选取人权问题做研究，而人权研究的著作浩如烟海，在短期内本人无法穷尽对所有成果的借鉴，只能选取马克思主义人权理论研究中富有代表性的成果进行了理论总结。所以尽管本人力求创新，但也存在某些部分的写作不免会落入窠套，影响了论题整体研究的深入性。

面对"马克思主义人权理论中国化"这一具有重要理论与现实意义的时代课题，本书的研究无疑仅仅是一个开始，今后还需继续加强对该问题的探索。努力的方向一是继续深化对马克思主义人权理论内容的挖掘。人的发展及权利实现问题始终是马克思主义所重点关注的，马克思主义就是为实现人的自由、全面发展而创立的学说，所以马克思主义包含丰富的人权理论，只有不断挖掘这一思想宝库，才能增强马克思主义人权理论对我国人权建设的指引。当前随着社会发展，人权已成为越来越时髦的话语，人们对人权的重视、关注也到了前所未有的程度，然而基于改革开放还处于初始阶段，各方面发展还不完善，还存在许多阻碍人权实现的不和谐因素。理论研究的使命正在于发现问题并提出解决的对策，国家目前对人权问题也极为重视，所以不断研究人权发展中的新情况，用发展着的马克思主义人权理论解决人权问题，推动和谐社会构建是今后人权研究的一个重要方向。

而人权问题的研究已成为与本人工作、学习密切相关的一个课题。"吾生也有涯，而知也无涯"，基于本人人权研究基础的薄弱及人权理论与实践发展的日新月异，决定了今后本人将以更大的热情、加倍的努力投入马克思主义人权理论中国化问题的研究并将其作为今后努力的方向坚持下去，为中国人权事业发展贡献自己的一份力量。

参考文献

著作：

1. 《马克思恩格斯选集》第 1—4 卷，人民出版社 2012 年版。
2. 《马克思恩格斯文集》第 1、5 卷，人民出版社 2009 年版。
3. 《马克思恩格斯全集》第 3、16 卷，人民出版社 1960、1964 年版。
4. 《马克思恩格斯全集》第 3、21、30、31 卷，人民出版社 2002、2003、1995、1998 年版。
5. 《列宁选集》第 1—4 卷，人民出版社 2012 年版。
6. 《列宁全集》第 6、12、13、33 卷，人民出版社 1986、1987、1987、1985 年版。
7. 《毛泽东文集》第 2 卷，人民出版社 1993 年版。
8. 《毛泽东选集》第 2 卷，人民出版社 1991 年版。
9. 《邓小平文选》第 2、3 卷，人民出版社 1994、1993 年版。
10. 《江泽民文选》第 3 卷，人民出版社 2006 年版。
11. 《江泽民论有中国特色社会主义（专题摘编）》，中央文献出版社 2002 年版。
12. 李林：《走向人权的探索》，法律出版社 2010 年版。
13. 唐健飞：《国际人权公约与和谐人权观》，社会科学文献出版社 2010 年版。
14. 中国人权研究会：《和谐发展与人权》，五洲传播出版社 2010 年版。
15. 李步云：《论人权》，社会科学文献出版社 2010 年版。

16. 张骥主编：《中国文化安全与意识形态战略》，中国社会科学出版社 2010 年版。

17. 刘建军：《当代中国政治思潮》，复旦大学出版社 2010 年版。

18. 俞吾金：《意识形态论》，人民出版社 2009 年版。

19. 李安增主编：《马克思主义中国化研究》，中央编译出版社 2009 年版。

20. 赵麟斌主编：《"马克思主义中国化"研读》，同济大学出版社 2009 年版。

21. 顾海良主编：《中国特色社会主义理论体系研究》，中国人民大学出版社 2009 年版。

22. 李林：《全面落实依法治国基本方略》，中国社会科学出版社 2009 年版。

23. 鲜开林：《科学发展观与人权》，国防大学出版社 2009 年版。

24. 董云虎、常健：《中国人权建设 60 年》，江西人民出版社 2009 年版。

25. 徐显明：《人权研究》（第 8 卷），山东人民出版社 2009 年版。

26. 〔美〕哈罗德·J. 伯尔曼：《法律与革命》（第二卷），袁瑜琤、苗文龙译，法律出版社 2008 年版。

27. 蔡拓：《全球化与中国政治发展》，中国政法大学出版社 2008 年版。

28. 何志鹏：《人权全球化基本理论研究》，科学出版社 2008 年版。

29. 常军、卢萍：《和谐社会与人权保障》，东北大学出版社 2008 年版。

30. 刘明君、郑来春、陈少岚主编：《多元文化冲突与主流意识形态构建》，中国社会科学出版社 2008 年版。

31. 吴忠希：《社会主义与人权》，学林出版社 2007 年版。

32. 王卫、鲜开林：《马克思主义人权观的新境界》，大连出版社 2007 年版。

33. 苗贵山：《马克思恩格斯人权理论及其当代价值》，人民出版社 2007 年版。

34. 黄传新、吴兆雪等：《构建和谐社会与意识形态建设》，安徽人民出版社 2007 年版。

35. 王建均：《市场经济与人权》，社会科学文献出版社2006年版。

36. 〔德〕奥特费利德·赫费：《政治的正义性：法和国家的批判哲学之基础》，庞学铨、李张林译，上海译文出版社2005年版。

37. 李步云主编：《人权法学》，高等教育出版社2005年版。

38. 王永贵：《经济全球化与社会主义意识形态建设研究》，人民出版社2005年版。

39. 中国人权研究会：《新世纪中国人权》，团结出版社2005年版。

40. 中国人权研究会：《东方文化与人权发展》，东方出版社2004年版。

41. 冷溶、汪作玲：《邓小平年谱》，中央文献出版社2004年版。

42. 张继良：《中共人权理论与中国人权立法》，中国社会科学出版社2004年版。

43. 陈波：《马克思主义视野中的人权》，中国社会科学出版社2004年版。

44. 吴忠希：《中国人权思想史略》，学林出版社2004年版。

45. 何秉孟：《新自由主义评析》，社会科学文献出版社2004年版。

46. 张骥：《"四个如何认识"与思想政治工作创新研究》，河北教育出版社2004年版。

47. 齐延平：《人权与法治》，山东人民出版社2003年版。

48. 学习时报编辑部：《社会主义政治文明论》，浙江人民出版社2003年版。

49. 〔美〕托马斯·库恩：《科学革命的结构》，金吾伦、胡新和译，北京大学出版社2003年版。

50. 韩云川：《中美人权之争》，宁夏人民出版社2003年版。

51. 何萍、李维武：《马克思主义中国化新探》，人民出版社2002年版。

52. 〔美〕科斯塔斯·杜兹纳：《人权的终结》，郭春发译，江苏人民出版社2002年版。

53. 丰子义、杨学功：《马克思世界历史理论与全球化》，人民出版社2002年版。

54. 王运祥、刘杰：《联合国与人权保障国际化》，中山大学出版社2002

年版。

55. 董云虎：《人权基本文献要览》，辽宁人民出版社2002年版。

56. 周琪主编：《人权与外交》，时事出版社2002年版。

57. 复旦大学人权研究中心：《复旦人权研究》，复旦大学出版社2004年版。

58. 〔德〕赫尔穆特·施密特：《全球化与道德重建》，柴方国译，社会科学文献出版社2001年版。

59. 冯卓然、房宁：《邓小平人权理论学习读本》，京华出版社2001年版。

60. 徐显明主编：《人权研究》（第1卷），山东人民出版社2001年版。

61. 吕世荣：《马克思社会发展理论研究》，中国社会科学出版社2001年版。

62. 夏勇：《人权概念起源》，中国政法大学出版社2001年版。

63. 王关兴主编：《中国共产党反腐倡廉史》，上海人民出版社2001年版。

64. 王家福、刘海年、李林主编：《人权与21世纪》，中国法制出版社2000年版。

65. 〔美〕罗伯森：《全球化——社会理论和全球文化》，梁光严译，上海人民出版2000年版。

66. 周叶中主编：《宪法》，高等教育出版社2000年版。

67. 谷春德、郑杭生主编：《人权：从世界到中国》，党建读物出版社1999年版。

68. 〔瑞士〕托马斯·弗莱纳：《人权是什么》，谢鹏程译，中国社会科学出版社1999年版。

69. 〔美〕保罗·A.萨缪尔森：《宏观经济学》（第16版），萧琛等译，华夏出版社1999年版。

70. 管文虎：《国家形象论》，电子科技大学出版社1999年版。

71. 〔德〕汉斯－彼得·马丁，哈拉尔特·舒曼著：《全球化陷阱》，张世鹏等译，中央编译出版社1998年版。

72. 〔美〕约翰·布洛克曼：《未来英雄——33 位网络时代精英预言未来文明的物质》，汪仲、邱家成、韩世芳译，海南出版社 1998 年版。

73. 富学哲主编：《从国际法角度看人权》，新华出版社 1998 年版。

74. 李云龙：《中美关系中的人权问题》，新华出版社 1998 年版。

75. 郑杭生、谷春德主编：《马克思主义人权理论与实践》，中国检察出版社 1997 年版。

76. 中共中央文献研究室：《十四大以来重要文献选编（中）》，人民出版社 1997 年版。

77. 中共中央文献研究室：《毛泽东邓小平江泽民论世界观人生观价值观》，人民出版社 1997 年版。

78. 〔美〕西摩·马丁·李普塞特：《政治人——政治的社会基础》，张绍宗译，上海人民出版社 1997 年版。

79. 〔美〕L. 亨金：《权利的时代》，信春鹰、吴玉章、李林译，知识出版社 1997 年版。

80. 刘升平、夏勇主编：《人权与世界》，人民法院出版社 1996 年版。

81. 于宪：《立法学》，东北财经大学出版社 1994 年版。

82. 宋惠昌：《当代意识形态研究》，中共中央党校出版社 1993 年版。

83. 孙国华主编：《人权：走向自由的标尺》，山东人民出版社 1993 年版。

84. 中国社会科学院法学研究所：《当代人权》，中国社会科学出版社 1992 年版。

85. 孙哲：《新人权论》，河南人民出版社 1992 年版。

86. 黎国智主编：《马克思主义人权理论概要》，四川大学出版社 1992 年版。

87. 许崇德、张正钊主编：《人权思想与人权立法》，中国人民大学出版社 1992 年版。

88. 叶立煊：《人权论》，福建人民出版社 1992 年版。

89. 庞森：《当代人权 ABC》，四川人民出版社 1991 年版。

90. 〔美〕丹尼尔·贝尔：《资本主义文化矛盾》，赵一凡等译，生活·

读书·新知三联书店 1989 年版。

91. 〔美〕兹·布热津斯基：《大失败——20 世纪共产主义的兴亡》，军事科学院外国军事研究部译，军事科学出版社 1989 年版。

92. 王德禄、蒋世和：《人权宣言》，求实出版社 1989 年版。

93. 〔英〕戴维·M. 沃克：《牛津法律大辞典》，北京社会与科学发展研究所组织翻译，光明日报出版社 1988 年版。

94. 〔英〕霍布斯：《利维坦》，黎思复等译，商务印书馆 1985 年版。

95. 〔法〕勒内·达维德：《当代世界主要法律体系》，漆竹生译，上海译文出版社 1984 年版。

96. 张宏生主编：《西方法律思想史资料选编》，北京大学出版社 1983 年版。

97. 〔法〕孟德斯鸠：《论法的精神》，张雁深译，商务印书馆 1982 年版。

98. 〔美〕潘恩：《潘恩选集》，马清槐译，商务印书馆 1981 年版。

99. 〔法〕傅立叶：《傅立叶选集》（第 2 卷），赵俊欣等译，商务印书馆 1981 年版。

100. 〔法〕卢梭：《社会契约论》，何兆武译，商务印书馆 1980 年版。

101. 〔英〕洛克：《政府论》，叶启芳、瞿菊农译，商务印书馆 1964 年版。

102. 〔荷兰〕斯宾诺莎：《神学政治论》，温锡增译，商务印书馆 1963 年版。

103. 〔法〕卢梭：《论政治经济学》，王运成译，商务印书馆 1962 年版。

104. 《联共（布）党史简明教程》，莫斯科外国文书籍出版局 1953 年版。

外文著作：

1. Lawrence Lessig, *Code and Other Law of Cyberspace*, New York：Basic Books, 1999.

2. Joseph Wronka, *Human Rights and Social Policy in the 21st Century*, University Press of America, 1998.

3. R. E. Howard, "Cultural Absolutism and the Nostalgia for Community",

Human Rights Quartely, 1993.

4. Paterson, Thomas G., *American Foreign Policy Since 1900 D. C.*, Health and Company, 1983.

5. Natalie Kaufman Hevener, *The Dynamics of Human Right in U. S. Foreign Policy*, New Jersey: Transaction Books, 1983.

论文：

1. 秦正伟：《马克思主义人权理论及其中国实践》，载《学术界》，2010年第9期。

2. 吴志敏、郭文亮：《探析冲击我国主流意识形态的西方思潮》，载《学术界》，2010年第5期。

3. 徐崇温：《"自由、平等、人权是人类共同的普世价值"辨析》，载《学习论坛》，2010年第7期。

4. 张品彬：《总结六十年马克思主义中国化历史经验 深化马克思主义中国化理论研究》，载《毛泽东邓小平理论研究》，2009年第12期。

5. 童建军、马丽：《文化传统的预制性与人权的接受性》，载《哲学动态》，2009年第12期。

6. 顾钰民：《"马克思主义中国化研究"学科建设研究述要》，载《思想理论教育导刊》，2009年第11期。

7. 于涓：《普世价值与中国人权之路》，载《江汉论坛》，2009年第8期。

8. 俞红、徐长安：《传统文化：马克思主义中国化的双刃剑》，载《南京政治学院学报》，2009年第5期。

9. 罗豪才：《人权保障的"中国模式"》，载《人权》，2009年第6期。

10. 周新城：《关于"普世价值"的随想》，载《马克思主义研究》，2008年第9期。

11. 侯惠勤：《"普世价值"的理论误区和实践陷阱》，载《马克思主义研究》，2008年第9期。

12. 万斌、王康：《论胡锦涛"共享"思想的人权意蕴》，载《浙江学刊》，2008年第5期。

13. 沈亚生：《科学发展观与人权建设》，载《中共南京市委党校学报》，2008年第1期。

14. 张晖：《社会主义人权的特点和实现途径》，载《中共合肥市委党校学报》，2008年第1期。

15. 李建光：《马克思主义中国化：实践主题与理论创新》，载《广西民族大学学报（哲学社会科学版）》，2007年第6期。

16. 李步云、杨松才：《论人权的普遍性和特殊性》，载《环球法律评论》，2007年第6期。

17. 李彬：《"社会主义和谐社会与人权建设研讨会"综述?》，载《马克思主义研究》，2007年第6期。

18. 齐延平：《和谐人权：中国精神与人权文化的互济》，载《法学家》，2007年第2期。

19. 张国镛：《"中国化马克思主义"与"马克思主义中国化"之比较》，载《探索》，2007年第2期。

20. 陈占安：《"马克思主义中国化"的科学内涵》，载《思想理论教育导刊》，2007年第1期。

21. 蒋德海：《论中国人权保障中的政治人权建设》，载《上海市经济管理干部学院学报》，2007年第1期。

22. 卫建林：《新自由主义与第三世界》，载《红旗文稿》，2006年第12期。

23. 王岩、施向峰：《科学人权观确立之学理思考》，载《毛泽东邓小平理论研究》，2006年第9期。

24. 冯颜利：《马克思主义人权论》，载《马克思主义研究》，2006年第7期。

25. 邹学平：《基于人权视角的政治文明解读》，载《江西社会科学》，2006年第6期。

26. 赵海月：《试论发展社会主义民主政治的人权原则》，载《理论视野》，2006年第5期。

27. 屈新儒：《中西人权观差异的历史文化反思》，载《西北大学学报

（哲学社会科学版）》，2006 年第 4 期。

28. 许全兴：《全面准确地理解马克思主义中国化的内涵》，载《毛泽东邓小平理论研究》，2006 年第 4 期。

29. 袁铎：《重建马克思主义话语权》，载《长白学刊》，2006 年第 3 期。

30. 常宝红、赵文：《中国化马克思主义整体性研究》，载《探索》，2006 年第 3 期。

31. 袁辉初：《论马克思主义中国化的实质》，载《马克思主义研究》，2006 年第 2 期。

32. 孟宪平：《从人权维度看以人为本》，载《辽宁教育行政学院学报》，2006 年第 1 期。

33. 王寿林、张美萍：《论马克思主义人权观》，载《高校理论战线》，2005 年第 10 期。

34. 黎尔平：《哈佛大学的人权教育和研究》，载《人权》，2005 年第 6 期。

35. 胡水君：《人权——制度与文化》，载《环球法律评论》，2005 年第 4 期。

36. 苗贵山：《略论社会主义人权理论的当代建构》，载《社会主义研究》，2005 年第 4 期。

37. 邹平学：《基于人权视角的政治文明解读》，载《江西社会科学》，2004 年第 6 期。

38. 叶晨晖、郭为桂：《尊重和保障人权：现代政治文明的内在要求》，载《江西社会科学》，2004 年第 6 期。

39. 韩源：《全球化背景下维护我国文化安全的战略思考》，载《毛泽东邓小平理论研究》，2004 年第 4 期。

40. 郭德宏：《近十年马克思主义中国化与中国化的马克思主义研究述评》，载《党史研究与教学》，2004 年第 4 期。

41. 郭道晖：《人权的本性与价值位阶》，载《政法论坛》，2004 年第 2 期。

42. 谢晓娟：《论软权力中的国家形象及其塑造》，载《理论前沿》，2004

年第 19 期。

43. 王天玺：《马克思主义中国化与中国经验马克思主义化》，载《求是》杂志，2003 年第 24 期。

44. 〔澳〕玛格丽特·雷诺兹：《澳大利亚人权教育》，载《人权》，2003 年第 6 期。

45. 叶险明：《马克思主义中国化与回到马克思》，载《新视野》，2003 年第 3 期。

46. 秋石：《论中国化的马克思主义》，载《求是》杂志，2002 年第 4 期。

47. 张志洲：《关于人权的思考》，载《当代世界与社会主义》，2001 年第 3 期。

48. 印进宝、陈显泗、李盛荣：《人权问题简论》，载《西安政治学院学报》，2000 年第 4 期。

49. 李招忠：《社会主义市场经济对人权正负面效应的共存性及矫正》，载《湖南师范大学社会科学学报》，2000 年第 3 期。

50. 胡瑾：《阐析列宁的人权理论》，载《淄博学院学报》，2000 年第 1 期。

51. 王希：《有关中国国际形象的思考》，载《国际新闻界》，2000 年第 1 期。

52. 徐显明：《对人权的普遍性与人权文化之解析》，载《法学评论》，1999 年第 6 期。

53. 周琪：《中美对美国人权外交的不同看法及其根源》，载《太平洋学报》，1999 年第 1 期。

54. 刘军宁：《全球化与民主政治》，载《当代世界与社会主义》，1998 年第 3 期。

55. 王元骧：《文化与意识形态刍议》，载《高校理论战线》，1997 年第 7 期。

56. 陈新夏：《人权与社会文化背景》，载《首都师范大学学报（社会科学版）》，1994 年第 5 期。

57. 曾忠恕：《马克思主义人权思想的新发展》，载《科学社会主义》，

1994年第2期。

58. 马郑刚：《社会主义市场经济与人权保障》，载《科学社会主义》，1994年第1期。

59. 刘瀚、李林：《马克思主义人权观初论》，载《中国法学》，1991年第4期。

60. 孙哲：《"超越遏制"战略与美苏关系发展之探析》，载《复旦学报（社会科学版）》，1990年第5期。

61. 刘兆兴：《论我国的国家权力与公民权利》，载《学习与思考》，1984年第10期。

62. 沈宝祥、王诚权、李泽锐：《关于国际领域的人权问题》，载《红旗》，1982年第8期。

致　谢

　　本书是在我博士学位论文的基础上完成的，同时也是我所承担的2012年度教育部青年基金项目的最终成果。书稿得以完成，首先要感谢恩师周向军教授，2008年我考入山东大学马克思主义学院，师从周老师攻读博士学位，而之前我所学为法律专业，本专业基础相对薄弱，周老师给予了我很大的鼓励与支持，一直督促、关心论文的写作。从论文选题、中期写作到最后答辩，导师都给予了悉心的指导，同时也是在周老师鼓励下，我又成功申报了教育部项目，点滴成绩的取得都离不开导师的帮助。从周老师身上总能体会到他厚重、严谨的治学精神和开阔的学术视野，体现出一名学者的人格魅力和学术品德，为我今后的治学、做人指明了方向。对于周老师的关心和帮助是无法用一句简单的感谢来表达的，只能以更为加倍的努力，取得更大的进步来回报恩师。

　　这几年一直在坚持做"爬格子"的工作，每每看到周围的人或挣钱、或做官，都取得了一种量化的成绩，而自己则静静地坐在书斋里默默写作，有时心里也会产生一种失落，而且学术研究犹如在漆黑的漫夜中爬行，不知能够到达何处。每当这时妻子及父母总会给予我宽慰与支持，为我提供了一个宽松的家庭环境，在日益功利化的时代能有家人的理解时常觉得特别庆幸。女儿的纯真、童趣也经常给我带来欢乐，增强了我继续学习的动力。有时常想人的精力、能力有限，作为愚笨的我更应将精力集中于一点，沉下心来以"十年磨一剑"之精神努力思考、勤于钻研、脚踏实地，坚持下去才能有所收获。

致 谢

感谢母校山东大学,"气有浩然、学无止境",在这里我真正领略到了山大厚重的历史底蕴和求真务实的学术氛围,更让我为能成为一名山大人而感到自豪。三年求学期间,感谢徐艳玲教授、费利群教授、何中华教授、徐国亮教授、马百莲教授、朱贵昌教授、刘雅静教授、车美萍副教授、夏巍副教授等,在课程学习、论文开题及答辩过程中,他们给予了我很多指导与启发,对论文写作提出许多富有建设性的意见,使我获益匪浅。此外,博士论文外审、答辩期间,中国人民大学张雷声教授、中共中央编译局季正聚研究员、济南大学包心鉴教授、曲阜师范大学刘冠军教授以及两位盲审专家都提出了许多宝贵意见,在此一并致谢。感谢我的同学王清涛、蔡卫忠、孟宪霞、魏连、孙建青、李军等诸学友,我们不仅在三年的学习中结下了深厚友谊,而且在学业上、工作上相互探讨,受益良多。人生在世,一批真诚的朋友永远是生活中极重要的元素和快乐的源泉。

感谢山东警察学院法律部、科研处等单位领导的关心与帮助,他们为我的学习、工作提供了最大便利。感谢《湖北行政学院学报》的何正欣老师,正是她对自己的第一篇成果作了刊发,使本人深受鼓舞,同时与何老师的交谈也坚定了本人从事该课题研究的信心。感谢《思想理论教育》、《学术界》、《理论探索》、《人权》、"人大复印报刊资料"等杂志社及编辑老师,他们的无私工作使本书部分成果得以见诸于世,本书的最终定稿也无疑凝聚了他们的默默辛劳。感谢中央编译出版社的侯天保编辑以及其他编审,他们为保证本书编校质量付出了大量心血,在此致以最诚挚的谢意!

书稿就要付梓了,但我感觉这仅是一个开始,在这个领域我要思考、要做的还很多,觉得自己应当更加努力,不断将这个课题深入、完善下去。就把它的出版当做鼓励我继续研习的起点吧!基于水平所限,对于书中不足,也请专家同仁多多批评指正。

孙强

2013 年 5 月于济南燕山脚下